龍種悲歌

樂律

皇帝昏庸
外戚弄權
宦官亂舞

東漢帝國
最後百年的風雨飄搖

朱耀輝——著

大漢如何一步步走向崩潰
四百年枯榮落下帷幕

◎掌權者換了又換，改變不了傾覆的命運
◎外戚和宦官鬥個沒完，苦的卻是老百姓
◎帝國的最後一聲嘆息，有人聽見了嗎？

皇帝還是很混蛋，天下還是照樣亂
一同見證大漢帝國滅亡前的每一滴血與淚

目錄

序言

第一章　妖孽橫行
　　奶媽幫的崛起 ……………………………………… 010
　　鴕鳥皇帝 …………………………………………… 015
　　傀儡皇帝 …………………………………………… 022
　　外戚宦官之爭 ……………………………………… 029

第二章　禍起蕭牆
　　跳梁小丑 …………………………………………… 036
　　全才發明家：張衡 ………………………………… 042
　　梁氏登場 …………………………………………… 049
　　狼戾梁冀逞弄權 …………………………………… 056

第三章　梁氏亂政
　　名臣李固 …………………………………………… 064
　　跋扈將軍 …………………………………………… 072
　　滅亡前先瘋狂 ……………………………………… 079
　　過把癮再死 ………………………………………… 086

目錄

第四章　宦官當政
五侯荼毒天下 …………………………… 094
抗爭的呼聲 ……………………………… 101
漢朝的學生運動 ………………………… 108
黨錮之禍 ………………………………… 114
無冕之王 ………………………………… 121

第五章　再次交鋒
竇武秉政 ………………………………… 128
奸宦當道 ………………………………… 134
宦官反擊 ………………………………… 140
斬草除根 ………………………………… 146

第六章　靈帝時代
黨錮餘燼 ………………………………… 154
竇太后之死 ……………………………… 160
酷吏：陽球 ……………………………… 164
官位有價 ………………………………… 171
靈帝荒唐事 ……………………………… 179

第七章　內憂外患
段熲平定兩羌 …………………………… 188
烏桓與鮮卑 ……………………………… 201
天災人禍交織 …………………………… 205

第八章　黃巾起義

蒼天已死，黃天當立 ································ 216

遍地豪傑戴黃巾 ···································· 222

英雄不問出身 ······································ 228

烽火連天 ·· 235

第九章　多事之秋

涼州叛亂 ·· 242

西園八校尉 ·· 248

靈帝的煩惱 ·· 254

外戚 vs 宦官 ······································ 262

第十章　權傾天下

引狼入室 ·· 270

宮廷喋血 ·· 276

權力遊戲 ·· 283

皇帝廢立 ·· 290

出洛陽記 ·· 296

第十一章　群雄討董

群雄並起 ·· 304

對抗關東 ·· 310

各懷鬼胎 ·· 317

獨夫民賊 ·· 323

目 錄

第十二章　日落長河

董卓之死……………………………………………332

逃亡之路……………………………………………337

絕地反擊……………………………………………343

尾聲…………………………………………………350

後記

序言

　　這是漢史的最後一卷，詳細寫了自漢和帝到漢獻帝這一百三十多年，東漢帝國逐漸沒落的故事。

　　東漢中後期的歷史如同一個死循環，皇帝英年早逝，幼主繼位，母后臨朝，外戚掌管朝政。隨著小皇帝長大，皇權與外戚發生衝突，皇帝便利用宦官對付外戚，結果就造成了東漢後期竇憲、鄧騭、閻顯、梁冀、竇武等外戚輪流專權的局面。

　　朝政日益腐敗，士人受到打壓，於是紛紛奮起抗爭。

　　兩次黨錮之禍，黨人菁英被屠戮殆盡，剩下的也紛紛被罷官禁錮，廟堂之上只剩宦官一家獨大。

　　歷史上的普遍觀點認為，黨錮之禍嚴重損傷了東漢王朝的根本，所謂「士類殲滅而國隨以亡」，朝廷內清正的官員基本被殺害殆盡，宦官為所欲為，魚肉百姓，最終天怒人怨，釀成黃巾之亂，為漢朝的最終滅亡埋下伏筆。

　　黃巾起義結束後，董卓應何進之召領兵進京，藉機掌控了朝廷，他廢劉辯、立劉協，關東各地大佬對董卓極為不滿，結盟發兵討伐董卓。然而，各路大佬各懷鬼胎，最終自相兼併，董卓挾持小皇帝遷往長安，僅僅控制東漢政權三年，便身死政敗，橫屍街頭，落下千古罵名。

　　至此，漢朝名存實亡，天下進入了一個英雄紛起、群雄逐鹿的混亂時代。

　　故事就是這些，但是我想講的遠不止這些。

　　歷史需要被不斷挖掘和解讀，歷史人物需要被不斷審視和評價。是什麼土壤培育出外戚與宦官這兩朵邪惡之花呢？

　　正如我在文中提到的，當我們回過頭，重新審視東漢後期歷史時，會

序 言

發現帝國上空飄蕩著不散的咒語，皇帝與皇后都被一種不可言說的宿命所左右。

這個宿命主要有兩點：皇帝多短命，皇后多不育。

都說歷史是由事物發展的必然性決定的，但是有時候，偶然性也會改變歷史。當偶然性越積越多，也就成了必然性。

大多數人寫東漢，寫到黃巾起義前就結束了，其實這是不對的。

我們所熟知的三國，其實嚴格意義上來說屬於東漢，曹、劉、孫三家打得不亦樂乎時，別忘了許都還有個漢獻帝，雖然他在歷史上注定是個悲劇角色，但是他一直在試圖抗爭。只是可惜，他的對手太強大了，我曾思考過歷代的亡國之君，數來數去，如果要評選出歷史上最不容易翻盤的亡國之君，我覺得非漢獻帝莫屬。

既然都已經看到了東漢中期，那麼不妨繼續翻開這本書，跟隨我筆下的文字，一起走完這段旅程，走進末代皇帝漢獻帝的內心深處，理解他被動的局勢，理解他的無奈。

如果我們穿越成了漢獻帝，明知道歷史的走向，明知道悲劇的結局，還會拚盡全力，奮力一搏嗎？

希望我的這部作品不會讓你失望。

第一章
妖孽橫行

第一章　妖孽橫行

奶媽幫的崛起

當我們回顧東漢的歷史，會發現一個問題，東漢的皇宮上空似乎飄蕩著不散的咒語，命運之神似乎有意捉弄高高在上的皇室，其結果就是皇帝多短命。自章帝以降，繼任者都是年幼即位，和帝十歲，安帝十三歲，順帝十一歲，沖帝兩歲，質帝八歲，桓帝十五歲，靈帝十二歲，獻帝九歲。

因為皇帝年幼，故多女主臨朝。女主臨朝，只能依靠娘家人——外戚。

強大如西漢都亡於外戚王莽，光武帝劉秀吸取西漢亡於外戚的教訓，有意打壓外戚，比如開國名將馬援，因為女兒嫁給了後來的漢明帝做了皇后，被踢出了雲台二十八將之列。

遺憾的是，劉秀的願望最終沒能實現。

從漢和帝開始，外戚逐漸登上了歷史舞臺的中央，從配角一步步成為主角。和帝即位時只有十歲，自然沒有能力治國理政，只能由竇太后臨朝。她任命自己的哥哥竇憲為侍中，弟弟竇篤為虎賁中郎將，竇景、竇瑰為中常侍。竇氏由此飛黃騰達，隨著竇憲平定北匈奴，竇氏的權勢達到了頂峰。

然而，竇氏權傾朝野的表象下，已然暗流湧動。

和帝逐漸長大，對竇氏專權日漸不滿。

永元四年（西元92年），和帝與宦官鄭眾等人謀劃，一舉剷除了竇氏家族的勢力。

竇氏專權前後五年有餘，至此下臺。

竇氏只是東漢外戚政治的開始，自此之後，一個又一個外戚家族強勢崛起，他們一個個登上巔峰，又一個個墜入萬丈深淵。

元興元年（西元 105 年），和帝駕崩，出生一百多天的劉隆為帝，是為漢殤帝。鄧太后臨朝，開始了鄧家掌權的局面。

八個月後，劉隆駕崩，鄧太后早有準備，迎立清河孝王劉慶之子劉祜為帝，是為漢安帝。

安帝即位時只有十三歲，國家大事自然是插不上手的，只能由鄧太后說了算。兄隨妹貴，鄧氏家族迅速躍升為帝國的頂級豪門，鄧太后的兄弟子姪們紛紛加官晉爵，長兄鄧騭封車騎將軍，鄧悝為虎賁中郎將，後遷城門校尉，鄧弘、鄧閶為侍中，後鄧弘遷為虎賁中郎將。

一時間，鄧家的權勢更勝於當初的竇氏，鄧家的門口排起了長隊，朝中趨炎附勢者競往投靠。

好在鄧太后從小知書達禮，知道什麼該做，什麼不該做。她吸取竇氏的教訓，執政時期厲行節儉，嚴厲約束鄧氏家族中人，還要求地方官遇到鄧家人犯法的情況一定要秉公處理，不得徇私枉法。

和當初飛揚跋扈的竇家相比，鄧家的家教明顯要比竇家好，鄧氏子弟都比較守法。即便如此，鄧氏家族長期執掌帝國大權，鄧太后一直沒有還政於天子的打算，這讓朝中一些耿直的大臣很是不滿。

鄧太后的堂弟鄧康見鄧太后攝政已久，擔心家族盛極而衰，三番五次苦勸鄧太后歸政於皇帝。鄧太后不聽，將鄧康罷官，遣回封國。

郎官杜根也站出來，說皇帝已經長大了，可以親自處理政務了，要求鄧太后還政，結果惹惱了鄧太后，將其裝進麻袋裡差點打死。

整天面對這麼一隻囂張跋扈的母老虎，天子劉祜的境遇可想而知。

劉祜出身藩王，他雖然進京成了天子，但是在宮中毫無根基，專權國政的鄧太后又與他沒有任何血緣關係。劉祜名為天子，實為鄧太后手裡的提線木偶，只要鄧太后還在一天，他就沒機會親政。如果鄧太后哪天看他

第一章　妖孽橫行

不順眼了，廢掉他重新找個傀儡也不是不可能。

劉祜很孤獨，很淒涼，他急需被認可，被人關注，這就給了他的奶媽王聖機會。

了解明史的朋友都知道，明朝天啟年間，天子朱由校有個奶媽叫客氏，政治野心可不小，曾一度與魏忠賢聯手成為朝堂上最大的一股政治勢力，作威作福、肆虐天下。王聖就是東漢版的客氏，她經常洗腦劉祜，說鄧太后遲遲不歸政，還對天子存有意見，明顯是想行廢立之事。

劉祜內心本就缺乏安全感，被她這麼一糊弄，心中更是六神無主，只能無條件信任王聖。他把王聖視為真心為自己謀利的人，由此生出對鄧太后及鄧氏一門深深的怨恨。

永寧二年（西元121年），鄧太后去世，被壓抑了許久的劉祜終於迎來了出頭之日。

「冷靜，必須要冷靜！」

劉祜壓抑著內心的激動，他不能表現得太過著急。鄧太后去世後，他故作姿態重申鄧太后先前釋出的命令，將鄧騭封為上蔡侯，位居特進，尊鄧太后為和熹皇后，與和帝合葬。

緊接著，劉祜祭拜高廟，派人去清河郡將自己的父親劉慶追尊為孝德皇，生母左氏追尊為孝德后，嫡母耿姬被尊為甘陵大貴人，祖母宋貴人為敬隱后。

由於劉祜的親戚實在太多，所以當時的外戚包含三家：耿氏、宋氏、閻氏。我們一個個來看。

耿氏源自劉祜的嫡母耿貴人，哥哥牟平侯耿寶混了個羽林左軍車騎總監，後任大鴻臚。

宋氏源自劉祜的祖母宋貴人，劉祜封敬隱后的父親宋楊為當陽侯，宋

楊的四個兒子全部封侯，宋氏家族中擔任卿、校、侍中、大夫、謁者、郎官的有十餘人。

閻氏源自劉祜的皇后，閻皇后的兄弟閻顯、閻景、閻耀、閻晏皆擔任卿、校，統御皇家禁軍。

外戚靠著裙帶關係雞犬升天，可宮中權勢最盛的還不是他們，而是奶媽王聖及宦官集團，我們暫且稱為奶媽幫。

自己人都領到了福利，下面就該清除異己了。

理所當然地，鄧氏家族成了頭號追捕對象，朝中一些與鄧氏有過節的官員眼看風向變了，躍躍欲試，準備趁機報復。

第一個跳出來的是尚書陳忠，他有個很有名的老爹陳寵，曾任司空一職。當初鄧綏被立為皇后，太尉張禹、司徒徐防打算拉著司空陳寵一同奏請追封鄧皇后的父親鄧訓，但是陳寵三觀很正，他認為前代沒有這種先例，堅決不肯摻和，還與他們一連爭辯數日。

後來和帝為鄧訓追加封號和諡號，張禹、徐防又想拉著陳寵向虎賁中郎將鄧騭送禮祝賀，結果陳寵還是不給面子。

這下子，陳寵算是得罪老鄧家了，只要鄧氏還當政，陳寵只能靠邊站。

好在天道好輪迴，鄧家失勢之後，陳忠屢次上書彈劾鄧氏兄弟，補完一刀又一刀，還趁機推薦了杜根、成翊世等被鄧氏迫害的官員。

王聖見機會來了，一不做，二不休，與宦官李閏、江京等人勾結在一起，誣告鄧太后的兄弟鄧悝、鄧弘、鄧閶曾向尚書鄧訪索取廢黜皇帝的歷史檔案，密謀改立平原王劉翼。

劉祜一聽自然勃然大怒，他回想起了自己之前日夜惶恐的不堪歲月，下定決心要剷除鄧氏餘孽，命令有關部門彈劾鄧氏兄弟。

在皇帝的雷霆震怒下，鄧氏一門除鄧騭外全部被貶為平民、趕出朝

第一章　妖孽橫行

廷,幾個重要人物在地方官員的「特殊照顧」下,不堪凌辱迫害選擇自殺。

鄧氏家族的掌門人鄧騭受到的處罰較輕,只是被改封為羅侯,遣回封國。但是鄧騭是個有氣節的人,回到自己的封國後與兒子鄧鳳絕食而死。

唯一僥倖逃過一劫的是鄧騭的堂弟樂安侯鄧康,他因為先前多次上書勸諫鄧太后歸政,被皇帝任命為太僕。

鄧家專權十六年,至此轟然倒塌。

這件事在朝中引起了軒然大波,很多人為此感到憤憤不平。在鄧綏的嚴厲約束下,鄧氏一族嚴於律己,勤勤懇懇,雖然不可避免地專權,但是整體而言還是為漢帝國做出過突出貢獻的,在朝中贏得了不少讚譽。相較於兩漢歷史上那些飛揚跋扈的外戚家族,鄧氏簡直是一股清流。

而如今,隨著鄧太后去世,在一些別有用心之人的設計下,鄧氏一族被栽贓陷害、連根拔除,幾遭滅門慘禍,天子恩情澆薄,實在是讓人寒心。

有人看不下去了,時任大司農朱寵為鄧氏遭禍打抱不平,他脫光上衣,抬著棺材,上書為鄧騭鳴冤:

「臣認為和熹皇后(鄧綏)有聖善之德,是漢朝的文母。其兄弟忠孝,同心憂國,宗廟有主,受到皇室的倚重;迎立陛下後功成身退,拒受封國,辭去高位,歷代外戚皆不能與之相比。他們應當享積善履謙之祐,卻橫遭宮人片面之詞的誣陷。口舌鋒利,危言聳聽,擾亂國家,沒有確鑿的證據,判案也沒有經過審訊,結果竟使鄧騭等人遭受這樣的慘禍,一家七口死於非命,屍骨分散各地,冤魂不能返鄉,違背天意而震動人心,全國各地一片頹喪。陛下應當准許他們的屍骨還葬祖墳,優待保護留下的孤兒,讓鄧氏的宗祠有人祭祀,以告慰亡靈。」

朱寵也知道自己犯了新天子的大忌,遞交奏摺後,主動到廷尉投案,不少庶民百姓也紛紛為鄧氏聲援。

群議洶洶，劉祜看到這麼多人為鄧氏抱不平，心中多少也有所觸動，下詔將迫害鄧氏家族的地方官員嚴厲責罵了一頓，准許鄧騭等人的屍骨運回北邙山安葬，鄧騭其他叔伯兄弟可以返回京師。

　　打倒鄧氏，這無疑是奶媽和宦官們在政治上的一大勝利，也助長了他們的氣焰。

　　這幫人生活奢侈、貪汙腐敗、干預政事，將朝廷內外搞得烏煙瘴氣。

　　大臣們看在眼裡，認為繼續放任這幫宦官胡作非為不是個事，紛紛上書彈劾，為首的正是位列三公之一的楊震。

鴕鳥皇帝

　　楊震，東漢名臣，弘農華陰人，八世祖叫楊喜，當年曾做過一件事：楚漢戰爭中，項羽戰敗，於烏江自刎，楊喜夾雜在眾多漢軍中爭搶項羽的屍體，僥倖搶到了一塊，被劉邦封為赤泉侯。

　　楊震少年時即好學，跟隨太常桓郁學習《歐陽尚書》，通曉經術，博覽群書，當時的儒生們都稱讚他為「關西孔子楊伯起」。

　　楊震教生授徒二十多年，面對州郡官府的延聘徵召，一概謝絕。很多人認為他年紀大了，是時候出去做官，一展抱負了，可楊震堅決不肯出山。後來有冠雀銜了三條鱣魚，飛棲在講堂前，主講之人拿著魚說：「蛇鱣是卿大夫衣服的象徵，三是表示三臺的意思，先生怕是從此要高升了。」

　　楊震直到五十歲時才出仕，大將軍鄧騭聽說楊震有大才，舉其為茂才，之後因才德兼備，接連出任荊州刺史和東萊太守。

　　前往東萊郡的路上，途經昌邑，楊震先前舉薦的王密時任昌邑縣令。

第一章　妖孽橫行

為了感謝楊震當年的舉薦之恩，王密揣著十斤金深夜登門，送給楊震作為報答。

楊震大怒：「老友知你，你為何不知老友，還要做出這樣的舉動？」

王密訕訕笑道：「現在是晚上，沒有人知道。」

楊震憤然道：「天知、神知、我知、你知，怎能說沒有人知道？」

王密被弄得面紅耳赤，大為羞愧，只得揣著黃金走了。

這就是流傳千古的「暮夜卻金」的故事，楊震也因此被稱為「四知先生」。

楊震一生公正廉潔，他雖然是兩千石高官，但是絕不接受私人請託，仍然過著清貧的日子。他家的餐桌上難以看到肉食，兒孫出門沒有車馬，均是徒步出行。

有朋友勸他多少為子孫置辦一些產業，卻被楊震拒絕了。他說：「他們能被後世稱為清官的子孫，為他們留下這樣的名聲，難道還不夠嗎？」

儒家君子的做人原則，早已滲入楊震的血液骨髓之中。

幾年後，楊震到京城任太常，位列大漢九卿。接管太學工作沒幾天，他就讓那些名不副實的專家教授收拾鋪蓋走人，提拔楊倫等學識淵博之人，讓太學的教學品質有了大幅提升。

由於在太學中工作出色，三年後，楊震接替劉愷，升任司徒。

這樣一位清白正直的名儒入了朝，自然不會容忍王聖等人胡作非為。很快，一封奏疏被遞到皇帝的桌案上，其中寫道：

「臣聞政以得賢為本，理以去穢為務，是以唐堯虞舜時，賢能有德的人都在朝中為官，惡人則被流放監禁，天下百姓心悅誠服，國家一派興旺發達的氣象。當今之世，古人推崇的忠、信、敬、剛、柔、和、固、貞、順等九種道德未能發揚光大，而佞幸小人卻充斥朝廷內外。乳母王聖出身卑微，得遭千載難逢的機會，奉養聖上，雖有撫養陛下之勤，但是陛下對

她的封賞已遠遠超過了她的功勞。然王聖貪得無厭，經常結交外臣，接受賄賂，擾亂天下，讓朝廷清名受損，如日月蒙塵。

《尚書》告誡說母雞啼鳴是不祥之兆，《詩經》也諷喻奸詐多謀的女子參政是喪國之根源。昔日鄭莊公屈從母親意願，任由弟弟叔段驕橫不法，結果叔段意圖謀反，鄭莊公不得不用暴力手段將其誅殺。《春秋》對此持貶抑態度，認為鄭莊公不教而誅，是不道德的。自古都說唯女子與小人難養也，近之不遜，遠之怨，實為難養。《易經》上說：無攸遂，在中饋，說的就是婦人不得干預政事。

臣以為，應當迅速送王聖出宮，阻斷她女兒與宮內的往來，這樣才能令恩德兩隆，對陛下和乳母都是好事。請陛下捨棄兒女私情，割不忍之心，把精力放在朝政上，謹慎使用封賞拜爵的權力，減少下面的貢奉，減少百姓的賦役徵發，令野無〈鶴鳴〉之嘆，朝無〈小明〉之悔，〈大東〉不興於今，百姓不怨於下。擬蹤往古，比德哲王，豈不休哉！」

然而，劉祜對這番言辭懇切的諫言並沒有產生共鳴，反而將楊震的上書隨手交給了王聖等人，讓她們傳閱。

王奶媽看完後氣得牙根直癢，梁子自此結下。

王奶媽的女兒叫伯榮，與劉瑰勾搭成奸，劉瑰為趨炎附勢，娶了伯榮為妻。劉祜於是讓劉瑰承襲了劉護的爵位，官至侍中。

楊震堅決反對，再次向劉祜上書：

「臣聞高祖皇帝當年與群臣有約定，非有功不得封侯，爵位繼承自古以來都是父死子繼、兄終弟及，以防別人篡奪爵位。臣見詔書賜劉護的遠房堂兄劉瑰承襲劉護爵位為侯，而劉護的同胞弟弟劉威如今還健在，為什麼不讓劉威襲其兄的爵位而讓劉瑰承襲呢？臣聽說，天子只封有功之臣，諸侯靠德行獲得爵位。劉瑰沒有任何功勞和德行，僅僅以娶了天子乳母之女的緣故就位至侍中，又得以封侯，這既不符合高祖皇帝定下的規矩，也

第一章　妖孽橫行

不合乎道義，滿朝文武議論紛紛，百姓迷惑不解。請陛下以歷史為鑑，按規則辦事，得人心，安天下。」

遺憾的是，這封奏疏再次被劉祜無視，奶媽幫的一眾人員繼續過著驕奢淫逸的快活日子。

眼見楊震敗下陣來，尚書翟酺接著上陣，向奶媽幫開炮：

「臣聞微子佯狂而去殷，叔孫通背秦而歸漢，他們不是主動遠離君主，而是形勢所迫。臣蒙受厚恩，蒙值不諱之政，豈敢同樣受寵？想到陛下應天命而登皇位，歷值中興，當建太平之功，而未聞致化之道，我想就此事發表點意見。

昔竇、鄧之寵，傾動四方，他們身兼數官，印綬重疊，家中黃金滿地，財物堆積，甚至想廢立天子更改社稷。這難道不是由於他們的權勢太尊而威望太大，才導致這種禍患嗎？及至他們敗亡之時，人頭落地，即使是想做一頭小豬，也沒機會了。

人的富貴如果不是逐漸累積起來的，丟失也必然會很快；爵位如果不是透過正道獲得，災禍必定迅速來臨。如今外戚得幸已經無以復加，自漢初以來未曾有過，陛下誠然是仁愛恩寵備至以親近九族，然而官爵祿位不由朝廷掌握，權柄交到私人手中，重蹈前人覆轍，難道不危險嗎？從前文帝吝惜花費百金修建露臺，用包裝奏章的袋子製成皇宮帷帳，有人譏笑他節儉，他卻說：『朕只是為天下守財罷了，豈能隨意濫用？』

如今陛下親政以來，時日不長，賞賜已經無法計數。聚斂天下之財，堆積到無功之家，使國庫空虛，民生凋敝，一旦發生不測之變故，還要加重賦稅，百姓有了怨氣，危亂就不遠了。願陛下勉求忠貞之臣，誅佞諂之黨，割情慾之歡，罷宴私之好，留心歷代亡國之君失國的教訓，借鑑開國之君獲得天下的緣由，則災害可息，豐年可得矣。」

不難看出，翟酺的火力比楊震還要猛，他不僅希望劉祜親賢人、遠奸佞，更希望劉祜誅殺疏遠奸佞諂媚之徒。

意料之中地，翟酺的奏書也被皇帝直接無視。

無論臣子們如何苦心勸諫，劉祜仍是對外界的各種聲音充耳不聞。就在這一年（西元 121 年）的七月初一，劉祜改年號為「建光」，宣布大赦天下。

可惜的是，大赦之後的帝國並不安穩，各種內憂外患不斷襲來。

先說內憂，當年秋季，洛陽及二十九個郡和封國大雨成災；十一月，三十五個郡和封國發生地震。

邊境地區也不安穩，隨著漢羌戰爭暫時告一段落，占據了匈奴故地的鮮卑也迅速崛起，與南方的漢帝國衝突不斷。

建光元年（西元 121 年）四月，高句麗、貊、鮮卑聯合兵力侵遼東，太守蔡諷戰死；九月，鮮卑人攻居庸關，雲中太守成嚴率軍反擊，不幸戰死。鮮卑部隊繼續圍攻馬城，護烏桓校尉徐當率軍堅守，度遼將軍耿夔會同幽州刺史龐參緊急調集廣陽、漁陽、涿郡三郡部隊，增援馬城。鮮卑人久攻不下，見漢朝援軍趕到，遂撤圍而去。

鮮卑人並不甘心失敗，又進攻玄菟郡，東邊的高句麗、馬韓、貊也派數千騎圍玄菟郡。關鍵時刻，高句麗北面的夫餘國派了兩萬餘人，幫助漢軍，才打敗了鮮卑聯軍。

第二年（西元 122 年）三月初二，劉祜再次改年號為「延光」，大赦天下。

可惜老天爺並不給他面子。四月，洛陽及二十一個郡和封國下冰雹，河西地區的冰雹甚至大如斗；六月，各郡和封國普遍發生蝗災；七月，洛陽及十三個郡和封國發生地震；八月，景帝的陵園及寢廟失火；九月，

第一章　妖孽橫行

二十七個郡和封國發生地震，洛陽及二十七個郡和封國大雨成災。

鮮卑人更是頻頻用兵，連續進攻雁門、定襄、太原三郡，邊疆局勢繼續惡化。

形勢如此危急，可劉祜一點都不憂心國事，反倒為自己當年對父母未盡到孝心而內疚。劉祜的父母親陵墓在甘陵，他經常派宦官和伯榮前去祭掃。結果這幫人仗著自己宮廷使臣的身分耀武揚威，沿途前呼後擁，郡縣官員夾道迎送，甚至有的郡守和王侯迎著伯榮的車子叩首行禮。

伯榮等人負寵驕蹇，地方官員無恥諂媚，老百姓深受其害。

尚書僕射陳忠看不下去，寫了一封奏疏：

「如今各地災害不斷，青冀之城淫雨決河，孫岱之濱海水倒灌，兗州、豫州蝗蟲滋生，荊揚一帶水稻歉收，并、涼地區羌人叛亂，百姓貧窮，國庫空虛。

陛下因不能親自侍奉孝德皇的陵園寢廟，派使者到甘陵祭祀，朱軒軿馬，相望道路，可謂孝至矣。然而臣聽說，使者所經之地，威權顯赫，震動郡縣，地方大員紛紛拜倒在伯榮的車駕前。地方政府徵發百姓築路，修繕驛站，儲備大量物資，征役無度，老弱相隨，動有萬計。地方官員贈送使者僕從縑帛，每人達數百匹之多，百姓倒在地上號呼哀泣，無不捶胸頓足。

清河有靈廟之尊，地方大員卑微地拜倒在伯榮車下，陛下不過問，百姓必然認為是陛下讓伯榮這樣做的，伯榮之威重於陛下，陛下之柄在於臣妾，水災之發必起於此。昔日武帝的寵人韓嫣受命乘坐天子的備用御車，受馳視之使，江都王誤以為皇帝駕臨而為之下拜，韓嫣趾高氣揚，結果被誅殺。臣願陛下嚴天元之尊，正乾綱之位，職事鉅細，皆任賢能，不再讓女人做使者干預政務。如果國家大事一律由天子發號施令，大政都由陛下自己決定，則下不得逼上，臣不得干君，大雨和洪水必然會停止，四方災異也會消散。」

可惜，這封奏疏最終石沉大海。

延光二年（西元 123 年），楊震接替劉愷，升任太尉，王聖獲封「野王君」。

皇帝的舅舅、大鴻臚耿寶找到楊震，建議他舉薦奶媽幫重要成員中常侍李閏的哥哥，還神神祕祕地跟楊震說：「李常侍是陛下親近之人，陛下想讓你推薦他的哥哥，我只是來傳個話而已。」

孰料楊震完全不吃這一套，駁斥道：「如果天子有意讓我舉薦，那就應該透過尚書發出敕令才對！」

耿寶吃了癟，憤憤而去。

閻皇后的哥哥執金吾閻顯也向楊震推薦自己的手下，楊震一點沒客氣，也頂撞回去了。

楊震不識時務，有人識時務啊，司空劉授聽說楊震得罪了耿寶和閻顯，心中狂喜，立即把他們收到司空府，把正式的公務員編制的手續辦得好好的。

楊震這種耿直性格注定遭人嫉恨，奶媽幫和宦官們早就想收拾他了，只是楊震在朝野聲望極高，且為人做官極其正直謹慎，根本挑不到一點錯處，他們只能暫時嚥下這口氣。

無論別人怎麼看，楊震依然保持著他剛直不阿的秉性。同年，劉祜下詔要為王奶媽修府第，工程規模浩大，十分鋪張。楊震繼續上書指責：

「臣聞古者九年耕必有三年之儲，故堯遭洪水，人無菜色。臣思慮如今災害日見擴大，百姓儲備空虛，不能自足，再加上蝗蟲成災、羌虜侵掠、邊關震擾，戰事連年不息，兵馬糧草難以供應，國庫資財匱乏。

值此動盪困難時期，陛下卻為乳母大建府第，合兩坊為一坊，將街道都占完了，雕刻裝飾極其精緻。為了鑿山採石，官員層層催逼，耗費資財

第一章　妖孽橫行

以億萬計。周廣、謝惲兄弟不是皇室親戚，卻依靠陛下身邊得寵的奸佞，與樊豐、王永分威共權，請託州郡，勢傾大臣。朝廷選拔人才，都要順從他們的意思，而他們大肆收取賄賂，只要肯出錢，他們就舉薦，甚至有些因貪贓枉法被終生禁止當官的人，也能出任顯要官職。天下一片譁然，甚至譏刺朝廷。

先師曾教導我說，國家向人民徵用賦役太多，百姓財盡就會埋怨，力盡就會叛亂。百姓與朝廷離心離德了，朝廷怎麼去依靠百姓？孔子說：百姓不富足，君王又怎能富足？請陛下斟酌考慮。」

奏書呈上，劉祜依舊置之不理。

傀儡皇帝

奶媽幫見楊震的一系列提議沒得到天子的支持，更加肆無忌憚起來。他們假傳聖旨，以天子名義徵調各種資源大興土木，為自家建宅邸園林，花費的人力、物力、財力不計其數。

有一次，洛陽發生地震，楊震藉著這事再次上書：

「臣蒙聖恩得以供職於臺府，卻不能宣揚政化，調和陰陽。去年十二月初四，京師發生地震，那一天是戊辰日，地與戊、辰三者都屬土，而地震的位置在皇后居住的中宮，這是宦官倖臣掌權用事的徵兆。臣每每想到，陛下由於邊境尚未安寧，對自己十分儉省，皇宮的牆垣殿堂傾斜，只用支柱撐住而已。土木不興，想使遠近都知道政化清廉，京師莊嚴雄偉，不在乎崇樓高閣。而那些寵臣卻不能與陛下同心，驕奢越法，濫用民力，大修房屋，作威作福，大家耳聞目睹。地震恐怕就是為此而發。

還有，去冬無積雪，今春未下雨，百官內心焦慮而修建不止，這是發

生旱災的徵兆。臣盼望陛下奮陽剛之德，棄驕奢之臣，掩妖言之口，奉承皇天之戒，莫令威福久移在下，大權旁落。」

劉祜整天在宮中裝鴕鳥，對宮外發生的一切充耳不聞，皇帝如此無恥，憂心國事的楊震上書言辭也越來越激烈。樊豐等人恨不得將礙眼的楊震除之而後快，但是由於楊震是名滿天下的大儒，聲望很高，奶媽幫也不好公然對他下手。

恰在此時，河間國男子趙騰上書，批評朝政得失。劉祜大怒，將趙騰逮捕，送到詔獄審問，最後以誹謗罪結案。

楊震知道後，立即上書營救趙騰，他說：

「臣聞堯舜之世，君主受到小人的指責會自我反省，檢討過失，修養品德。如今趙騰只不過言辭比較激烈罷了，沒有犯下持刀殺人的大罪，我請求為趙騰減刑，留他一條性命，以勸誘草野民眾為國進言。」

可惜，劉祜沒給他這個面子，趙騰被當街處死示眾。

此時的大漢帝國國庫空虛、朝政紛亂，但是劉祜自我感覺非常好。為了宣揚大漢國威，他開始巡遊天下，還厚著臉皮在泰山舉行封禪大典。

趁天子東巡，樊豐等人假傳聖旨，繼續利用國庫錢糧修建宅第，結果被楊震抓到把柄。他看完樊豐等偽造的詔書，寫了一封詳細的調查報告，等皇帝回京後上奏。

奶媽幫得到消息，頓時慌了，一夥人以楊震在趙騰死後始終心懷怨恨為由，趕在楊震上書前跑去見劉祜，請求罷免楊震。

劉祜雖然知道楊震正直，但是有事沒事就被這老頭數落一頓，心裡也是極度不爽，索性藉此事將其罷免。

楊震被收了太尉印綬，緊閉門戶不見賓客。樊豐等人還是不肯放過，誣陷楊震不服罪，心懷怨恨，劉祜於是下令將楊震遣回老家。

第一章　妖孽橫行

楊震五十出仕，在朝中與這幫宦官小人們爭鬥十數年，如今卻為宵小所害，被皇帝罷免，怎能嚥下這口氣？

之後，楊震飲鴆而死，時年七十餘歲。

聽說楊震死了，樊豐等人落井下石，專門派人在陝縣截住楊震的喪車，露棺道旁，並罰楊震的兒子們代替郵差往來傳遞文書，作為對他的報復。

路人見此情景，無不落淚。

直到第二年，漢順帝劉保即位，樊豐、周廣等伏誅，楊震的門生虞放、陳翼等人至朝廷申訴楊震的冤情，朝廷才為楊震沉冤昭雪，下詔任楊震的兩個兒子為郎，贈錢百萬，以禮改葬於華陰潼亭。

楊震葬前十幾天，有大鳥飛到楊震靈柩前俯仰悲鳴，淚流溼地，直到下葬，鳥才飛去。

郡裡上報這個情況，當時災異連連，順帝也感知到了楊震的冤屈，下詔道：「已故太尉楊震，正直為懷，俾匡時政，而小人顛倒黑白，讒害忠良，上天降威，災害屢作，求神問卜，都說是楊震枉死之故。朕之不德，加重了這種罪過，山岳崩塌，棟梁折斷，何其危哉！今使太守丞以中牢祭祀，如果您的靈魂顯靈的話，請來享受這些祭品吧！」

在這場士大夫與外戚宦官集團的鬥爭中，由於皇帝的包庇縱容，一代大儒、賢良之臣楊震黯然離場，這表明外戚和宦官的勢力正在急速膨脹，成為主導帝國政治的一支重要力量。當時的外戚領袖大將軍耿寶也已主動投靠奶媽幫，成為他們手下的一條走狗。

外戚和宦官的熾熱權勢，讓朝中百官噤若寒蟬。來歙的曾孫來歷見奶媽幫跋扈如此，對擔任侍御史的虞詡說道：「耿寶身為天子元舅，榮寵過厚，不思報國恩，反而和宦官等奸佞勾結，誣奏楊公，陷害忠良，其禍不遠了。」

翟酺也因為先前上書，勸諫安帝親賢人、遠奸佞，得罪了奶媽幫，被發配到酒泉當太守。奶媽幫的本意是希望借叛羌之手除去翟酺，卻不料翟酺到任之後，有千餘騎叛羌到敦煌搶掠，翟酺主動出擊，斬首九百餘級，威名大震，後來因功升任京兆尹。

楊震自盡，翟酺被發配邊疆，奶媽幫主掌了朝政大權，放眼望去，朝中再無對手。

然而，危險還是無處不在。

剛剛擊敗了「關西孔子」，奶媽幫就發現了一個更大的威脅：太子。

劉祜的太子叫劉保，說起他的身世，也是一把鼻涕一把淚。閻皇后雖然是後宮之主，但是和之前的幾任皇后一樣，無論劉祜如何辛勤耕耘，就是生不出兒子（馬皇后、竇皇后、鄧皇后都不能生育）。反倒是偶然臨幸的宮人李氏懷上了，十個月後生下了劉保。

閻皇后醋意萌生，找了個機會，用一杯毒酒終結了李氏的性命。

由於劉祜沒有其他皇子，六歲的劉保被立為太子。

當了太子，地位就能穩固了嗎？

答案顯然是否定的，奶媽幫一直看不上這位出身低微的太子，幫主王聖糾集幫中幾位主要成員，誣陷劉保最信任的乳母王男和廚監邴吉，導致二人被殺，親屬被流放到帝國最南邊的蠻荒邊陲，讓劉保徹底成了「孤家寡人」。

為了防止太子劉保秋後算帳，王聖一夥一不做二不休，又打起了他的主意。奶媽幫憑空捏造證據，羅織罪名陷害太子和東宮官屬，老爸劉祜在此過程中絲毫不信任自己的親生兒子，召集三公九卿，討論廢黜太子一事。

大將軍耿寶等人態度強硬，在朝堂上叫囂著應當廢黜太子。

奶媽幫囂張跋扈如此，不少人看不下去了，紛紛投了反對票。太僕來

第一章　妖孽橫行

歷、太常桓焉、廷尉張皓等人站出來說道：「經書上說，年未滿十五，過惡不在其身。太子年僅九歲，即便是東宮官屬真的有人心存險惡，也不應由太子負責。況且王男、邴吉的奸謀，太子或許並不知曉，妥當的解決辦法是挑選忠良之臣，用禮義對太子進行教育。廢黜太子之事重大，這實在是聖恩所應該包容的！」

遺憾的是，劉祐一點也聽不進去。

太常桓焉是齊桓公的後代，祖上兩代皆為帝師，他並不甘心就此認輸，又上書皇帝：「昔日奸臣江充捏造證據，對戾太子劉據進行誣陷，使其遇禍，武帝很久以後才覺悟過來，儘管追補從前的過失，但悔之何及！如今皇太子年方十歲，還沒有熟悉保母的教導，怎能驟然責備他？」

劉祐對他的意見視而不見，執意將唯一的兒子太子劉保廢黜，貶為濟陰王，幽禁在德陽殿西側的鐘樓下。

太僕來歷不服，串聯光祿勳祋諷、宗正劉瑋、將作大匠薛皓等十餘位高官，一同到鴻都門諫諍，稱太子沒有過失，廢黜無理。

劉祐頗感不安，傳詔讓中常侍威脅群臣：「父子一體本是天性，朕以大義割斷親情，是為了天下蒼生。來歷、祋諷等不識大體，與一眾小人鼓譟喧譁，表面看是忠誠直正，實際上完全是為了謀取今後的好處（意為劉保上臺後會得到重用）。掩飾邪念，違背正道，這難道是侍奉君王之禮嗎？朝廷廣開言路，姑且全部寬恕，倘若執迷不返，當問罪論刑！」

皇帝鐵了心要廢太子，大夥兒沒辦法，只得退場，薛皓首先說了：「臣等自然服從詔命。」

來歷火了，責問薛皓：「剛才大家一道進諫時說的什麼話？你現在要反悔嗎？大臣乘坐朝廷之車，處理國家大事，可以這樣首鼠兩端嗎？」

來歷的怒斥無法阻止薛皓等人，在薛皓的帶領下，進諫的官員們紛紛離去，僅剩來歷一人。

來歷獨自一人守在鴻都門下，堅決不走。

劉祜暴跳如雷，指示尚書令陳忠等人上書彈劾來歷。隨後，劉祜免去來歷兄弟官職，削減其封國賦稅，並拒絕來歷老娘親武安公主劉惠（明帝劉莊的女兒，劉祜的姑祖母）入宮晉見。

做完這一切，劉祜仍覺得很生氣，離京南巡，想出去散散心。

結果，這次出門，他就再也沒回來。

延光四年（西元125年）二月十七日，三十二歲的劉祜南巡光武龍興之地──「帝鄉」章陵（原春陵，劉秀稱帝後改為章陵），一行人浩浩蕩蕩，結果三月初三走到宛城，劉祜就病了，一病不起。

閻皇后很慌，立即找來御醫診治，可病情仍不見好轉。

情況危急，大隊人馬急忙往回趕。

三月初八，皇帝的車輦剛到葉縣，劉祜便一命嗚呼，年僅三十二歲。

劉祜最終也沒能逃脫東漢皇帝短命的魔咒。

劉祜的死亡太突然了，帝國的權力瞬間真空，閻皇后等人毫無準備，怎麼辦？

權力交接階段往往是最敏感的時刻，好在無數偉大的前輩們已經為處理這種突發狀況提供了寶貴經驗，當年秦始皇也是半路去世，趙高利用這次危機，成功說服李斯，順利讓胡亥取代扶蘇，成了秦二世。

在經過短暫的慌亂後，閻皇后立即組織閻氏兄弟及宦官江京、樊豐等人召開祕密會議。眾人一致認為，皇帝在巡遊途中駕崩，若立即發喪，皇帝的死訊傳到洛陽，朝中大臣會立即擁立廢太子濟陰王劉保即位。

唯一的辦法，就是隱瞞皇帝的死訊，馬不停蹄趕回洛陽，等到了宮中再作打算。

眾人達成一致意見，偽稱皇帝病重，不見任何官員，每天起居飲食如

第一章　妖孽橫行

故，一行人立即向洛陽出發。

五天之後的三月十三日，皇帝的車輦終於抵達洛陽。

為了不被人看出紕漏，三月十四日早晨，閻皇后裝模作樣地派司徒劉熹以天子病重為由，到郊外太廟、社稷禱告天地。一直拖到晚上，宮內才傳出天子駕崩的消息，連夜發喪，尊閻皇后為皇太后，臨朝主政，閻顯為車騎將軍，開府儀同三司。

君權和軍權，同時被閻氏家族把控。

劉祜駕崩之後，諡稱孝安皇帝，廟號恭宗。

劉祜的一生是被人操控的一生，他前半生活在鄧太后的陰影下，卻沒有學到鄧太后的半點本事；後半生好不容易推翻了鄧氏外戚，卻又沒有任何作為，整日被王聖洗腦，眼睜睜看著宦官弄權，忠良之臣枉死，卻無動於衷。

再說一下廟號，廟號顧名思義，是皇帝死後在太廟裡的尊稱，比如我們熟知的唐高祖、宋太祖、明太祖，但不是每個皇帝都有資格擁有廟號。

想想西漢時期廟號之嚴格，唯有高帝（漢太祖）、文帝（漢太宗）、武帝（漢世宗）、宣帝（漢中宗）四人能有廟號，王莽篡漢後濫封廟號，漢成帝這樣的昏君甚至都有了廟號（漢統宗，後被廢除）。當然，光武帝廟號漢世祖、漢明帝廟號漢顯宗、漢章帝廟號漢肅宗還算實至名歸，畢竟有「光武中興」和「明章之治」打底，可到了後面的幾任皇帝，廟號就已經十分勉強了，就連漢安帝居然也有了廟號。

好在人民群眾的眼睛是雪亮的，初平元年（西元190年），有司奏請，漢和帝、漢安帝、漢順帝、漢桓帝無功德，不宜稱宗，請撤除廟號。

漢獻帝只批了一個字：可。

漢安帝劉祜，徹徹底底的昏君。

外戚宦官之爭

劉祜只有一個兒子，按照宗法制度的要求，本來應該由濟陰王劉保繼承皇位，然而閻氏為了長期專擅朝政，撇開劉保，決定換一個聽話的。選來選去，一夥人最後看中了濟北王劉壽的兒子，北鄉侯劉懿。

之所以選中他，是因為劉懿年紀尚小，父親濟北惠王劉壽早逝，毫無背景，便於控制。

劉懿接班當了皇帝，而劉祜唯一的兒子劉保不僅被剝奪了皇位繼承權，甚至沒有資格上殿去父親的棺槨前哀悼。年僅十歲的他只能跪在殿外悲痛號哭，水米不進，文武百官無不為之哀傷。

新君登基，大漢權力場注定要重新洗牌，朝廷中的各大派系勢力必然會借這個辭舊主迎新君之機，或明或暗地進行較量角力，以爭取在權力蛋糕的分配上占據更大的份額。原本占小塊的想要大塊，原本占大塊的想要更大塊。當權力蛋糕的再分配達到納什均衡，政局才會再度趨向穩定。

一般而言，上位者要做的第一件事是清除政敵異己，拉攏自己人入夥。卻不料，閻顯上位後，第一個要幹掉的不是自己的死對頭，而是自己曾經的盟友——奶媽幫。

前面說過，安帝朝的權力牌桌上玩家眾多：有外戚耿氏、宋氏、閻氏，有奶媽王聖，還有中常侍樊豐等人。雖然在先前對付劉保的事情上，閻氏與奶媽幫有過親密無間的合作，然而當共同的敵人垮台後，這夥人的利益就發生了衝突。閻皇后成了閻太后，轉瞬之間，盟友變成了敵人。對最高的權力寶座來說，五個人明顯是太擁擠了，誰都想一個人霸占寶座，將其他人擠下去。

閻氏已經迫不及待地開始行動了，劉祜靈柩尚未下葬，閻顯便指使手

第一章　妖孽橫行

下對他們進行彈劾。他令手下上書彈劾大將軍耿寶：「耿寶與中常侍樊豐、虎賁中郎將謝惲、侍中周廣、野王君王聖、伯榮等人結黨營私，大逆不道！」

王聖等人根本沒有預料到閻氏會掉轉槍口對自己人痛下殺手，毫無防備。由於他們作惡太多，驕橫跋扈，在朝中引起了公憤，閻顯沒費多大的力氣，就把大將軍耿寶、野王君王聖、中常侍樊豐一夥人一網打盡，處死的處死，流放的流放。

江京、李閏等宦官一看形勢突變，立即改換門庭，投到了閻氏門下，搖身一變又成了閻氏的骨幹成員。

奶媽幫徹底土崩瓦解，外戚閻氏一家獨大。

閻太后和閻顯將眾多的閻氏親眷安排到重要職位上，閻景被任命為衛尉，閻耀為城門校尉，閻晏為執金吾，閻氏一黨迎來了屬於自己的風光時刻。

遺憾的是，閻氏的風光並沒有持續太久，因為他們選的皇帝劉懿身體狀況實在太差。小皇帝劉懿三月即位，十月時病重，一病不起。

車騎將軍閻顯的屬吏崔瑗察覺到了危機，濟陰王劉保是漢安帝唯一的兒子，如果劉懿一死，劉保是最有資格登上帝位的人。為此，他打算說服閻顯趁早廢黜劉懿，改立劉保為帝。

閻顯雖然身居高位，但是根本沒有治國理政的經驗，終日沉浸在紙醉金迷之中，外人很難見他一面。崔瑗很焦慮，他對車騎將軍長史陳禪說道：「中常侍江京等人迷惑先帝，廢除皇家正統，另立旁支。北鄉侯即位後，一直體弱多病，周勃剷除諸呂的徵兆今又出現。我想和你一同面見將軍閻顯，說服他稟告太后，拘捕江京等人，廢黜少帝，擁立濟陰王為帝，這樣定然上得天心，下合人望，伊尹、霍光的功勞便可不下席而立，而將軍兄弟的封爵也可世代相傳。如果抗拒天意，使帝位久缺，我們雖無罪，

卻要和首惡同罪,這正是福禍相交時的立功機會。」

陳禪猶豫不決,始終下不了決心。

江京也對劉懿的病情很關切,他的身分與崔瑗不同,自然輕易見到了閻顯。一見面,江京就對閻顯說道:「皇帝的病情不見好轉,繼位人應該早早確定,何不及早徵召諸王之子進京,從中挑一個?」

江京的提議得到了閻氏一族的廣泛認可,與此同時,劉保這邊也有人在提前布置。

外戚閻氏一家獨大,宮中不少宦官紛紛投靠了閻氏,但是也有一部分宦官對閻氏頗有意見。

中常侍孫程便是其中之一,他見小皇帝病重,意識到這是一個絕佳的翻盤機會,特地去找濟陰王的謁者長興渠:「濟陰王是先帝的嫡子,本來沒有過失,卻因為讒言被廢。如今北鄉侯的病如若不能痊癒,我們聯手除掉江京、閻顯,扶立濟陰王上位,必定能夠成功!」

長興渠心動了,他是劉保的人,在權力場上本沒有他的位置。他已經沒有什麼可失去的了,如果劉保能夠成功上位,那麼他將從一個默默無聞的藩王隨扈一舉成為天子身邊一言九鼎之人!

風險很大,但是一旦成功,收益更大。

長興渠沒有多想,很快答應與孫程結盟。

有了長興渠的首肯,孫程頓時有了信心,他在宦官中祕密串聯,最終拉攏了數十人參與密謀,為即將到來的那一天做準備。

十月二十七日,小皇帝劉懿僅僅在龍椅上待了七個月,就一命嗚呼,史稱漢少帝。

由於他下葬時是按照諸侯王的禮儀入土的,所以後世很多史學者並不認為他是皇帝,將他排除在東漢皇帝之外。

第一章　妖孽橫行

無論如何，東漢皇帝的短命傳統再次應驗。

朝堂上下的空氣令人窒息，危機一觸即發，閻顯與江京等人故技重演，祕不發喪，徵召外地藩王之子前來京城，同時關閉宮門，駐兵把守。

閻太后等人雖然對外封鎖了消息，但是小皇帝駕崩的消息哪裡能瞞得過日日在宮中行走的宦官？孫程等人第一時間就得到了消息，他們將宮中的密謀者召集起來，一共十九人，聚在一起撕下衣襟盟誓，共同謀劃擁立劉保。

緊接著，孫程等人直接闖入章臺門，當場斬殺江京、劉安、陳達等人，抓住了李閏，脅迫他擁立劉保為帝，共同迎劉保入宮。

隨後，一行人按照原計畫召集尚書令、僕射等高官跟隨車輦進入南宮。劉保以新天子的身分召集公卿百官，並派遣虎賁、羽林守住南北宮。

行動相當順利，身處宮中的閻顯聽聞消息，頓時慌了，不知該如何應對。有個叫樊登的小黃門向他獻計，勸閻顯與閻太后商議，徵召越騎校尉馮詩、虎賁中郎將閻崇等人，率軍駐守平朔門，以抵禦孫程等人。

閻顯病急亂投醫，與閻太后商議後，召馮詩入宮，對他說道：「濟陰王即位，並非皇太后的旨意。如果你能為閻太后效勞，封侯蔭子不在話下！」

閻太后也派人送來印信：「若能拿獲濟陰王，封萬戶侯；拿獲李閏，封五千戶侯！」

馮詩一開始還不知道發生了何事，聽完閻顯的一番解釋，立刻反應了過來，這是要拉攏自己入夥搞政變呀！

一邊是孤立無援的先帝皇子，一邊是擅權跋扈的外戚閻氏，形勢尚不明朗，誰能勝出還不一定。萬一自己站錯了隊，那便是誅九族的下場。

想到這裡，馮詩假意答應，說自己因為倉促被召，帶來的士卒太少，要回營發兵。閻顯信以為真，派樊登和馮詩一起去左掖門外迎接增援的

士卒。

兩人剛出了左掖門，馮詩趁其不備，拔出長刀，宰了樊登，回到軍營固守，暫時觀望。

閻顯想利用武力消滅孫程的計畫落空，形勢急轉直下。

此時此刻，他唯一能依靠的只有自己的弟弟——衛尉閻景。

閻景比較機靈，一看情況不對，立即逃出皇宮，糾集了一群私兵，前往盛德門準備營救哥哥閻顯，結果被孫程察覺。孫程立即傳詔尚書逮捕閻景，臥病在床的尚書郭鎮聽到詔命，一骨碌翻身下床，率領值班的羽林衛士趕來增援，與閻景撞了個正著。

閻景的部屬急眼了，拔刀大聲喝道：「前面的人閃開，休要攔住道路！」

郭鎮也大喝一聲：「陛下詔書在此！」

閻景糊塗了：「哪裡來的詔書？」

郭鎮下車當眾宣讀詔書，痛斥閻氏之罪。閻景大怒：「什麼狗屁詔書！」掄刀就劈向郭鎮。郭鎮眼疾手快，側身閃過，旋即拔劍，只一個回合，便將閻景打下車來。一旁的羽林衛士挺起長戟，叉住閻景將其活捉，隨即送至廷尉獄囚禁。當夜，閻景因傷勢過重死去。

十一月初五，劉保派使者入北宮，拿到了皇帝璽印。隨後，劉保親臨嘉德殿，派侍御史持節，逮捕閻顯、閻耀、閻晏，將他們下獄處死，家屬流放越南。

劉保順利即位，是為漢順帝。

閻太后雖然也是此次政變的主謀，且謀害了劉保的生母，但是考慮到她是劉保的嫡母，有官員勸劉保重修孝道，放她一馬。

劉保儘管心裡一百個不情願，表面功夫還是做得很到位，他將老太婆遷往離宮，次年前往東宮拜見閻太后，向天下表現出摒棄前嫌、重修母子

第一章　妖孽橫行

之道的姿態。

然而沒過幾天，閻太后駕崩，死亡時間如此巧合，不免讓人浮想聯翩。

到十一月初六時，劉保已經控制了朝廷大局，宮門大開，駐兵撤走。

劉保下詔給司隸校尉：「只誅閻顯、江京等近親首惡，其餘脅從一律從寬處理。」

搞定了閻黨，坐穩了皇位，接下來就該排排坐、分蛋糕了。作為迎立劉保的最大功臣，那日在宮中盟誓起事的十九個宦官都被封了侯，按照不同等級賞賜車馬、金銀、錢帛，政變策劃人孫程更是被封萬戶侯。

除了宦官，劉保也沒忘記當年守護他的朝臣。當初劉保還是太子時，太僕來歷、光祿勳祋諷、宗正劉瑋、將作大匠薛皓、侍中閭丘弘等十多位高官曾到鴻都門前諫諍，反對安帝廢黜太子，結果被閻太后一黨打壓。

劉保上位後，提拔來歷為衛尉，祋諷、閭丘弘早已病故，兩人的兒子被任命為郎，作為帝國儲備人才培養。其他人也陸續得到了提拔，後來官至公卿。

劉保的乳母王男和廚監邴吉當年因與王聖等人爭奪監護權被殺，家屬被流放比景。劉保隨後下令徵召王男、邴吉的家屬返回洛陽，並給予厚賞。

好不容易推翻了外戚，結果又起來一個宦官集團。雖然當時的宦官集團中不乏精明能幹之人，但是總有那麼幾顆老鼠屎，拉低了宦官集團的整體水準。

第二章
禍起蕭牆

第二章　禍起蕭牆

跳梁小丑

　　中常侍張防倚仗自己的身分濫用權勢，收受賄賂，司隸校尉虞詡收集證據幾次彈劾，可奏疏總是石沉大海。憤怒的虞詡索性把自己綁了起來去見廷尉，同時上奏皇帝：

　　「當初孝安皇帝任用太監樊豐，擾亂正統，差點亡國。如今張防又弄權勢，國家禍亂又要來臨，我不能與張防這樣的敗類同朝為官，我主動到廷尉報到，就算死在獄裡，我也不願走楊震的老路！」

　　這一次，奏書總算遞到了劉保面前，張防頓時慌了，倒打一耙，在劉保面前痛哭流涕，講自己怎麼怎麼冤枉。結果虞詡被指控誣告之罪，被罰去做苦役。

　　張防仍不解恨，想直接殺掉虞詡，讓人在兩天之內傳訊虞詡四次，到最後，虞詡已經是體無完膚，奄奄一息。

　　一旁行刑的獄吏看不過去了，勸虞詡自殺，還可以少受點皮肉之苦。

　　虞詡艱難地抬起頭，答道：「我寧願被拉上刑場處決，讓大家都知道我的處境，也絕不自殺，遂了他們的心願！」

　　虞詡命在旦夕，孫程、張賢等人知道虞詡因公獲罪，紛紛為他求情。孫程對劉保說：

　　「陛下最初與我們相處時，最痛恨奸臣，知道奸臣禍國殃民。但是如今您做了皇帝，卻又親近奸臣，那與先帝有什麼區別呢？司隸校尉虞詡一片忠心，卻被投入大獄，中常侍張防犯罪證據確鑿，卻顛倒黑白陷害忠良。如今客星守羽林，占卜說宮中有奸臣，您應該立即逮捕張防，以防天變，同時下詔釋放虞詡，讓他官復原職。」

　　孫程說這番話時，張防就站在劉保身後。孫程怒斥張防道：「奸臣張

防，還不滾出大殿！」

張防嚇壞了，一溜煙跑到了東廂。孫程說：「陛下趕快把張防抓起來，不要讓他向阿母（奶媽宋娥）求情！」

劉保猶豫不決，問尚書們的意見。尚書賈朗和張防是好兄弟，當即表示虞詡有罪。劉保還是下不了決心，說還要考慮考慮，讓孫程先回去。

與此同時，虞詡的兒子虞顗組織了一百個太學生，舉著旗子，攔住中常侍高梵的車子，呼啦啦跪倒一片，磕頭磕得頭破血流。

高梵問清緣由，決定為虞詡仗義執言。高梵一出面求情，事情就好辦了，劉保只得將張防流放邊疆，其黨羽或處死或罷黜，虞詡當天也被釋放。之後在孫程的幫助下，虞詡先是被拜為議郎，數日後升為尚書僕射。

虞詡雖然安全脫險，但是孫程等人懷揣著奏章，公然跑到大殿上為虞詡申訴，讓皇帝劉保很是不爽，後來下詔罷免了他們的一切官職，將他們的封地改到偏遠地區，並讓洛陽令監督他們限期上路。

很顯然，皇帝這是在張防一事上吃了癟，想要找回場子。

皇帝這麼做，不少朝臣看不下去了，在他們看來，孫程等人畢竟是扶立皇帝的功臣，而且本性不壞。不僅如此，孫程還幫助司隸校尉虞詡成功彈劾了中常侍張防，如今孫程落難，於公於私，自己都應該站出來說句話。

司徒朱倀的下屬周舉就勸說朱倀出面為孫程說情：「陛下當年被貶為濟陰王，如果不是孫程等人幫忙，他能登上帝位嗎？即使是韓信、彭越、吳漢、賈復的功勞也比不上他們。如今陛下忘了孫程等人的大德，卻揪住小過不放，如果他們死在路上，陛下就會蒙受誅殺功臣之譏議。依我看，您趕緊趁他們還沒離開，勸勸陛下，務必讓他收回成命。」

朱倀皺著眉頭道：「如今陛下怒氣未消，已經有兩個尚書上奏了，如果我再為罪臣出頭，肯定會被罵個狗血淋頭。」

第二章　禍起蕭牆

周舉笑道：「明公您都年過八十了，如今位列三公，怎麼能只顧自己的身家性命，貪圖獲得的寵信呢？如果您不勸諫，您的位子就算保住了，也會被認為是諂媚奸邪之輩；如果您因此獲罪，還能在後世得個忠貞的名聲。如何取捨，就看明公您自己了。」

朱倀被周舉說服，上表勸諫，最終孫程等十九人全部被召回洛陽。

再說虞詡當了尚書僕射，雖然官職降了，但是耿直的性子一點沒變，遇見不平之事總愛打抱不平。當時各郡國發明了一種開源方式，他們鼓勵犯了罪的百姓花錢免刑，明碼標價，還取了個好名字，叫做「義錢」。名義上是為貧苦百姓儲蓄，其實就是太守、縣令們的私人私房錢。

虞詡得知此事，上疏道：「自元年（西元126年）以來，窮苦百姓公開揭發收受賄賂的官員很多，被處理的官吏有的貪汙達數千萬，而三公、刺史很少舉奏。永平（明帝年號）、章和（章帝年號）年間，州郡用走卒錢貸給貧民，司空查劾處理，牽連到的州、郡縣官吏都被罷黜。現在應該遵照當時的處理辦法，廢除這種撈錢的勾當。」

劉保批准了虞詡的奏書，嚴厲譴責了各地州郡，從此花錢免刑的情況被嚴厲禁止。

當時還發生了一件事，寧陽縣的主簿到洛陽上訪，舉報寧陽縣令貪贓枉法，手頭的案件積壓六七年不處理。主簿累積了一肚子怨氣，在舉報信中毫不客氣地寫道：「臣是陛下的兒子，陛下是臣的父親。臣之前多次遞交奏章，卻屢屢得不到回應，難道非要逼我到匈奴單于那裡討一個公道嗎？」

劉保感覺有點沒面子，大怒，將奏章交給尚書傳閱，尚書判主簿為大逆不道。虞詡站出來為其辯駁：「主簿所告發的也是君父怨恨的。人家幾次上奏，結果都沒上達天聽，這是有司的錯誤，與他何干？」

劉保這才消了氣，打了主簿一頓板子了事。

虞詡回去後對著尚書們開罵：「小民有怨，不遠千里，斷髮刻肌，下定決心到朝廷告狀，你們處處阻攔，對得起這份工作嗎？」

尚書們一個個無地自容。

虞詡接著提了個建議給皇帝：「尚書郎是要職，做官的階梯，現在有的一郡就有七八人，有的一州都沒有人，應該讓人員平均一些，以滿足工作需要。」

虞詡向皇帝提了不少奏議，不少意見都被採納。虞詡舉奏無所迴避，多次得罪權貴，曾遭九次斥責、三次法辦，但是他不改剛正之性，終老不屈。

臨終前，虞詡對兒子虞恭說：「我為朝廷辦事，公正無私，但求無愧於心。唯一後悔的事，就是做朝歌縣長時殺賊數百人，裡面哪能沒有冤枉的？從那時到現在二十餘年，家裡沒有增加一口人，這是獲罪於天的緣故啊！」

在擔任尚書僕射期間，虞詡向皇帝舉薦了一個人，這個人絕對是文化史上的厲害人物，被稱為科舉選官制度的創始人。

此人名叫左雄，字伯豪，南陽郡涅陽縣人。

左雄少有大志，知識淵博，品性篤厚，譽滿郡縣，漢安帝時被舉為孝廉，升冀州刺史。

冀州豪門大族很多，拉關係走後門、互相捧場都是地方官的必修科目，要不然根本混不下去。左雄不一樣，他到任後大門一關，誰也不見，只要發現貪汙犯罪的行為，無論等級多高，一律嚴辦，誰的面子都不給。

劉保即位後，左雄被拜議郎，當時的官場風氣是：官員的十分精神，只有三分辦政事，七分都用來逢迎上司，其結果就是各項工作一塌糊塗。左雄幾次上書，揭露批判這種不正之風，措辭激烈。

第二章 禍起蕭牆

尚書僕射虞詡看中了左雄的氣節，向劉保寫了一封舉薦信，其中寫道：

臣見公卿以下官吏大多只會拱手作揖，全都奉行「沉默是金」的官場潛規則，以建立私人恩信為賢，以忠於朝廷為愚。他們認可的官場規則是：白璧無瑕豈可久長，一團和氣升官發財。我見議郎左雄有忠直不阿的氣節，如果能被提拔為喉舌之官，必有匡扶國家之益。

左雄因此被拜為尚書，不久遷尚書令。

出任尚書令後，左雄不遺餘力地匡正時弊，屢屢上書，提出多項改革意見，其中最重要的就是改革考試選官制度。

我們都知道，秦代以前，做官是全體貴族的特權或者說是責任，直到戰國時，才有一些平民如蘇秦脫穎而出，但也只是個例，未形成制度。

西漢開國初年選拔人才，一開始是任用開國功臣集團的成員，即司馬遷所說的「自漢興至孝文二十餘年，會天下初定，將相公卿皆軍吏」。但是這樣肯定是不行的，階層固化，平民百姓的上升管道被堵死，社會哪有公平，哪有活力？

漢文帝時，察舉制正式誕生，地方政府按指標舉薦品行優良、才能出眾的賢良方正和孝子廉吏。這些人選出來後，先安排做郎官，郎官天天守在皇帝身邊，由皇帝量才擢用，挑選人員出去做官。

除此之外，漢朝還有一條上升通道，進入國家的最高學府太學，太學生經畢業考試分為兩等，當時稱科，甲科出身為郎，乙科出身為吏。

察舉制剛開始還不錯，可是隨著時間推移，慢慢就變質了。因為缺乏客觀的評選標準，有些地方官員徇私舞弊，致使許多被薦者名不副實，出現了「舉秀才，不知書；舉孝廉，父別居」、「寒素清白濁如泥，高第良才怯如雞」的不良現象，被百姓編成段子吐槽。

左雄是個很有想法的人，他深知所謂政事，無非就是用幹部。在做了

尚書令後，他多次上書，建議實行考試選官制度。他在奏摺中寫道，郡守縣令所舉孝廉依己之好惡而定，選出來的人往往名不副實。要想避免這種情況，必須透過考試，考其虛實，觀其才能，再由考卷評定稽核，以成績取官，從而改良社會風氣。

左雄還要求，不到四十歲不得察舉孝廉，他的依據是：孔子說四十不惑，《禮記》說四十曰強而仕，男子到了四十歲，各方面都成熟了，就可以出來做官了。當然，如果一個人特別優秀，自可不拘年齒。

如此一來，那些靠走後門上位的人自然被斷了門路。

有一個名叫徐淑的孝廉，由廣陵郡舉薦入朝，可是年齡不符。

負責稽核的官員問他，徐淑竟以詔書中「如有顏回、子奇之才，可以不限制年齡」的話進行狡辯。

稽核官員很無語，上報左雄。左雄問他：「昔日顏回聞一知十，徐孝廉聞一知幾？」

徐淑一聽，啞口無言，灰溜溜地回了老家。濟陰太守胡廣等十餘人也因謬舉孝廉被追責，只有汝南陳蕃、潁川李膺、下邳陳球等三十餘人得拜郎中。

記住這些名字，他們將在接下來的歷史舞臺上大放異彩。

如此一來，州郡牧守再沒人敢隨便推舉孝廉，終順帝一朝，朝廷察選清平，多得其人，官員素質有了很大的改善。

當左雄為改革考試選官制度殫精竭慮時，一個叫張衡的人天天埋頭在實驗室中，研究著自己的新發明。

第二章　禍起蕭牆

全才發明家：張衡

該怎麼形容他呢？

我想起了宋代大儒陸象山的一首詩：

仰首攀南門，翻身倚北辰；舉頭天外望，無我這般人。

這首詩寫得豪氣凌雲，沛然莫御，但是我覺得形容張衡更合適。

張衡是南陽西鄂人，他身上有一大堆頭銜：天文學家、數學家、發明家、地理學家。除此之外，他的文學功底也不弱，與司馬相如、揚雄、班固並稱為「漢賦四大家」，簡直就是一個橫跨文理各科的通才。

這樣一個全能型的高手是如何誕生的呢？

我們先來看一下他的家世。

張衡的家族世代為當地的大姓，祖父張堪曾任蜀郡太守。當初劉秀派吳漢伐蜀，吳漢在成都城下與公孫述連番惡戰，後派張堪領兵七千從南陽趕往成都，在途中封張堪為蜀郡太守。然而當他到成都的時候，正碰上吳漢吃了敗仗，抓住馬尾從河中狼狽脫險。

吳漢神情沮喪，準備撤軍。張堪大急，拉住吳漢，講了一番大道理給他聽。吳漢重拾信心，終於攻克成都。

此後，張堪又因以數千騎兵擊破匈奴來犯的一萬騎兵有功，被拜為漁陽太守，在他的任期內，匈奴再不敢侵擾邊境。張堪還教當地百姓耕種，開稻田八千頃，百姓由此致富，紛紛稱讚他：「張君為政，樂不可支。」

有這樣一份家底，張衡從小接受了良好的教育，天資聰穎，寫得一手好文章。十六歲時，他離開家鄉遊學於三輔，入京師，觀太學，通五經，貫六藝。

十九歲那年，張衡感天下承平日久，自王侯以下莫不逾侈，於是模仿班固的〈兩都賦〉創作〈二京賦〉，以諷諫世事，精思傅會，十年乃成。

〈二京賦〉在結構謀篇方面完全模仿〈兩都賦〉，以〈西京賦〉、〈東京賦〉構成上下篇。雖以「二京」命題，寫的依然是長安和洛陽，但是其主旨已不在兩都之爭，而是諷刺東京的奢靡浮華。

從格調上說，〈二京賦〉突破了漢賦寓諷於勸、勸百諷一的藩籬，也不同於班固的頌美主題，意在警誡窮奢極欲之害，申述治國為君之道。張衡的筆下既有西京長安的風俗民情，又有對歷史的反思，更有感情的傾瀉，文思恣肆，蔚為大觀，被後人稱為兩漢散體大賦「長篇之極軌」，昭明太子蕭統將之收入《昭明文選》。

二十二歲時，張衡應南陽太守鮑德之請，出任南陽主簿，掌管文書工作。八年後鮑德調任京師，張衡即辭官居家，致力於探討天文、陰陽、曆算等學問。

張衡最喜歡揚雄的《太玄經》，有一次和崔瑗聊天時說，《太玄經》中的天道術數實在是太妙了，可與五經相比美，這是漢朝得天下二百年才出的作品，再過二百年也不會過時。而且他還預測漢朝四百年時，《太玄經》中的太玄之學一定會興起。

遺憾的是，《太玄經》並沒有張衡預料的那樣廣為天下所知，以至於李白寫下了「誰能書閣下，白首太玄經」一詩調侃。

漢安帝聽說張衡數學相當厲害，專門下詔讓他進京，拜為郎中，再升任太史令。

太史令掌管天文、曆法、祭祀、醫藥等工作，新的環境、新的工作職位讓張衡得以充分發揮自己的天性，利用國家資源一心做科學研究。他一生最主要的科學成就都是在此期間取得的，比如那件震古鑠今的法寶——

第二章 禍起蕭牆

渾天儀。

關於渾天儀，想必很多人都知道，畢竟它曾出現在歷史教科書上，但是對於它的構造大家未必知曉。

事實上，渾天儀是渾儀和渾象的總稱。渾儀是測量天體球面座標的一種儀器，透過交疊在一起的圓環，可以準確地測定出日、月、星辰這些天體的位置。

渾像是古代用來演示天象的儀表，最早為西漢耿壽昌所創製，張衡對其進行了改進。它的構造是一個大圓球，上面刻劃或鑲嵌星宿、赤道、黃道、恆穩圈、恆顯圈等標誌，類似於今天的地球儀。

為了使儀器能夠運轉起來，張衡運用齒輪和漏壺流水的力量來推動它，一晝夜轉動一週。圓圈隨著刻度轉動，渾天儀球體上的各種天文現象便全部展現在眼前。

張衡製造的渾天儀，幾乎囊括了當時所有先進的天文學知識，能夠把天象變化形象地演示出來，人們可以從渾天儀上面觀察到日月星辰執行的現象，代表著中國古代天文學發展的最高成就。

進行發明創造之餘，張衡還抽空寫了一本天文學著作《靈憲》，全面展現了他的宇宙思想。書中全面闡述了天地的生成、宇宙的演化、天地的結構、日月星辰的本質及其運動等科學課題。

張衡的宇宙生成論繼承了老子的道生萬物思想，認為在天地未形成之前的狀態是玄靜的混沌狀態，天體內部是空虛的，外面是無象的。先有了道的根，根從虛無中生發出有，這是對老子「天下萬物生於有，有生於無」思想的解釋。

有了道根後，宇宙由混沌不分開始分化，這個說法比老子思想更具體，老子只是說「有物混成，先天地生」，但是並沒有說這個「物」是什麼，

張衡這裡直接替這個「物」命名為氣，於是就成了宇宙生成論中的物質本原。

在宇宙的有限和無限方面，張衡提出了一個相對的概念。他認為，可知的部分是有限的，不可知的部分是無限的。他在《靈憲》中寫道：「八極之維，徑二億三萬二千三百里⋯⋯過此而往者，未知或知也。未知或知者，宇宙之謂也。宇之表無極，宙之端無窮。」

張衡的宇宙學說觀點還體現在天體執行方面，他認為，月亮本身是不發光的，太陽光照到月亮上，月亮才有光。月食的天象是由於太陽光被遮住了，當太陽光全照時就是滿月，當太陽光全被遮蓋起來時，就沒有光了，這是對日食、月食天象很科學的解釋。

不僅如此，張衡還喜歡數星星，他在《靈憲》中有過統計，天上總共有兩千五百顆星星。經過東漢末年的戰亂後，張衡製作的星表失傳。到了晉朝，人們只發現了一千四百六十四顆星，直到西元17世紀，人們透過望遠鏡觀測到的星星才超過三千顆。張衡藉助渾天儀，僅憑肉眼便觀測到兩千五百顆星，足足領先世界一千五百年。

除了渾天儀，張衡還做出了一件法寶——地動儀。

陽嘉元年（西元132年），張衡在太史令任上發明了最早的地動儀，稱為候風地動儀。

據《後漢書・張衡傳》記載：地動儀用精銅鑄成，圓徑八尺，頂蓋突起，形如酒樽，用篆文山龜鳥獸的形象裝飾。東漢一尺約二十四公分，以此推算，地動儀直徑接近兩百公分。中有都柱，傍行八道，施關發機。有八個方位，每個方位上均有一條口含銅珠的龍，每條龍下方都有一隻蟾蜍張口與其對應。假如某個方位有地震發生，該方向龍口所含銅珠就會落入蟾蜍口中，由此便可得知發生地震的方向。

地動儀是造出來了，問題在於，這東西真能感知地震嗎？

第二章　禍起蕭牆

有一天，地動儀上朝著西北方向的那條龍，忽然吐出了含在口裡的銅珠，恰巧落在下面張口等著的銅蟾蜍嘴裡。

張衡馬上判斷出西北發生地震了，可洛陽城中的專家學者沒人信他。幾天後，隴西的信使快馬加鞭趕到洛陽報告：「隴西發生了大地震！」

京城上下無不震動，皆嘆服其神妙。

這是人類歷史上第一臺能測量感知地震的儀器，比歐洲早了一千七百多年，是古代科技文明的結晶。

不只是渾天儀和候風地動儀，張衡在其他各個領域也取得了令人難以置信的成就：

在天文學上，他寫了《靈憲》一書，對宇宙起源、天地結構、月食原因都給出了前所未有的科學論斷。

在地理學方面，他繪製了一幅完備的地形圖，並研製出了自動計算里程的鼓車、指南車等。

在氣象學方面，他製造出了一種預測風力、風向的儀器——候風儀，比西方的風信雞出現早一千多年。

在數學方面，他寫出了《算罔論》，並計算出圓周率的值在 3.1466 和 3.1622 之間，比歐洲早一千三百多年。

在機械製造方面，他製造了世界上最早的飛行器，一種可以飛行數里的木鳥。

在史學方面，他長期擔任太史令，曾對《史記》、《漢書》提出過中肯批評，並上書朝廷請求修訂。

在文學方面，他是文豪，寫下了著名的〈二京賦〉，被昭明太子蕭統收入《昭明文選》。

……

和他同時代的崔瑗就盛讚他：「數術窮天地，製作侔造化。」

張衡做官全憑自己的好惡，比如鄧騭請他去做官，他就不去，可能是他對鄧騭這人沒有好感。而鮑德請他去做官，他二話不說立刻收拾行李，而且一做就是很多年。

在太史令這個職位上，張衡一做就是十四年之久，也不操心升遷的事。他自己不著急，別人反倒著急了，有人曾問他：「你能使機輪轉動，木鳥自飛，自己為什麼不能飛黃騰達當大官呢？」

張衡答：「我絕不會為了謀求高官厚祿，而去奉承權貴。」

「君子不患位之不尊，而患德之不崇；不恥祿之不夥，而恥智之不博，是故藝可學，而行可力也。」

張衡雖然獻身於科學研究工作中，卻不是那種兩耳不聞窗外事的學者，他關心時政，也關心國計民生，有自己的政治理想和抱負。他一生經歷了章帝、和帝、安帝和順帝四位皇帝，越到後期，政治越腐敗，宦官和外戚的鬥爭也愈激烈。

張衡坐不住了，幾次向劉保上書，諷示近世宦官的危害，要求皇帝收回權力，恩從上下，事依禮制。

意料之中地，劉保沒有採納，只是將他升遷為侍中。

張衡清醒了，他知道，在這個渾濁而黑暗的官場上，他一個人的呼聲太微弱了，毫無意義。

有一次，劉保召見張衡，問他老百姓最痛恨的人是誰。

所有人都知道答案，旁邊的宦官死死盯著他，張衡頓時覺得如寒冰刺骨，胡說一通後倉促離去。

在上位者聽不進意見，身旁惡狼環伺，獠牙相向，除了胡說一通，他還能說什麼？

第二章　禍起蕭牆

如同當年行吟於大澤的屈原，憂鬱難抒的張衡也寫下了一篇〈思玄賦〉，抒發自己的苦悶。

幾年後，張衡從洛陽出來，出任河間相。

當時的河間國也不是個好地方，當地官員不守規矩，地方上豪強眾多，已成氣候。但是張衡卻做得得心應手，他到任後治威嚴，整法度，嚴厲打擊那些囂張跋扈的豪強。在他的治理下，河間國的風氣為之一清，但是放眼望去，帝國朝政日壞，天下凋敝，自己雖有濟世之志，又能有多大的作為？

三年後，張衡向漢順帝上書乞骸骨，希望歸隱田園，順帝不許，徵召他為尚書。

但是此時的張衡已走到了生命的盡頭，就在被拜為尚書這一年，張衡逝世，享年六十二歲。

該怎麼評價他呢？

這個世界上，有人為名利而活，有人對權勢孜孜以求，也有人為攀高位努力往上爬。在那個兩千年前的時空中，當絕大多數人渾渾噩噩地盯著自己腳尖走路的時候，只有他，張衡，抬頭仰望星空，將目光投向極為遼遠寬闊的蒼穹。

他研究天文算術，不僅是為了解決現實問題，更多的是源自天性中對客觀世界的探索渴望。

基於張衡在兩千年前就對天文學做出過全面而深刻的研究，後人將月球背面的一環形山命名為「張衡環形山」，將小行星1802命名為「張衡小行星」。

他做到了和他所熱愛的星辰一樣不朽。

梁氏登場

張衡數次向劉保勸諫,要他防止宦官弄權,以免為禍國家。但是其實,順帝一朝真正威脅到皇權的是外戚——歷史上臭名昭彰的跋扈將軍梁冀。

東漢歷史上最有名的外戚即將登場!

東漢一朝的外戚基本上都出自功臣望族,梁冀也不例外,他是梁統的後人。梁統曾任酒泉太守、武威太守,擁兵保境,劉秀將女兒舞陰長公主嫁給了梁統的兒子梁松,自此梁氏與皇室扯上了關係。

不過,在章帝時代,梁氏曾遭到竇氏的壓制和打擊,死的死,流放的流放,直到和帝親政後才喘了口氣。此後,梁家的地位不斷上升,到順帝時代,梁氏之女梁妠入宮成了貴人。

據說,梁妠出生的時候有日月光輝祥瑞之象。她從小就聰明伶俐,不僅會做女工,還喜歡讀書,九歲時能背誦《論語》,還做了一大套列女圖掛在閨房。老爸梁商見了都有些驚訝,私下和族人們感慨道:「我們的祖先救濟河西,存活的百姓不可勝數。當時皇帝雖沒有過問表彰,但是積德必然會有回報,我們家族要想振興,恐怕就得靠這個孩子了!」

十三歲那年,梁妠和她的姑姑一同選入掖庭。相師茅通見了梁妠,大吃一驚,這樣評判她的容貌:「妳這個相叫做日角偃月,前額中央隆起,形狀如日。兩眉彎彎如半月,是極貴的面相,連我都沒見過。」

隨後,太史又用龜甲、蓍草等占卜,都是大吉的卦相。

劉保於是封梁妠為貴人,經常讓她陪自己。梁貴人常常謝絕,解釋道:

「陛下就是太陽,太陽普照萬物才是恩德。而后妃則如螽斯,不妒忌不專寵,讓皇上能夠子孫滿堂,這才是大義。我希望皇上把雲雨之恩澤均

第二章　禍起蕭牆

匀地灑在所有后妃身上,讓大家都能蒙受天恩,這樣也使臣妾免於被人誹謗。」

劉保聽後,更加敬重梁貴人。

陽嘉元年(西元 132 年),劉保立梁貴人為皇后,立她的姑姑為貴人。

老爸梁商位加特進,任執金吾,掌管京城治安。

女兒當了皇后,梁家自然是水漲船高,梁商的兒子、梁皇后的哥哥梁冀混了個襄邑侯。不過梁商這個人還是比較謙遜的,堅決不接受兒子封侯。

陽嘉三年(西元 134 年),劉保想任命梁商為大將軍,梁商拒絕,稱病不上朝。

陽嘉四年(西元 135 年),劉保直接派太常桓焉把策書送到梁商家裡,梁商這才不得不接受。

在東漢那些混帳外戚中,梁商是為數不多的本分人,他很清楚自己的處境。自己之所以能位居大將軍之職,不就是因為外戚這個身分嗎?竇氏、鄧氏、閻氏的殷鑑不遠,自己要想坐穩這個位子,必須夾緊尾巴,和周圍人打好關係。

鑒於此,梁商經常虛心薦賢,前後舉薦了漢陽人巨覽、上黨人陳龜為掾屬,李固、周舉為從事中郎。洛陽官民齊聲為他叫好,稱讚梁商為賢輔,順帝索性把政務都交給他處理。

應該說,梁商治國確實是盡心竭力,每次遇到災荒年歲,梁商就把自家收取的稻穀運到城門處,賑濟那些無糧的災民,並且不說是大將軍的恩惠,只說是國家的救助。他還嚴格約束自己的家人和親戚,不得憑藉權勢為非作歹。

為了和周圍人打成一片,梁商常和官宦打交道,他見小黃門曹節等人

權勢漸長，於是安排兒子梁冀、梁不疑與其往來。但是一些宦官嫉恨梁商深得寵遇，反而想要陷害他。

永和四年（西元139年），中常侍張逵、蘧政等人合謀誣陷梁商和另外的兩個中常侍曹騰、孟賁，說這夥人拉幫結派，打算徵諸王子，選一個當皇帝，廢掉劉保。

這種舉報漏洞百出，豈能騙得了劉保？他只說了一句話：「大將軍父子一家都是我的親人，曹騰、孟賁都是我最親近的人，我不相信他們會做這種事，一定是你們忌妒他們。」

張逵等人也知道自己編的謊話太假，但是開弓沒有回頭箭，事情已經做了，他們只能一條道走到底，於是做了一份假詔書，逮捕曹騰、孟賁。

劉保得知後大怒，命宦官李歙趕緊放了曹騰、孟賁，並逮捕張逵等人，嚴加審訊。

還沒等用刑，張逵等人就坦白了自己的罪行，供詞還牽連到了其他高官。

梁商擔心有人冤枉受牽連，上疏說：「《春秋》有言，功在元帥，罪止首惡，故賞不僭溢，刑不淫濫，這是五帝、三王治理天下之道。我聽說有司在審查中常侍張逵等人時，供詞牽連到很多人，大獄一起，必然牽扯到很多無辜的人，不該判死刑的罪犯長期關押，一些小問題最後都會變成大案，這樣做顯然不妥，建議及早了結此案。」

這個建議被皇帝採納，最後只誅首惡，從犯不問。

在對外關係上，梁商也頗有頭腦。

永和五年（西元140年）五月，南匈奴反叛，七八千騎兵入侵邊境，殺了朔方郡和代郡的長史。度遼將軍馬續與中郎將梁並、烏桓校尉王元等人徵調邊境部隊及烏桓、鮮卑、羌胡兩萬多人，一舉擊敗了南匈奴。

梁商認為羌胡最近反叛：徒眾剛剛聚合，最好用招降的辦法，於是上

第二章　禍起蕭牆

奏皇帝：「匈奴入侵反叛，知道自己犯了死罪，鳥獸走投無路的時候，都知道救自己的性命，何況匈奴種族繁衍興旺，不可能全部消滅。如今糧食轉運日益增多，三軍疲憊勞苦，虛內給外，非中國之利。臣看度遼將軍馬續一向有謀略，而且長期負責邊境，深曉兵要，每次接到馬續的信，都與臣的計策相合，建議命馬續深溝高壁，以恩信招降。這樣，就能使這些外族歸服，國家可平安無事。」

劉保採納他的意見，下詔讓馬續招降反叛的匈奴人。

梁商又寫了一封信給馬續：「中原安寧，忘戰日久。精騎在野外會合，正面交鋒，決勝當時，這是戎狄之所長，而漢軍之所短也。強弩乘城，堅營固守，以待其衰，這是漢軍之所長，而戎狄之所短也。我方應該發揮自己的長處，以觀其變，盡量招撫他們，勿貪小功，以亂大謀。」

馬續和各郡太守依計而行，果然奏效，南匈奴右賢王的部屬帶著一萬三千人來向馬續投降。

從這裡不難看出，梁商堪稱外戚中的一股清流，他知人善用，做事謹慎，贏得了朝野上下的一致稱讚。

永和六年（西元141年）八月，梁商病重，一病不起。

臨終前，他諄諄告誡兒子梁冀等人：「我本無德之人，卻享受著榮華富貴，此生沒有輔佐朝廷做過什麼事情，死後不能耗費國家的庫藏。衣衾、飯琀、玉匣、珠貝之類，於朽骨何益？百官操勞擾動，道路上搞得紛雜熱鬧，只能增加塵土汙垢，雖然說是禮制，也可以變通。如今邊境不寧，盜賊未息，怎麼能再浪費錢財損害國家？我死之後，載至塚舍，即時殯殮，塚開即葬。用我平時所穿的舊衣收殮，祭奠用平常飯食，不必用三牲大禮，你們千萬不要違背我的遺願。」

交代完後事，梁商溘然長逝。

梁氏登場

　　劉保親臨致哀，梁商的幾個兒子本打算按照父親的遺言辦理喪事，但是皇帝不准，賜東園紅色棺木，銀鏤、黃腸、玉匣、什物二十八種，錢二百萬，布三千匹；皇后賜錢五百萬，布萬匹，按照朝廷禮制厚葬梁商，賜諡號「忠侯」。

　　梁商一生謹慎溫謙，廉潔自好，可說是古代外戚的楷模，諡號「忠」字，實至名歸。

　　然而，梁冀完全不像自己的父親。《後漢書》記載，梁冀的容貌非常凶惡，兩肩聳立起來好像老鷹的翅膀，眼睛如同豺狼一樣倒豎，看人直勾勾的，沒什麼神采，說話含糊不清，雖然接受過教育，但是也沒有天分，只能做做簡單的讀寫、記帳等工作罷了。他的長處則是各種紈褲子弟的娛樂活動，包括但是不限於喝酒、射箭、賭博、蹴鞠、打獵、鬥雞等。

　　這樣一個混世魔王，本來應該是市井中被嚴打的對象，但是他投胎技術極好，生在了官宦世家，還成了皇后的哥哥。他在仕途上也是一路順利，從黃門侍郎做起，一直做到了執金吾。

　　有沒有想起《水滸傳》中的高俅？

　　高俅，本是東京街頭上游手好閒的地痞流氓。偏偏就是這樣一個人，卻因踢得一腳好球，被端王趙佶賞識，煌煌冠冕，坐在廟堂之上，望若天人。

　　梁冀就是東漢的高俅，高俅就是北宋的梁冀。

　　永和元年（西元 136 年），不學無術的梁冀當上了河南尹，在任期間殘暴放縱，無法無天，搞得民怨沸騰。

　　梁商有個親信叫呂放，時任洛陽令，他見梁冀實在太不像話了，私下裡跟梁商反映了梁冀的所作所為。梁商把梁冀揪過來，臭罵了一頓。

　　這梁商也誠實，竟然說出了呂放的名字。梁冀回頭就找了個人當街殺

第二章　禍起蕭牆

了呂放,然後把責任推給呂放的仇家,又協助呂放的弟弟呂禹成洛陽令。

呂禹一上任,第一件事就是為老哥報仇,把呂放的仇家全部捉拿歸案,整個宗族及一百多個賓客全都掉了腦袋。

這便是梁冀的為人。

這樣一個不學無術的惡棍,梁商在的時候還算老實,等梁商去世,誰還能降得住他?

永和六年(西元141年),梁冀接老爸的班,當了大將軍,弟弟梁不疑為河南尹。

沒了老爺子的管束,梁冀終於可以招搖過市、無所畏懼了,他充分放縱自己的流氓天性,貪財、奢侈、淫亂、弄權、霸道、濫殺,他一個人幾乎占盡了所有的負面詞彙。

梁冀有個朋友,是當時的著名文學家崔琦,他見梁冀做事太過分,常常拿那些古今成敗的例子來勸,沒文化的梁冀當然不可能聽得進去。崔琦不死心,又寫了一篇〈外戚箴〉,勸梁冀少行不法。

這種之乎者也的東西,從小混跡於市井的梁冀怎麼可能看得懂?

梁冀未加理會,崔琦於是又寫了篇散文〈白鵠賦〉,繼續諷諫梁冀。

崔琦既老實又忠誠,他是真心對待梁冀,所以才不厭其煩講那麼多大道理,希望梁冀能懸崖勒馬,可他高估了這個雞鳴狗盜之徒的道德水準。

他的忠心與囉唆,反而惹惱了梁冀,梁冀叫來崔琦問道:「天底下有過錯的人很多,朝廷百官人人都這樣做,難道只有我最壞?你為何獨獨針對我一個,這樣諷刺我?」

崔琦答:「昔日管仲做齊國的宰相,願聽勸諫的話;蕭何輔佐漢高祖,設立了記錄過失的官吏。如今將軍身居高位,和伊尹、周公一樣責任重大,可卻沒有聽聞將軍有任何德政,只有生靈塗炭。將軍不但不結交忠貞

賢良，反而想要堵塞眾人的嘴，矇蔽陛下耳目，是打算讓天地變色，學趙高那樣讓天下人都指鹿為馬不成？」

這一番反駁讓梁冀無言以對，他害怕崔琦老提反對意見，找了個藉口將崔琦打發回家了事。

崔琦發配原籍後，杳無音訊，江湖上也沒再傳出他不利梁冀的言論。梁冀以為崔琦經歷了這段磨難，變得「懂事」了，不會再反對自己了，又產生了收買之心。

他建議皇帝授予崔琦臨濟長的官職，不料崔琦依然不改本性，對梁冀給的官堅辭不受。

這樣明目張膽的「非暴力不合作」終於讓梁冀明白，崔琦是不可能被他收買的。為了防備他寫文章揭露自己的暴行，梁冀決定殺人滅口，派了一名刺客去刺殺崔琦。

刺客接到任務不敢怠慢，千里迢迢來到崔琦的老家，卻看到了令他極為震撼的一幕：炎炎烈日下，崔琦和普通老農一樣，正在田裡揮鋤勞作，只是懷中比別人多了一卷書。累了就坐在田壟間，打開書卷俯仰吟詠，一副怡然自得之態。

看到這一幕，刺客的內心極受觸動，他把實情告訴了崔琦：「梁冀派我來殺您，今日見您是個賢人，我不忍下手，您趕快逃，我也要亡命天涯了。」

崔琦因此得以逃脫，但是最終還是被梁冀抓到，丟了性命。

第二章　禍起蕭牆

狼戾梁冀逞弄權

　　這就是梁冀，他掌握著生殺予奪的權力，殺人如同踩死一隻螞蟻。他沒有道德，沒有規則，而且毫無顧忌，他幾乎不用其他懲罰手段，他只相信自己手中的屠刀。

　　事情就是這麼奇怪，梁冀越壞，做的壞事越多，皇帝對他越好。建和元年（西元147年），皇帝加封他食邑一萬三千戶，三年後又加了一萬戶，使他的食邑總數達到三萬戶。

　　梁冀仍不滿足，見誰有錢，就敲誰的竹槓。

　　扶風有個土豪士孫奮，梁冀看上了他的家產，送去了四匹馬，張口就要借錢五千萬。士孫奮先是不肯，他豈不知這是有借無還？但是不給又不行，那人不是別人，是梁大將軍啊，給一百個膽子，也不敢不借啊！

　　最後咬咬牙，借了三千萬。

　　這下惹怒了梁冀，他馬上舉報，士孫奮的母親曾是他家裡的奴婢，偷了他十斛白珠、一千斤紫金，然後跑了。

　　結果，因為捨不得那兩千萬，士孫奮兄弟二人被抓起來打死，一億七千多萬家產被沒收。

　　梁冀奢侈無度，他家的園林比皇家園林還大得多，西至弘農，東以榮陽為界，南直通魯陽，北達黃河、淇河，有深山、丘陵和荒野，方圓將近千里，園林裡的奇珍異獸比皇家獵場還多。

　　梁冀喜歡兔子，他花費數年時間，專門建了一個方圓幾十里的兔苑，還為每一隻兔子上了戶口和檔案，為兔子打上印記防止丟失。有個西域商人初來乍到，誤吃了梁冀的寶貝兔子，梁冀大怒，連殺數十人才解恨。

這樣一個無法無天的傢伙，難道就沒人能治得了他嗎？

還別說，惡人自有惡人磨，梁大將軍還真有個剋星，就是他的老婆孫壽。

據史書上說，孫壽長得特別漂亮，但是生性刻薄，能做出種種狠毒無下限的事情來，這讓天不怕地不怕的大將軍梁冀對她又愛又怕。

當初老爸梁商獻給劉保一個美女，名叫友通期，不知什麼原因，劉保又把美女還給了梁商。侍候過皇帝的女人，梁商哪敢留下，打算找個老實人嫁了。梁冀可不管這一套，他悄悄派人把友通期搶了回來。

恰在此時，梁商去世了，梁冀就把友通期安頓在城西，守孝期間經常偷偷與其私會。

很不巧，這事被老婆孫壽知道了。

孫壽一生氣，後果很嚴重。

她早就派了探子監視老公，得知某天梁冀外出，立即帶了一幫家僕把友通期搶回家中，先將她剃成大光頭，再把臉畫花了，然後讓人把友通期的美臀抽得皮開肉綻。

收拾完友通期，孫壽告訴梁冀，自己要去見皇上，告他服喪期間公然嫖妓，睡的還是皇帝的女人！

梁冀找到孫壽的母親，央求丈母娘勸勸孫壽。

孫壽其實也沒想過真去告老公，她只不過是想嚇唬一下梁冀，讓他老實點。

但是這件事還沒完。

狗改不了吃屎，沒過多久，梁冀又跟友通期混在一起了，還生了個兒子，取名伯玉。這一次，梁冀吸取了上次的教訓，保密工作做得很好，可紙終究包不住火，這事又讓孫壽知道了。孫壽醋意大發，派兒子梁胤殺光

第二章　禍起蕭牆

了友美女全家，梁冀不敢吭聲，害怕孫壽殺害伯玉，只能把伯玉藏在夾壁裡邊。

孫壽雖然對梁冀管得挺嚴，但是她自己的私生活也不檢點。

梁冀寵愛一個叫秦宮的奴僕總管，能自由出入孫壽的住所。孫壽一見秦宮，立即滿眼放光，以和秦宮商量重要事項為由，打發走下人們，然後兩人就好上了。

靠著這層關係，秦宮成功開啟了仕途，做到太倉令，成為朝廷的顯赫人物。朝廷任命的刺史、郡、國兩千石級別的官員，赴任前都要去拜見秦宮，向他辭行。

這還真是應了那句話，不是一家人，不進一家門。

孫壽為梁冀出主意，讓他把梁家當官的罷免一部分，為孫家的人騰些位置。梁冀一想，肥水不流外人田，立即著手安排。於是乎，孫氏宗族中做了侍中、卿、校尉、郡太守、長吏的多達十餘人。這些人貪婪成性，凶暴荒淫，搞錢很有一套。他們在哪任職，就把當地的土豪記下來，然後找個罪名，把土豪抓起來嚴刑拷打，再讓土豪家出錢贖罪。出錢多就放人，出錢少就打死，或者流放。

梁冀還在城外修建了宅第，專門收納奸詐的亡命之徒。有時也抓些良民，把他們當作奴婢使喚，人數達幾千人，稱為「自賣人」。

朝堂已經成了梁冀的天下，放眼望去，滿朝諸公都成了梁冀的手下，一個個彎著腰，臉上掛著諂笑，阿諛奉承之詞不絕於耳。

難道朝堂之上竟沒有一個有骨氣的大臣？

不，還是有的。

就在梁冀當上大將軍的次年，他便遭到一次極為嚴厲的彈劾。

事情的起因是朝廷成立了中央巡視組，要到地方巡查官僚的不法行

為。對有德行、忠於職守的地方官員予以表彰；刺史、兩千石以上的官員有惡行者，立即上報朝廷處置；縣令以下官員有罪者，巡視組有權直接查辦。

被指派的八名巡視組成員中，有一位名叫張綱的，很有個性。就在他的同事領命出發後，張綱出了洛陽城，把車輪埋在了城外的都亭下，然後不走了。

旁人問張綱：「你不趕緊去執行任務，怎麼還把車輪埋起來了？」

張綱憤然答道：「豺狼當道，安問狐狸！」

豺狼者，朝中梁冀也，跟他相比，地方上的那些貪官汙吏只能算是小狐狸了。

隨後，張綱憤然提筆，上書給劉保，彈劾太尉桓焉、司徒劉壽等人尸位素餐、不堪其職，揭露司隸校尉趙峻、河南尹梁不疑、汝南太守梁乾等人貪贓枉法、違法亂紀，建議將他們送交廷尉治罪，又指控魯相寇儀嚴重違紀違法，寇儀畏罪自殺。

接著，他開始彈劾幕後首腦梁冀：「大將軍梁冀、河南尹梁不疑身為外戚，世受皇恩，肩負輔佐陛下的重任，理當匡君輔國、安漢興劉，可他們卻大肆貪汙，任情縱慾，多樹詔諛，以害忠良。此番，臣列舉出他目無君王、貪贓枉法的十五宗大罪，請陛下查之！」

書奏，京師震悚。

然而，張綱的直諫並沒有達到預期效果。劉保讀完張綱的上書後，對他的意見表示贊同，滿朝大臣也很欽佩張綱的勇氣，然後——

就沒有然後了。

梁冀背後有梁皇后，梁皇后當時又甚得天恩，劉保不願意懲處梁家；梁家經營已久，朝中幾乎全是他們的關係戶，梁氏姻族遍布朝廷。

第二章　禍起蕭牆

這一切無不表明，皇帝對朝廷的掌控已經越來越弱了。

張綱的上書就這麼不了了之，劉保不聽他的，梁冀也恨死他，尋找一切機會要殺掉他。

當時，廣陵郡有個叫張嬰的人，聚集了數萬人在揚州和徐州一帶對抗官府，刺殺刺史，前後達十餘年，朝廷深感棘手。梁冀意欲借刀殺人，指使尚書推薦張綱出任廣陵太守。

張綱渾然不懼，孤身赴廣陵，帶著郡吏十餘人來到張嬰的大本營。張嬰不解來意，閉壘嚴防，張綱派人將手書傳諭張嬰，說自己是奉詔宣慰，並非開戰討伐。

張嬰見張綱來意誠懇，出門相迎，張綱以利害禍福曉諭張嬰：「前任地方官員大多貪暴，逼得你們聚眾反叛，地方官固然有錯，但是你們這樣做也不妥。當今陛下仁聖，欲以文德服叛，不願再起刀兵，所以派我來招安，這是你們轉禍為福的一個機會。如若不然，天子震怒，荊、揚、兗、豫大兵雲合，你們可就危險了。若不料強弱，非明也；充善取惡，非智也；去順效逆，非忠也；身絕血嗣，非孝也；背正從邪，非直也；見義不為，非勇也。何去何從，希望你們認真考量。」

張嬰深受感動，含淚道：「我等都是荒裔愚人，因蒙冤受屈，不能自通朝廷，才聚眾反抗，苟且偷生，並沒有多考慮後果。今聞明府之言，我知道自己錯了，唯一擔心的是我做了對抗朝廷的事，即便投誠了，也不免問罪。」

後經張綱的解釋，張嬰打消了顧慮，決定投誠。

次日，張嬰率領部眾一萬餘人，與妻子一道歸降。張綱設宴慶賀，將其部屬遣散，勸他們回家種田，又為張嬰安排了住處，劃給田產。

張嬰一事平息後，朝廷論功行賞，但是梁冀從中作梗，遂罷。朝廷準

備重用張綱,要召他入朝任職,但是被張嬰等人極力挽留,只得留在廣陵。

朝堂上豺狼當道,已沒有張綱的容身之地。

張綱在廣陵一年,病歿於任上,年僅三十六歲,無數百姓自發前去哀悼送行。自張綱病重後,當地官員、父老鄉親紛紛為他禱告求福,大夥兒都在感慨:「千年萬載,何時才能再遇此君?」

他死後,張嬰等五百餘人披麻戴孝,扶靈柩至武陽,直到安葬完畢才揮淚而去。

張綱雖然去世了,但是他並不孤獨,因為朝中還有一個勇士向流氓頭子梁冀發出了挑戰!

第二章　禍起蕭牆

第三章
梁氏亂政

第三章　梁氏亂政

名臣李固

　　他就是李固，當時的士人領袖。

　　李固相貌奇特，頭骨突出像鼎足，向上入髮際隱起，腳板上有龜文。他年少時好學，常常改名換姓，不遠千里步行尋師。

　　李固研習五經十多年，博覽古今書籍，通曉風角、星算、河圖及讖緯之術。他每次到太學，都要祕密進入三公府——不是去走後門，而是去向父母請安。

　　李固的父親李郃，曾任尚書令、司空、司徒等官職。李固身為高官子弟，卻極其低調，看望父母都弄得跟做賊似的，唯恐暴露自己官二代的身分。

　　有這樣顯赫的家世和學術功底，李固的一生注定不會平凡。但是他一直不應州府的徵辟，五察孝廉，五府連闢，李固一再託病謝絕。

　　這種屢次謝絕徵召的作法其實是歷代讀書人入仕前的矯情行為，其目的不僅是顯示自己的穩重，表明自己對功名富貴的淡薄，更是為了抬高自己的身價與聲望，尋找一個更合適的時機。

　　這從他寫給朋友黃瓊的一封信中可以看出。當年黃瓊也是被地方政府屢次徵召，後來朝廷再一次公車徵召，黃瓊才答應出仕，可車到半路，黃瓊的矯情病又犯了，稱疾不行。

　　李固得知此事，寫了一封信給他，就是著名的〈遺黃瓊書〉：

　　「我聽聞你已過了伊水和洛水，近在萬歲亭，莫不是你被徵召的事有所進展，正準備接受皇帝的任命了嗎？孟子認為：『伯夷不食周粟，與弟叔齊餓死於首陽山的做法太狹隘，柳下惠在魯國做大夫時三次被貶而不辭的行為又過於不知自重了。』揚雄在《法言》中說：『既不學伯夷的過分

褊狹，也不學柳下惠的一味隨和，中庸即可。』這就是古聖先賢的處世態度。如果你要仿效巢父和許由，追求以山為枕、以谷為屋的隱居生活，本不該應徵上路；倘若你動了濟世之心，想出來輔佐皇帝、拯救百姓，現在參與政事正當其時。自有民以來，善政少而惡政多，如果非要等到堯舜之君才出來做事，那你永遠也等不到那一天了。

我常聽人說：『嶢嶢者易缺，皎皎者易汙。』〈陽春〉之曲，和者必寡；盛名之下，其實難副。近來魯陽的樊英應陛下徵召剛到京城，朝廷為其築高臺，猶待神明。他雖無突出事蹟，但是言行一致，而詆毀他的流言卻四處傳播，其名望也隨之降低。難道不是大家對他的期望太高，聲名太盛了嗎？近來朝廷徵聘的名士如胡安元、薛孟嘗、朱仲昭、顧季鴻等人，並沒有做出過突出成績，輿論都說這些人是欺世盜名之輩。希望你能站出來，做一番大事業，令眾人嘆服，一掃流言蜚語。」

這封信，既是勸說黃瓊，也表明了自己的志向：他李固絕對不會學巢、由，隱居深山不問世事。如果他出山，絕對不會尸位素餐，他要做出一番令眾人嘆服的事業。

這之後，朝中公卿舉薦人才，李固再一次名列其中。這一次，李固沒有再扭捏，國事日漸糜爛，有擔當的士人自當出手補天。

陽嘉二年（西元133年），天象一再顯示凶兆。四月，京師地震；六月，大旱，赤地千里，洛陽宣德亭的地面裂開一條大縫，長八十五丈。

接二連三的災異現象弄得劉保心驚膽顫，他發了一份通知，要求群臣暢所欲言，指出政治上的弊病。

初次登上政治舞臺的李固第一個站了出來，他提了兩條有針對性的建議：

權去外戚，政歸國家；

罷退宦官，去其權重。

李固看問題很準，外戚與宦官的確是東漢王朝的兩大毒瘤，二者輪流

第三章　梁氏亂政

坐莊，相互傾軋，令帝國的中樞組織一步步壞死，最終病入膏肓，無藥可治。

李固將目標對準宮中受寵的乳母及宦官，火力全開。劉保看了眾人的對策，以李固為第一名，讓乳母宋娥搬出皇宮，回到她自己的私舍。幾個中常侍也嚇壞了，紛紛向皇帝叩頭，請求恕罪。

一時間，朝野風氣為之一振，李固也被提名為議郎。

然而，李固的炮火太過猛烈，對手們吃了癟，肯定不會放過他。很快，誣陷他的匿名信如雪片般飛到了皇帝的桌案上，劉保遂下令查辦李固。

大司農黃尚眼看情況不對，立即向執金吾梁商求救，在梁商及黃瓊等人的積極奔走下，李固被釋放，被降為地方縣令。

這是李固在政治舞臺上的第一次亮相，初次交鋒，他展露了自己的鋒芒，也看到了對手的強大。皇帝似乎有意偏袒外戚宦官，自己在政治上也沒有機會作為，索性退一步，暫時觀望。

在去廣漢的途中，李固解下印綬，回到了老家漢中，斷絕了一切社交關係。

不久之後，梁商成了大將軍，向李固發出誠摯邀請，請他出來做從事中郎。

李固也不客氣，接到通知就來到了洛陽。一上任，李固就看出了梁商性格柔弱、不能整飭法紀的弱點，寫了一封信給他，其中寫道：

「如果能夠整頓朝廷綱紀，推行正道，選立忠良，您就能繼伯成之後，立崇高之業，全不朽之譽。那些沉湎於榮華富貴，整日追求高位的外戚，怎能與你同日而語？」

除了替梁商戴高帽，李固還提了一個大膽的想法：

「窮高則危，大滿則溢，月盈則缺，日中則移，凡此四者，自然之數

也。天地之心，福謙忌盛，因此賢達之人都能做到功成身退，保全名節，頤養天年。」

意思很明顯，李固想讓梁商急流勇退。

這就有點天真了，人家當初救了你，如今又請你出來做官，你不感恩，反而勸人家回家養老，怎麼可能？

不僅如此，李固還操心皇位的繼承人問題。

劉保即位已有十餘年，一直沒有兒子，鑒於東漢歷代皇帝多有英年早逝的先例，李固建議梁商從宮中及民間挑選生育能力強的女子，送入後宮。一旦生下皇子，務必要妥善保護，讓生母親自撫養，以免遭「飛燕之禍」。

此時的皇后正是梁商的女兒，李固直言「飛燕之禍」，可不就是直指梁皇后嗎？

這已經不是提議，而是赤裸裸的譏諷了！

你可以說李固忠心耿耿，說話做事不知婉轉，沒有彈性，但是站在梁商的立場上，就算他脾氣再好，豈能容忍？別忘了他還有個囂張跋扈的混帳兒子梁冀！

隔著兩千年的時空，我分明看到了梁商那不屑的眼神，以及梁冀那殺人的目光。

果不其然，梁商對他的建議直接無視。

梁商對他雖然也有些意見，但是李固畢竟是士林領袖，一身才華和抱負，總還能容。永和元年（西元136年），太尉王龔痛恨宦官專權，上書力陳其罪狀。宦官們倒打一耙，指使門客誣告王龔有罪，劉保命王龔主動說明實情。李固知道宦官顛倒黑白的本事，請梁商出面營救，總算保住了王龔。

永和二年（西元137年），日南郡的蠻族首領區憐起兵反叛。次年變亂

第三章　梁氏亂政

擴大，地方政府出兵討伐，可惜吃了敗仗，反而被蠻人圍攻。這場衝突持續了一年多，由於沒有援軍和糧草，官軍陷入了困境。

消息傳到洛陽，劉保召集百官以及四府（大將軍、太尉、司徒、司空）商議對策。眾人都主張派遣大將，徵發荊、揚、兗、豫四州的四萬軍隊前往增援。

李固堅決反對，他認為，南方州郡天氣炎熱，氣候潮溼，瘴氣瀰漫，士兵到了南方最容易出現水土不服。如果從兗州和豫州徵兵，長途跋涉、萬里行軍，士卒疲勞不堪，等部隊到達日南時，至少減員百分之四十，兵馬還沒有投入戰鬥，就喪失了戰鬥力。

從北方到南方，道路崎嶇難行，按照正常的行軍速度，每天行軍一百里，洛陽離日南郡象林縣九千多里，至少三個月才能到達，按每人每天五升的口糧計算，四萬軍隊需要米糧六十萬斛，還不包括將官的口糧，驢、馬的飼料，僅士兵攜帶的量就如此巨大。

九真離象林縣僅僅一千多里，徵發當地的吏民，他們尚且不堪忍受，更何況徵發荊、揚、兗、豫四州的士兵，讓他們忍受萬里遠征的痛苦呢？

李固反對的理由很充分，但是問題在於，既然朝廷不能徵召部隊遠征，該怎麼處置這場愈演愈烈的叛亂呢？

李固早有準備，他拿出了自己的解決方案：

一、暫時放棄叛亂的日南郡，把官民遷到交阯郡，等平息叛亂之後，再遷回來。

二、招募、收買蠻夷內部的人，讓蠻人互相攻殺，如果有離間敵人、斬殺蠻夷首領的，朝廷封侯爵賜食邑。

三、選派有勇有謀、體恤百姓、善於用兵、勝任將帥的人出任州刺史、郡太守，駐守在交阯郡，做好持久戰的準備。

這樣一來，朝廷既不用大量徵兵徵糧，也無須調一兵一卒，就能徹底解決南蠻叛亂。

在場眾人都贊同李固的意見，劉保於是任命祝良為九真太守，張喬為交阯刺史，平定了這場平亂。

李固在一眾庸庸碌碌的朝臣中如此扎眼，且性情耿直，眼裡容不得沙子，這是梁冀不願意看到的。梁商在時，李固還能仗義執言，梁商去世後，梁冀還能容他嗎？

永和六年（西元141年），梁商去世，梁冀上位，執掌大權。

李固的厄運來了。

相貌醜陋、睚眥必報的梁冀第一個要對付的就是李固，當時荊州盜賊興起，長年不得平定。在梁冀的安排下，李固被任命為荊州刺史。

很明顯，梁冀是想借流賊之手除掉李固。

李固到任後，派人慰勞盜匪，赦免其罪行，收編叛賊六百多人。半年多的時間，荊州所有盜賊全部歸降，州內從此太平無事。

梁冀的如意算盤落空。

李固發現，這些所謂的盜賊之所以造反，完全是被貪官汙吏逼的，南陽太守高賜就是貪贓枉法的典型代表。李固上奏朝廷，要求治高賜等人的罪。

高賜等人害怕了，他們用重金賄賂大將軍梁冀。梁冀收了錢，從京師派人快馬加鞭，替他們千里傳送說情的書信，可是李固根本不給他面子，繼續查辦案件。

梁冀又氣又急，他鼓動自己的妹妹梁皇后，將李固調任太山太守。

太山也是一個盜賊常年屯聚的地方，郡兵常有千人，長期不能制服盜賊。很顯然，這又是一個火坑，就等著李固往裡面跳。

第三章 梁氏亂政

不料，李固到任後，將郡兵罷遣回去種田，只挑選有戰鬥力的一百多人，用恩信招誘盜賊投降。不到一年時間，別人解決不了的匪患就被他輕輕鬆鬆解決了。

這是李固與梁冀的第一次較量。

李固是士人領袖，是道德與正義的化身；梁冀是外戚首腦，是邪惡與黑暗的代表。他們二人的衝突正式拉開了漢末士人群體與外戚宦官鬥爭的序幕。

當初八使按察天下，在張綱的榜樣作用下，其他七人也不甘落後，報上來一大堆貪官名單，其中大多數都是宦官的親屬。

這就讓宦官們很尷尬了，他們向皇帝求情，希望能網開一面。劉保也自打嘴巴，赦免了這些貪官的親屬。

李固與廷尉吳雄覺得皇帝如此出爾反爾，實在不像話，便奏稱八使報上來的貪官，最好趕快處理，重新選拔新官到任。劉保沒有理由拒絕，只能照准。

李固為國家清汙除垢，為百姓除暴去奸，但是他本人卻與宦官集團結下了深仇大恨。

建康元年（西元144年）八月，懦弱的皇帝劉保突然去世，死因不明，時年三十歲。

劉保十一歲即位，在位十九年。他雖然被稱為「順帝」，但是從史書記錄上來看，他這十九年還真沒怎麼風調雨順過，大旱、洪水、地震、蝗災連年不斷，幾乎每年都要賑災。

那麼劉保本人的工作業績到底如何？

要我說，只有三個字：不合格。

劉保的即位經歷堪稱驚險，當初小皇帝去世後，閻氏一黨與宦官江京

商議，祕不發喪，準備另立皇帝，劉保在孫程等十九名宦官的支持下禁閉宮門，斬殺江京等人。劉保稱帝，閻氏黨羽或死或被流放。

按理說，在逆境中成長起來的人能力一般不會太差，因為他們的心智比同齡人更早成熟。比如漢宣帝劉詢，他即位時有霍光把持朝政，一個不小心，劉賀就是他的前車之鑑。在那種境遇下，劉詢小心翼翼，熬死了霍光，剷除了霍氏一黨，用二十六年的時間將漢帝國再次推向了巔峰。

不過劉保是個例外。

如果說他即位時年齡小尚可理解，可他成年後的表現實在太過差勁。自從坐穩了龍椅，劉保能不管的都不管，能不問的都不問，任由外戚和宦官專權，成天躲在深宮逍遙快活。

要知道，順帝在位時的幹部隊伍可謂群星閃耀：崔瑗、馬融以文章顯，左雄、黃瓊著於行政，吳佑、蘇章、種暠、欒巴等都是良吏，知名將帥有龐參和虞詡，監察有張綱和杜喬，著名的張衡也出現於這個時期。

可順帝呢？他在位十九年，治國幾無建樹，反而任用外戚、宦官，後來兩者勾結，開始了長達二十多年的專權，宦官、外戚弄權專橫，帝國政治日益腐敗，階級矛盾日益尖銳，百姓怨聲載道，民不聊生。

《後漢書》中這樣評價他：「古之人君，也有被幽禁放逐而後又重新獲得權位的，他們都能總結經驗教訓，開創中興大業，唯獨漢順帝是個例外。」

當時的社會上流傳著這樣一首歌謠：「直如弦，死道邊；曲如鉤，反封侯。」大意是說，性格如弓弦般正直的人，最後不免淪落天涯，曝屍路旁；而諂佞奸徒趨炎附勢，欺世盜名，反倒封侯拜相，極盡榮華。

這真是鮮明的諷刺！

順帝駕崩後，梁妠認為揚州、徐州盜賊猖獗，害怕消息傳出會造成大亂，讓中常侍召李固等商議，想等各地的王侯到齊再發喪。

第三章　梁氏亂政

李固表示反對，他說道：「皇帝雖然年少，還是天下之父。今日崩亡，人神感動，豈有臣子故意遮掩的？古時秦始皇死在沙丘，胡亥、趙高隱瞞而不發喪，最後害死扶蘇以至亡國。近有北鄉侯（劉懿）薨逝，閻皇后兄弟和江京等人掩蓋消息，便有孫程殺人之事。這是天下之大忌，絕對不能這樣做！」

梁皇后這才醒悟過來，當天晚上便為皇帝發喪。

順帝駕崩後，年僅兩歲的太子劉炳繼位，是為漢沖帝。

梁皇后升為梁太后，當朝理政。

跋扈將軍

好在梁太后也知道自己的這位哥哥是個什麼貨色，不敢讓梁冀過分專權。她任命李固為太尉，與太傅趙峻、大將軍梁冀參錄尚書事。

可惜的是，劉炳沒有當皇帝的命，只做了五個月的皇帝就去世了。

沖帝之後，有資格繼承皇位的候選人有兩個，一個是清河王劉蒜，另一個是勃海王劉鴻的獨子劉纘。

選誰好呢？

從血統來看，劉蒜和劉纘有共同的祖父——樂安王劉寵，而劉寵則是漢章帝的孫子，雙方打平。

從年齡來看，劉蒜比劉纘年長，為人嚴肅持重，行為舉止遵循法度，而劉纘這年只有八歲。

朝中大臣皆傾心於劉蒜，李固也認為劉蒜年長有德，想立他為帝，他找到梁冀說：「今當立帝，應選擇年高而有德，任親政事的人，希望大將

軍審詳大計，效仿周勃立文帝、霍光立宣帝，不能學鄧太后、閻太后廢長立幼。」

從年齡及性格上說，劉蒜確實比劉纘更有資格。

可這一切，在梁冀這裡根本行不通！

他有自己的打算，立了能親自主持政事的，自己還能做什麼？

梁冀拒絕了李固的意見，他堅持立八歲的劉纘，是為漢質帝。

陪考生劉蒜被遣回封國。

這件事加深了李固和梁冀之間的裂痕，李固就是梁冀的絆腳石，只要他還在朝堂之上，梁冀就無法放開手腳。

劉纘即位後，梁太后把政務交付給太尉李固等人，李固也不客氣，處置了一百餘個不合格的官員。不少官員心內憤憤，主動為梁冀充當打手，寫匿名信誣告李固，說他假公濟私，禍亂朝綱。

拿著匿名信的梁冀如同拿著李固的生死牌，他親自帶著奏章入宮面見梁太后，要求依據上面的內容對李固撤職查辦。孰料這資料太沒有水準了，連梁太后都不相信，梁冀碰了一鼻子灰，而李固在太后的保護下又躲過了一次暗算。

沒過多久，梁冀就發現，眼下最棘手的不是李固，而是那位他親手扶立的小皇帝劉纘。

劉纘雖然年紀小，但是很聰明，他雖然沒有親政，但是老早就看出梁冀不是好人。

聰慧是好事，但是在成人的遊戲世界裡，太過聰慧不見得是好事。成人世界的遊戲規則是，要麼韜光養晦，要麼和光同塵。這裡說的韜光養晦，其實就是忍耐的能力，而且不是被動忍耐，是用一張若無其事的臉甚至笑顏如花地迎向敵人的忍耐。

第三章　梁氏亂政

這種事，大人都不一定能做得到，何況是孩子。

劉纘是個聰慧的皇帝，但是最終敵不過天性。

有一次，劉纘坐在天子寶座上，當著朝會上群臣的面，緊緊盯著梁冀，指著他說：「此跋扈將軍也！」

孩童的率真，使得他最終沒有把這句話憋住。

臺下的梁冀頓時面色大變，群臣也在心裡咯噔一下，沒人敢出聲。

梁冀「跋扈將軍」的綽號即由此而來。

梁冀回去後一思索，心裡就犯了難。他無能而暴虐，但他不是個白痴，他知道這句話意味著什麼。「這孩子這麼小就對我不滿，等他長大，還有我的好果子吃嗎？」

梁冀什麼事都做得出來。「既然皇帝不聽話，那就除掉他，再換一個！」

他明白這其中的利害，他怕了，所以他不擇手段。

梁冀派心腹在煮餅中放了毒藥，呈給劉纘。

劉纘吃了後腹脹難受，十分痛苦，對侍從大哭大叫道：「我誤吃煮餅，胸悶腹痛，快給我水，可能還對付得過去。」

他大概不知道自己是中了毒，只是覺得渾身難受，然後叫來了李固。

梁冀就站在旁邊，他擔心毒性還沒完全發作，此時喝水會前功盡棄，惡狠狠地阻止：「千萬不能喝水，喝了水就會吐。」

李固連番催促，叫御醫來看看，可御醫就是遲遲不到。

僵持了一會兒，劉纘翻白眼嚥氣了。

歷史上有名的一次鴆殺就在此刻發生，然後被記錄在案。

本初元年（西元146年）閏六月甲申的夜晚，劉纘去世，時年僅九歲，享國不足一年，葬靜陵。

康熙在讀到漢末這段歷史時，評論道：「漢質帝沖齡臨御，能識梁冀之奸，固為聰穎。但是他指著梁冀說此跋扈將軍也，就是自己作死了。聰穎而不善韜晦，適足以為害矣。」

小皇帝死了，一個新的問題擺在眾人眼前：「誰來當下一任皇帝？」

李固已經對梁冀沒有了任何期待和盼望，只有絕望和憤怒，以及孤注一擲的決心：一定要把清河王劉蒜扶上位。

這一次，李固吸取了上次的教訓，先與三公中的司空趙戒和司徒胡廣達成了統一戰線。而後，他去聯繫了光祿勳杜喬。

杜喬不畏權貴，心胸頗正，他之前代表朝廷巡視地方時，能夠公平處理，彈劾不法。他對外戚梁氏把控朝政擅權謀私十分不滿，多次上書彈劾梁冀及其親信，遭到梁冀忌恨，所以他和梁冀的關係也十分緊張。

更重要的是，杜喬時任光祿勳，不僅守衛宮殿門戶，還有權調動皇城中的侍衛。

李固聯合胡廣、趙戒及杜喬等人，寫信給梁冀，商議下任天子的人選。

梁冀召集三公、中兩千石及列侯開會，共同商議立嗣問題。李固、胡廣、趙戒及杜喬再次力推清河王劉蒜。他們認為，劉蒜與皇室血緣親近，且德行出眾，在朝中口碑很好，上次意外落選，這次也該輪到他了。

但是問題就在於，眼下朝廷的話語權早已不在大臣們手中，外戚和宦官們掌握著最終決策權。

大臣們擁戴劉蒜，梁冀想的卻是另一個人 —— 劉志。

劉志，漢章帝劉炟曾孫，河間孝王劉開之孫，蠡吾侯劉翼之子，劉翼去世後襲爵為侯。

本初元年（西元 146 年），梁太后將劉志召至洛陽，準備把自己的妹妹嫁給他。恰在這時，質帝指責大將軍梁冀是「跋扈將軍」，梁冀懷恨在

第三章　梁氏亂政

心，竟將質帝毒死了。

梁冀還在糾結，而此時，一個叫曹騰的中常侍站了出來，為劉志送了一波助攻。

曹騰這個名字大家可能不熟，但是他有一個孫子人盡皆知——曹操！

曹騰曾拜訪過劉蒜，劉蒜對他有點愛搭不理，曹騰感覺自尊心受到傷害，由此記恨劉蒜。得知大臣們要扶立劉蒜，曹騰立刻連夜勸說梁冀：「大將軍您幾世有後宮之親，長期執掌朝政，門下賓客眾多，難免多有過失。清河王劉蒜為人嚴肅明斷，如果真讓他當了皇帝，大將軍您就要大禍臨頭了。不如立劉志，這樣可以長保富貴。」

曹騰在兩漢宦官史上是一個頂尖角色，前後服侍過五任皇帝，沒做過什麼壞事，不但長年不倒，而且名聲還特別好，在士大夫集團中的口碑也不差，唯獨在這件事上顯示出了典型的小人之心。

曹騰的提議正中梁冀下懷，而劉志此時恰好就在洛陽附近。乾脆就讓自己這個準妹夫當皇帝，一來這孩子也才十五歲，容易控制，二來他馬上就要娶自己的妹妹，將來妹妹當了皇后，自己還可以繼續以外戚的身分掌權。

第二天，梁冀再次召集公卿大臣開會。這一次，他不再故作謙虛，而是氣勢洶洶、言辭急切，堅決提議立劉志為帝。

梁冀盡顯自己的流氓無賴本性，嚇得胡廣、趙戒等官員膽顫心驚，馬上改變了既定立場，趕緊表態：「一切聽大將軍的。」

只有太尉李固、大鴻臚杜喬堅持自己的立場，李固位為三公，他若不點頭，梁冀的提議無法透過。梁冀氣得暴跳如雷，吼道：「散會！」

會後，梁冀找到自己的妹妹梁太后，鼓動她免了李固的官職，搬去了這塊絆腳石，提拔倒向他的司徒胡廣為太尉，司空趙戒為司徒。緊接著，梁冀強行將劉志推上了皇帝的寶座，改元「建和」，梁太后仍臨朝聽政。

劉志由此步入了帝國的權力中樞，成了中國歷史上最臭名昭彰的皇帝——漢桓帝，這三個字成了中華傳統道德政治中昏聵與無道的代名詞。

看著劉志摟著自己的妹妹走向婚床，梁冀知道，他又贏了。

作為失敗者的李固則落寞地回到了家中，閉門不出。

他大概覺得對方不會放過自己，提前讓自己的三個兒子回了老家漢中。

這三個兒子中最小的李燮才十三歲，他有一個姐姐叫李文姬，已嫁給同郡趙伯英，頗有智慧。李文姬見兩個兄長和一個弟弟回來，便預感到大禍將臨：「李氏要滅族了！自祖父以來，我李氏一直在累積仁德，為什麼最後竟是這樣？」

為了儲存李家血脈，李文姬與兩位兄長商量，把弟弟李燮藏起來，對外說是去洛陽尋找父親去了，然後就在家中等著禍患的到來。

不到一年，清河國境內便出了一件沒頭沒腦的事情。甘陵人劉文和魏郡人劉鮪勾結謀反，放出謠言說清河王當一統天下，想擁立劉蒜為皇帝。

結果事情敗露，劉文等人劫持了清河國國相謝暠，將他帶到清河王宮司馬門，大聲道：「應該立清河王為天子，謝暠為公。」

謝暠嚇壞了：「你們自己作死，可別拉上我啊！」堅決不從。劉文大怒，刺殺謝暠，然後選擇了跑路。朝廷隨即下發海捕文書，除掉了劉文和劉鮪。

事情就此結束了？

並沒有，有官員就此事彈劾劉蒜，劉蒜莫名其妙受到牽連，被貶為尉氏侯，並流放到桂陽。劉蒜對人生徹底絕望，自殺。

梁冀又借這個機會，誣稱李固與杜喬都與此事有關，將二人關進監獄。

李固的門生接連上書，證明李固的清白，河內趙承等數十人腰間別著刀斧，到洛陽宮門前上訴，為李固申冤。

第三章　梁氏亂政

輿情洶湧，梁太后被逼無奈，赦免了李固。李固出獄那天，京師百姓歡呼雀躍，人人爭睹李太尉的風采。

李固的口碑為他贏得了聲望，也在他的死刑臺上敲下了最後一顆釘子。

梁冀大驚，他發現李固的聲望和能量比他想像的還要大。思慮許久，他決定不惜一切代價除掉李固，他不顧朝野反對，再次把李固收監，命人重新審理「李固謀反案」。

那個與李固一起受策問而出名的經學大師馬融，也被梁冀單獨拎出來，點名讓他寫奏章誣陷李固。

馬融這個人值得好好說一下，他是東漢屈指可數的經學大師，不僅長得玉樹臨風，而且特別有才華。更難得的是，馬融的家世相當顯赫，伏波將軍馬援就是馬融的從祖父。

馬融生於西元 79 年，活了八十八歲，歷經和帝、殤帝、安帝、少帝、順帝、沖帝、質帝、桓帝八朝，活活熬死了七個皇帝。

可惜的是，他所處的時代實在有些糟糕，自和帝起，由於外戚與宦官亂政霸權，你方唱罷我登場，帝國迅速步入衰退期，乃至在桓靈之際民變四起，州郡割據。

馬融空有一身才華，卻始終無用武之地，只能坐在東觀的油燈下，心無旁騖遍注群經，與古書相伴。

可惜他最後等來的，卻是梁冀這個流氓首領。

梁冀要他寫奏章彈劾李固，馬融不敢違拗，只能照辦。大將軍長史吳祐看不下去了，他挺身而出，當面斥責馬融：「李公的罪名是你捏造的，李公如果被誅殺，你還有何臉面見天下人？」

李固不願再受辱，在獄中自殺，時年五十四歲。

臨死之前，李固還在遺書中斥罵與他同為三公的胡廣、趙戒：「我受

國厚恩，竭盡股肱之力，不顧個人危亡，志在扶持王室，比隆文宣。哪想到梁氏專權跋扈，你們被梁冀一嚇，就此曲從於權惡，以吉為凶，成事為敗。漢家衰微，從此始矣。我李固為伸張正義而死一點也不可惜，你們深受皇恩，卻不在國家傾覆之際出手相救，日後必定會在史書上留下罵名！」

胡廣、趙戒得信，皆長嘆流涕。

滅亡前先瘋狂

李固死後，杜喬也未能倖免，梁冀派人威脅杜喬，說如果杜喬自殺，則可以保全妻兒老小一家人的性命，杜喬斷然拒絕。

第二天，梁冀派人到杜府外面檢視，沒聽到杜喬府中哭喪，知道杜喬沒有自盡。梁冀大怒，抓捕杜喬，將其拷打而死。

李、杜死後，梁冀仍不解恨，他把二人的屍體扔在城北四面通達的路口示眾，並下令：「有敢靠近屍體哭泣者治重罪！」

李固的弟子汝南人郭亮，剛剛成年，一手拿著奏章和斧子，一手抱著鐵砧，以必死的決心和勇氣到宮門上書，乞求為李固收屍。被拒絕後，他與南陽董班一起坐在屍體旁痛哭流涕，為之守喪。

眼看圍觀的人越來越多，嚴重影響了集市交通，亭長過來喝斥道：「李、杜二人身為大臣，不能一心為皇帝做事，反而無端生事，爾等迂腐儒生公然冒犯聖旨，是想試試官府的厲害嗎？」

郭亮渾然不懼，朗聲答道：「我郭亮合陰陽二氣生為人，頭頂天，腳踏地，為義而動，哪在乎什麼性命？你又何必拿死來威脅我？」

說這話時，郭亮目光如炬，一副決然之態。

第三章　梁氏亂政

亭長被他的氣勢鎮住了，感慨道：「身處亂世，天高而有雷霆，地厚而有淪陷，處處都有危險，人人不得其死。長著耳朵聽，長著眼睛看，長著嘴可不要亂講。」

梁太后心中有愧，也不想把事情弄大，順水推舟做了個人情，赦免郭亮、董班二人。

經此一事，郭亮、董班二人聲名遠播，朝中高官顯貴也熱情地向二人拋來了橄欖枝。只要二人點一下頭，立刻就有機會飛黃騰達，走上仕途的巔峰。

然而，兩人沉浸在悲痛中，對外界的一切讚譽與恩賞充耳不聞。兩人收殮了李固快要腐爛的屍身，隨後飄然歸隱，終生不仕。

官場如此汙濁不堪，難以存身，而世道黑暗險惡，他們的理想注定無法實現。

李固死後，一代大儒馬融的內心也深受煎熬，他知道自己已鑄成大錯，而且永世不會被原諒，不可救贖，他的良心將永遠被譴責。

不久之後，良心深受拷問的馬融就因忤逆梁冀，遭到對方的報復。他被免了官，剃去頭髮，發配北方，但是馬融仍覺得無法贖罪，決定以自殺的方式來贖罪。

好在馬融自殺未成，之後遇赦，復拜議郎，回到了自己熟悉的東觀繼續工作。但是此時的馬融已是八十多歲的老人了，他託病離開議郎的職位，回到了自己的故鄉。

延熹九年（西元166年），一代宗師馬融去世，第一次黨錮之禍起。

將時針撥回和平元年（西元150年），這一年，梁太后歸政於劉志，隨後駕崩。

劉志名義上親政了，但是他深知，只要大將軍梁冀還在朝中，自己只

能靠邊站。

好在劉志對於自己的處境有著清醒的認知，他知道，自己之所以能登上皇位，靠的是梁氏的扶持。沒有梁冀，他到死也只是個地方侯爺，而梁冀此人極為專橫跋扈，自己面對他時，務必要處處小心，給予他足夠的尊重。

梁太后葬禮結束後，不到二十歲的劉志張羅著為梁家的一眾親眷封賞，加封梁冀食邑一萬三千戶。三年後，又增封一萬戶。

如此一來，梁冀的食邑已達三萬戶之多。

上一個食邑三萬戶的是誰？

是王莽。

弘農人宰宣生性諂媚邪惡，想討好梁冀，上書說大將軍有周公那樣的功勳，如今他的幾個兒子都已經封了侯，他的妻子也應該封為邑君。

劉志大筆一揮，下詔封孫壽為襄城君，將陽翟的租稅劃撥給她，一年收租稅達五千萬錢之多，加賜孫壽紅絲帶，儀比長公主。

梁冀和孫壽生活極為奢華，大興土木、搜盡天下珍奇，過著紙醉金迷的生活。梁氏的親屬、爪牙也貪得無厭、窮凶極惡，就連為他們家看門的奴僕，也收紅包收到手軟。

在梁冀專權近二十年後，他是真將天下當成自己家的了。

梁冀斂財有多瘋狂？他連皇室都不放過。

有一次，劉志的兒子生病，需要買牛黃。梁冀一看，這生意毛利潤高，可不能錯過，於是派了門客帶著他的書信去找京兆尹延篤。延篤當即逮捕梁冀門客，並對周圍的人大聲說：「大將軍是皇親國戚，皇子有病，肯定會想辦法進獻藥方、藥材，怎麼會派門客謀取小利呢？此人必定是冒充的無疑！」

隨後，延篤將門客斬首示眾。

第三章　梁氏亂政

梁冀吃了癟，非常惱火，指使人找了個理由把延篤免職。

安帝的嫡母耿貴人去世，梁冀聽說後，立即趁火打劫，向耿貴人的姪兒索取老太太遺產中的珍寶玩物，結果被耿氏拒絕。

梁冀惱羞成怒，編了個理由誅殺耿家十餘人。

不過在元嘉元年（西元151年），梁冀還是被結結實實地治了一回。當時正值正月初一的朝會，跋扈的梁冀公然佩劍進入宮中，完全不把朝廷禮制放在眼裡。

這是赤裸裸地藐視皇權！

群臣的目光投向梁冀腰間的佩劍，卻無人敢出聲。

就在這時，一聲怒吼在眾人耳畔炸開：「梁冀大膽！竟敢佩劍上殿，左右虎賁、羽林衛士上前拿下！」

眾人循聲望去，原來是尚書張陵，此刻的他鬚髮皆張，手指梁冀，氣勢逼人。

虎賁、羽林一擁而上，上前奪下梁冀的佩劍。梁冀外表雖然凶悍，但是其實是個色厲內荏之輩，一看這陣勢，腿就軟了，跪下來認錯。張陵毫不理會，立即上書彈劾，要求將梁冀移交有司治罪，梁冀因此被罰俸一年。

張陵如此勇猛，朝中百官頓時對他肅然起敬。

有趣的是，這位剛正不阿的張陵當初還是梁冀的弟弟梁不疑舉薦的。此事過後，梁不疑對張陵吐槽：「我當年舉薦了你，如今反倒罰到了自家頭上。」

張陵毫無愧色，答道：「明公不顧我資質愚鈍而舉薦拔擢，我這麼做，正是為了報答明公的私恩啊！」

一番話反而讓梁不疑滿臉漲紅。

梁冀雖然囂張跋扈，但是梁不疑和哥哥截然不同，他喜歡讀書，有氣

節有操守，對文化人非常敬仰。因為張陵一事，梁冀對弟弟梁不疑有些不滿。

梁冀索性撤掉了弟弟的官職，讓自己的兒子梁胤去做河南尹。

梁胤的小名叫胡狗，沒錯，正是他那沒文化的老爸取的。梁胤當時才十六歲，繼承了老爸的容貌，長得奇醜無比，路人碰到無不偷笑。

梁不疑也不願意與這樣的哥哥打交道，與弟弟梁蒙閉門自守，不問世事。

梁冀仍不滿意，他不許弟弟們與賓客往來。梁不疑兄弟在家中苦悶，偷偷派人到上黨郡打獵，結果梁冀知道後馬上派人追殺，三十多個賓客無一人生還。

梁冀一手遮天，可他仍不滿足，覺得自己的待遇還不夠好。劉志心領神會，他召開了一次會議，主題只有一個：要求大臣們為梁大將軍單獨弄出一套禮儀來。

特進胡廣、太常羊溥、司隸校尉祝恬、太中大夫邊韶一幫馬屁精猛誇梁冀。他們認為，梁冀的功德堪比周公，應該賜給山川、土田、附庸。

唯獨司空黃瓊提出異議：「梁冀之前因親迎陛下的功勞，已經增邑三千，對他的兒子梁胤也增加了封賞。從前周公輔佐成王，制禮作樂，使天下太平，所以大闢土宇，開地七百。現如今諸侯按戶邑為制，不按里數計算。蕭何識高祖於泗水，霍光定傾危以興國，都是益戶增封，以顯揚他們的功業。尊寵梁冀的禮儀可比鄧禹，應該食邑四縣，賞賜可同霍光，使天下明白賞一定要與功相當，爵位不要越超他的德行。」

梁冀對他懷恨在心，當時正好發生了地震，梁冀於是以此為藉口罷免了他的職務。

經過眾人一番熱烈討論，梁冀獲得了兩漢歷史上前無古人的至高待遇：

第三章　梁氏亂政

比照西漢開國第一功臣蕭何，入朝不趨、劍履上殿、贊拜不名。

比照東漢開國第一功臣鄧禹，增加封地為四縣。

比照西漢第一權臣大將軍霍光，賞賜金錢、奴婢、絲綢、車馬、衣服、住宅。

甚至每次朝見皇帝時，為梁冀另設一個專席，位在三公之上，每隔十天入朝一次，處理尚書台事務。朝廷還把這殊榮布告天下，作為萬世表率。

即便如此，梁冀仍不滿足。

梁冀的囂張在桓帝時達到了頂點，天子只是他擺到前臺的木偶。各地每年按時向天子進獻的貢品，裡頭最好的東西都要先呈送給梁冀，梁大將軍挑剩下的才能送到劉志手裡。這樣的事情不是偶然發生，而是堂而皇之地成了當時的慣例。

當時還出現了這樣的場景：各級大小官吏為了巴結梁冀，紛紛帶著禮物在梁冀家門口排起了長長的隊伍。文武百官工作變動的，都要先到梁冀家謁見，如若不然，必將遭到梁冀的報復。

遼東太守侯猛，剛剛接受任命時，沒有及時去謁見梁冀，結果被梁冀找了個理由將其腰斬。

下邳人吳樹被任命為宛縣縣令，上任之前去向梁冀辭行。碰巧梁冀有不少爪牙在宛縣境內，梁冀就讓吳樹多多照顧，給予方便。

吳樹是個正直的人，直截了當地拒絕梁冀：「邪惡小人就應該被殺掉，大將軍您身居高位，應當獎掖賢良，裨補朝廷的缺失。宛縣是大城市，士人薈萃，自從我侍坐聆教以來，沒有聽您稱讚過一位忠厚長者，反而託我照應那些不該照應的人，我委實不敢聽命。」

梁冀聽了沉默不語，兩人不歡而散。

吳樹上任後，按照梁冀所給的名單，將百姓痛恨的數十人全部誅殺，

為民除害，梁冀對他恨得咬牙切齒。吳樹後來升任荊州刺史，再次向梁冀辭行，梁冀設宴為他餞行，暗中在酒裡下了毒藥。吳樹從梁府出來，剛登車，即毒發身亡。

十九歲的郎中袁著是汝南人，乃一時俊傑，他見梁冀凶殘放縱，壓制不住內心的怒火，向皇帝上書：

「臣聞孔子嘆鳳鳥不至，河不出圖，自傷卑賤，不能致也。陛下居得致之位，又有能致之資，但是祥瑞之氣至今還未出現，賢愚失序，這都是因為朝中有權臣。四時之逼，功成則退，高爵厚寵，必然招致禍害，今大將軍位極功成，理應以此為戒。

《左傳》說：果實長得過於繁盛，就會壓斷樹枝，損害主幹。如果不及時抑制權勢，難以保全自身。梁冀左右的人聽到我的話，肯定會怒目而視，咬牙切齒，我以童蒙被提拔，所以才敢不顧忌諱說這些話。昔日舜、禹相戒不要像丹朱那樣傲慢，周公勸誡成王不要像殷紂那樣迷亂，希望陛下能廢除誹謗之罪，讓天下人都能開口說話。」

袁著知道，自己的這封奏書一定會被梁冀看到，與其說這是對皇帝的勸諫，不如說是給梁冀的勸告，也是梁冀懸崖勒馬的最後機會。

但是梁冀對袁著的回答只有一個字：殺。

袁著被逼得走投無路，先是埋名改姓，後來又裝死，用蒲草編了個假人，裝進棺材抬到山上埋掉。袁著自以為可以瞞天過海，但還是被梁冀察覺，暗中逮捕後將其打死。

凡跟袁著關係好的，梁冀一個都不放過，或侮辱，或誅殺。袁著的朋友郝絜與胡武，曾聯名上書太尉、司徒、司空三府，推薦人才，但是沒向梁冀彙報。梁冀因此記恨他們，加上他們是袁著的好友，梁冀認為他們是袁著同黨，將胡武全家六十餘人滿門殺絕。

第三章　梁氏亂政

郝絜原先還想跑路，一看胡武被滅族，知道自己跑得了和尚跑不了廟，索性讓人抬著棺材到梁冀門前，讓人送進一封書信，懇請保全妻兒老小，自己在梁府門前一仰脖子，喝下了毒藥。

過把癮再死

這是一個乾坤顛倒的世界，吹牛拍馬屁的佞人升官，直言極諫的勇者遭迫害。有的人不願意逢迎拍馬，也不願意正面對抗，他們選擇了明哲保身，以求避免殺身之禍，比如名士楊震之子楊秉。

元嘉元年（西元151年）四月，劉志有一次穿著便服去走訪梁冀的兒子梁胤家。在當時，皇帝私訪臣下之家不合規矩，楊秉為此上疏，但是劉志根本不理。楊秉知道眼下絕非做事的時機，索性稱病辭官，等待時機。

名儒馬融的從妹夫趙岐在梁冀當權時，故意改名避難。當初馬融因迎合梁冀寫奏書陷害李固，被萬人唾罵，有一次他到趙岐家，趙岐拒絕接見。

趙岐去世時年僅三十七歲，他的墓碑刻著這樣一行字：「漢有逸人，姓趙名嘉，有志無時，命也奈何！」

再如，名士周舉的兒子周勰被梁冀召了三次，他一概置之不理。梁冀不甘心，舉周勰為賢良方正，仍不去。梁冀又備厚禮用公車迎接他，還是託病堅持不去。後來，周勰乾脆避禍隱居，杜門謝客十餘年，住處甚至長滿了荊棘。

梁冀把持朝政將近二十年，忠直敢言之士一個個被迫害致死，滿朝諸公一個個噤若寒蟬，那麼皇帝劉志真的是毫不關心嗎？

不是的，他此時的處境也好不到哪兒去。

朝堂內外，到處都是梁冀的爪牙，不管是宮廷禁軍，還是天子隨扈，都少不了梁冀的親信耳目。皇帝的一言一行、一舉一動，都逃不過梁冀的監視。

劉志十四歲入宮當了皇帝，在梁冀這個潑皮無賴的陰影下足足當了十三年的傀儡。他已經二十七歲了，有自己的主見與判斷，每日看著梁冀趾高氣揚、不可一世的樣子，劉志的內心深受煎熬。

天下哪是劉家的？分明是他梁家的！

可是他沒辦法，現在還不是反擊的時候，只能忍耐等待，對梁冀縱容佯從，絕不能輕易暴露自己的意圖。每一次面對梁冀，劉志總感覺有如芒刺在背，讓他隱隱作痛。他知道，和梁冀說話得十萬分小心，一旦自己流露出一絲不滿，質帝就是自己的下場。

劉志毫不懷疑這一點，梁冀既然可以毒殺皇帝，也不會介意再做一次，到時候只需再立一名更年幼、更聽話的新皇帝。

延熹元年（西元158年）五月，天現日食。

時任太史令的陳授透過小黃門徐璜告訴皇帝，之所以會發生日食，完全是由大將軍梁冀引起的，正因為大將軍專權，才會引發災異。

梁冀透過宮內的眼線聽說後，立即讓手下逮捕拷問陳授，關在監獄中折磨至死。

劉志憤怒了：「梁冀專權自恣，危害國家社稷，欺人太甚！」

憤怒歸憤怒，此時的劉志依然不敢輕舉妄動，他身邊全是梁冀的耳目，就連他的枕邊人——梁皇后，都是梁冀的親妹妹。

就在劉志繼續蟄伏時，延熹二年（西元159年），梁皇后去世了。

梁冀少了一個重要的政治籌碼，他決定補上這個空缺。

怎麼補？梁冀早有計畫。

第三章　梁氏亂政

掖庭人鄧香和妻子宣有一個女兒叫鄧猛，鄧香死後，宣改嫁給了梁紀，而梁紀正是梁冀的妻子孫壽的舅舅。靠著這層關係，孫壽把鄧猛引薦到掖庭中，被劉志寵幸，封為貴人。

梁冀的計畫簡單粗暴，他想將鄧猛認作乾女兒，讓她改姓梁，從而把自己抬升到天子岳父的地位。

鄧猛的姐夫邴尊時任議郎，梁冀擔心他會阻撓此事，勾結刺客刺殺了邴尊，然後又想殺死宣。宣住在延熹裡，和中常侍袁赦是鄰居，刺客爬上袁赦的屋頂，想從這裡進入宣家，不巧被袁赦發現了。

袁赦立即擂鼓吶喊，嚇走了刺客，並把這事告訴了鄧猛的母親宣。飽受驚嚇的宣跑到皇宮向天子哭訴，劉志聽後大發雷霆。

梁冀越發囂張，竟然欺負到了自己的丈母娘頭上，不能再等下去了，必須盡快剷除這顆毒瘤！

可是問題在於，劉志沒有舊臣輔佐，宮中布滿梁冀耳目，是孤零零的孺子帝，身邊除了一群宦官，再無他人。

宦官能成事嗎？

劉志猶豫了很久，決定試一試。

一次，劉志趁著上廁所之機，單獨叫來小黃門唐衡，悄悄問他：「左右宦官與皇后家合不來的還有誰？」

堂堂天子，被手下臣子嚴密監視，只能趁著上廁所的空當找心腹說幾句悄悄話，真是慘到家了。

好在劉志眼光不錯，唐衡是自己身邊為數不多的沒有倒向梁冀的人，他早就看不慣梁冀了。如今被皇帝突然問到，唐衡想了想，推薦了四個人：

「中常侍單超、小黃門左悺與梁冀的弟弟梁不疑有過節，中常侍徐璜、黃門令具瑗痛恨梁氏兄弟專擅朝政，只是梁家的人囂張蠻橫，大夥兒

敢怒不敢言罷了。」

劉志點了點頭，立刻叫來單超和左悺。一見面，劉志開門見山：「大將軍梁冀把持朝政，內宮和外朝都被梁冀的人控制著，朝中的大臣都是梁冀的人，我想除掉他們，你們看行嗎？」

這兩人受梁冀壓迫已久，一聽這話，想都沒想就回答說：「梁冀是國之奸賊，早該除掉了。只是我們這些人沒什麼智謀，不知道陛下可有詳細計畫？」

劉志搖了搖頭：「這就需要諸位幫忙了，我們一起來商量一下如何除掉梁氏。」

單超道：「陛下如果真的想滅梁氏，其實也不難，我們就怕陛下中途又猶豫不決。」

劉志一揮手：「梁冀乃國賊，必須被消滅，沒有什麼可以猶豫的，你們儘管直言！」

隨後，劉志又叫來具瑗和徐璜，成功說服他倆也入了夥。

六人結盟後，單超對劉志說：「陛下既然已下定決心，那就跟誰也別再提這件事，防止引起梁冀猜疑。」

劉志等人密謀之事雖然隱祕，但是梁冀在宮中耳目眾多，還是對單超等人產生了懷疑。梁冀也不是個愚蠢的人，也看到了這幾個宦官近來不太對勁，他隱約猜到了什麼，但是又不敢確定。為此，他安排了自己的心腹中黃門張惲入宮值宿，以防意外發生。

見此情形，六人認為不能再等了，必須立即行動。幾人經過商量後，決定先由具瑗出面，以擅自入宮、圖謀不軌的名義逮捕了梁冀的心腹張惲。隨後，劉志親自出面，召集各位尚書，痛斥梁冀一黨專擅朝政、結黨營私、任人唯親的罪行，派尚書令尹勳持節統率丞、郎以下官吏守衛省

第三章　梁氏亂政

閣，並將所有代表皇帝和朝廷的符節收集起來，送進內宮。

安頓好宮中事務後，劉志派具瑗率領能動用的士兵──包括虎賁、羽林、劍戟士等部隊──共計一千餘人，與司隸校尉張彪將梁冀的府第圍了個水洩不通。

光祿勳袁盱帶著符節進入梁府，宣讀了皇帝的詔書，沒收了大將軍印綬，將其改封為比景都鄉侯。

面對皇帝和宦官的突然襲擊，梁冀毫無準備，整個人都蒙了，儼然砧板上的魚肉任人宰割。他雖然在朝野內外一手遮天，面對這種突然政變卻毫無準備。

回過神來後，梁冀自知活命無望，和自己的妻子孫壽雙雙自殺，結束了骯髒而醜陋的一生。

僅一天時間，梁氏帝國便灰飛煙滅。

皇帝這個曠世豪賭居然賭贏了，他贏回了權力，贏得了未來。

當日，使者在宮中來往奔馳，三公九卿等朝廷大臣戰慄不已，京城百姓眼看著虎賁、羽林衛士集體出動，面面相覷，不知發生了什麼事。

很快，捕殺梁冀的消息傳出，百姓彷彿從夢中醒來，無不拍手稱快，歌舞慶祝。

梁冀這個流氓首領一死，梁氏外戚集團自然也喪失了全部反抗能力，朝野上下掀起一場剷除梁氏餘孽的運動。梁氏和孫氏家族，包括他們在朝廷和地方的親戚，不論男女老幼，全都押往鬧市斬首，屍體曝露街頭。與梁氏有親密交往的公卿、校尉、州刺史等高級官員中，被誅殺的就有數十人。

當時的三公因為之前阿附梁冀，並且在剷除梁冀的行動中沒有出力，也全被免了官職，貶為平民。由於牽連的各地官員實在太多，經過這次大

清洗後，整個朝廷為之一空。

梁冀這麼多年搜刮累積下的財產也全部被沒收，共計三十餘億。這是什麼概念？我大概推算了一下，三十億錢在當時占帝國全盛時期全年財政總收入的四分之一。

這麼多錢全都上繳國庫，國家的錢袋子一下子就鼓起來了，用一句話來說就是：「梁冀跌倒，桓帝吃飽。」

劉志甚至減免了當年全國一半的租稅，並將梁冀的園林開放，分給貧民耕種，讓他們安家樂業。

梁冀一門前後共出了七個侯、三個皇后、六個貴人、兩個大將軍，夫人和女兒享有食邑而稱君的七人，娶公主為妻的三人，其他擔任卿、將、尹、校等官職的五十七人。

這樣一個權勢熏天的家族，在帝國橫行了近二十年，卻在被打倒的時候沒有絲毫的反擊能力，束手就擒的速度令人咋舌。王夫之感慨道：「說到頭，梁冀也就是個臭流氓的水平，所以誅殺起來才這麼容易啊！」

他也早該死了，他殺了那麼多的人，最終也殺到了自己頭上。他習慣了殺人，輪到他自己時，他也沒有任何留戀，一刀了事。他砍別人的頭如割韭菜，掉自己的腦袋如風吹帽。

這裡說下李固家人的後續故事。

劉志依靠五宦官滅了梁冀，第二年，朝廷大赦天下，詔求李固後裔。

李固的小兒子、飽經磨難的李燮回到了故鄉，與姐姐李文姬相見。姐弟二人相見抱頭痛哭，鄉人聞者莫不為之灑淚。李文姬對弟弟李燮說了一番話：

「父親公正忠直，是大漢的忠臣，卻遇到朝廷傾亂，梁氏肆虐，我們李家差點斷了香火。今日你幸得保全，難道不是天意嗎？從今以後，你應

第三章　梁氏亂政

當杜絕與人來往，千萬不要發表對梁氏不滿的言論。對梁氏不滿不就牽連到皇帝了嗎？那大禍就又要來了。我們唯一正確的姿態，就是主動承認自己的錯誤，尾巴夾得緊緊的，好好做人。」

後來這個李燮做了一件大快人心的事，值得一說。

有個叫甄邵的，因為巴結梁冀而做了鄴縣縣令。他有一個朋友因得罪了梁冀而無處藏身，來投奔他。甄邵假裝收留，卻暗中向梁冀告密，梁冀隨即捕殺了甄邵這位朋友。

甄邵因告密有功，升任郡守，偏不巧他母親這時去世了。按規矩，母喪期間不得為官。可是甄邵想做官想昏了頭，乾脆把母親偷偷埋在馬房裡，先去受封，把官職拿到手，然後再發喪。

李燮做河南尹時，正好在路上碰著了甄邵。李燮讓手下人把甄邵的馬車推翻到路邊溝中，用鞭子抽打甄邵，把這小子打得皮開肉綻。然後用一塊布寫了八個大字「諂貴賣友，貪官埋母」，貼在他的背上，同時把他的骯髒行徑上報朝廷，甄邵的仕途算是完了。

梁冀死了，梁氏一黨覆滅了，一個黑暗的時代結束了。帝國的臣民百姓莫不拍手稱慶，等待光明。

但是除掉了一個梁冀，又來了一群宦官，帝國政壇上空依然黑雲瀰漫，暗無天日。

第四章
宦官當政

第四章　宦官當政

五侯荼毒天下

推翻了梁冀，下一步就該是排排坐，分蛋糕了。此次行動中，出力最大的是五位宦官：唐衡、單超、左悺、徐璜、具瑗。劉志沒有虧待他們，事後一一替他們封了侯：單超封新豐侯，食邑二萬戶，徐璜封武原侯、具瑗封東武陽侯，食邑各一萬五千戶，左悺封上蔡侯、唐衡封汝陽侯，食邑一萬三千戶。五人各還有大量的錢財賞賜。

五人同日被封為縣侯，世人並稱「五侯」。

左悺、唐衡還被提拔為中常侍，小黃門劉普、趙忠等八人也沾了光，封為鄉侯，而在行動中立了大功的尚書令尹勳等七人卻只混了個亭侯。

史書上說，東漢末期的宦官專權起於此時。

梁冀累積的鉅額財富，基本上都是從民間搜刮來的，為了斂財，梁冀無所不用其極。他還活著的時候，就有人建議皇帝：「老百姓太窮了，不如發行大額貨幣。」

稍微有點經濟學常識的人都知道，鈔票是隨國家經濟增長印製的，如無實體經濟或強勢貨幣作為基礎支撐，大量印鈔票會導致物價飛漲，經濟陷入崩潰。

就在大夥兒熱火朝天議論此事時，劉陶站出來說道：

「我們當前面臨的問題不在於錢，而在於從根本上解決老百姓吃飯的問題。人們所憂患的，難道是錢幣的厚薄和銖兩的輕重嗎？就算你把沙礫變成黃金，瓦片變成寶玉，也還是解決不了百姓吃飯的問題。就算你有伏羲氏、堯、舜的美德，也不能保證海內的安全，何況現在還遠遠沒到堯舜的程度。

老百姓可以百年不用錢幣，但是不能每天餓肚子，所以解決吃飯問題

才是最急迫的,大力發展和恢復農業生產是國家的根本大計。你們不求根本,只想在貨幣的問題上打主意,想透過鑄錢解決民生問題,這就猶如將魚養在沸水之中,讓鳥棲息在燃燒的樹木之上,這反而會增加民間困頓,會讓傷害變本加厲。

不談農業發展的根本之事,只一味強調鑄錢,你們要知道,人心不足啊,一萬個人鑄錢,一個人掠奪,尚且不能滿足一個人的欲望,何況現在是一個人鑄錢,而有一萬個人來掠奪!要想使人民富裕、財富充足,最要緊的在於停止征役,禁止掠奪,讓百姓安心生產,自然就會生活富足。如今田地雖廣,卻得不到耕種,人民雖多,卻得不到食物。小人橫行,爭搶官爵,鷹揚天下,吞肌及骨。這樣下去,老百姓會活不下去的,到那時候,即便有了大錢,又怎能挽救危亡?」

劉陶說得有理有據,鑄造大錢的事情就此作罷。

不難看出,劉志對身邊這些宦官是真的好,不僅為這些人封侯,還將朝政大權也交到了這些宦官手裡。這夥人沒什麼文化,一朝得勢,貪暴放縱,權勢震動朝廷內外。

朝中不少大臣眼巴巴盼著呢,好不容易趕跑了梁冀,本以為施展抱負的時機到了,結果皇帝提拔了一群宦官,自己當了甩手大掌櫃,繼續在後宮逍遙快活。

不少大臣上書給劉志,勸誡他。

比如白馬縣令李雲,他以「露布上書」,也就是用不緘封的文書公開上奏皇帝,嚴厲批評了奸人當道、宦官專權的現狀,同時還抄錄了三份副本,分別呈送太尉、司徒、司空三府。

李雲在奏書中寫道:

「梁冀仗恃權勢,獨斷專行,殘害天下,如今將他誅殺,不過如同掐死一個家奴罷了。然而陛下卻濫封參與密謀的臣子,全都賞賜食邑萬戶以

第四章 宦官當政

上,如果高皇帝泉下有知,能不怪罪嗎?西北邊疆保衛國土的將領得知此事,能不寒心嗎?孔子說,帝者,諦也。而今官位錯亂,奸佞小人依靠諂媚追求升遷,賄賂公行,政令和教化日益敗壞。如今陛下都不看任命官員的詔書,難道是準備裝聾作啞,什麼都不管嗎?」

李雲可是一點都沒客氣,他直指劉志是個不稱職的皇帝,語氣嚴厲。劉志看完,非常火大,立刻下詔逮捕李雲,嚴加拷問。

李雲因犯顏直諫而被下獄,做了大夥兒想做而不敢做的事,朝中官員紛紛聲援他,積極奔走。聽聞李雲下獄,一個名叫杜眾的地方官主動上書,說甘願和李雲同日受死。

劉志越發生氣,將杜眾和李雲一道交由廷尉審理。

大鴻臚陳蕃上書:「李雲所言,雖然不知道禁忌,冒犯主上,違背聖旨,但是他的本意只在於效忠國家而已。從前,高祖容忍周昌毫不隱諱的進諫,成帝赦免朱雲的殺身之罪。今天如果誅殺李雲,臣恐怕世人會將這件事與商紂王對盡忠勸諫他的比干挖心一事相比較,有損陛下聲譽。」

太常楊秉、洛陽令沐茂、郎中上官資都上書請求赦免李雲。

劉志怒火更甚,殺氣頓起,他指使有關部門彈劾陳蕃等人大不敬,隨即下詔將陳蕃、楊秉免職,沐茂、上官資降職。

這時,負責審理李雲案件的中常侍管霸進來了,他向劉志彙報說:「那李雲不過是個書呆子,杜眾不過是地方上的芝麻小官,實在沒必要讓陛下這麼大動干戈。」

劉志盯著管霸,什麼時候宦官和士大夫混到一起了?他怒斥道:「李雲罵朕裝聾作啞,這是什麼話?你是想放了他們嗎?」

管霸不敢說話了,李雲和杜眾最終死在了獄中。

這年年底(西元159年),劉志下詔,又把被免職的陳蕃和楊秉召回

來，陳蕃任光祿勳，楊秉任河南尹。

就在扳倒梁冀這一年（西元 159 年），中常侍單超病重，劉志對他格外關切，為了褒獎他誅除梁冀時立下的功勞，任命單超為車騎將軍。

東漢一朝，中央設有直接隸屬皇帝的五級將軍，即大將軍、驃騎將軍、車騎將軍、衛將軍，和前、後、左、右將軍，他們是建制內的將軍，是與三公地位相當的職位，這是宦官此前不敢奢望的。

劉志為何如此寵信宦官？

往淺了說，因為他們聽話，而且是自己扳倒梁冀的重要幫手。

宦官大多教育程度不高，不像那些士大夫，都是讀聖賢書長大的，腦子死腦筋，動不動就拿大道理來壓自己。當初自己在梁冀手裡做了十三年的傀儡，那些士大夫幹了什麼？他們滿口仁義道德，卻主動阿附梁冀，為梁冀鼓譟吶喊，簡直無恥至極！以至於在後來整肅梁冀亂黨的時候，整個朝廷都被清空了。

往深了說，這涉及皇權治理問題。

天下原本是天下人的天下，可自從有了皇帝，天下就變成了天子的天下。皇帝高高在上，百姓匍匐在腳下。

這樣的政治構架，我們可以分為三層，皇帝和平民，還有夾在中間的貴族階級。

秦始皇統一六國後，不斷加強中央集權，打擊、排擠並消滅貴族階層，讓整個帝國置於他一人的掌控之下。可是新的問題又來了，沒有了貴族這個中間階層，皇帝就得面對龐大的平民階層。如此龐大的帝國，僅靠皇帝一人治理，顯然不現實，於是官僚集團應運而生。

官僚集團是平民階層的菁英，他們被皇帝從平民階層中精挑細選出來，成為行使代理皇權的官員。

第四章　宦官當政

有了官僚集團，皇帝就可以高枕無憂了嗎？

當然不是！

官僚集團不斷壯大，逐漸有了自己的利益訴求。這些飽讀詩書的官員，藉助於聯姻、鄉黨、師生、朋友等關係，結成不同的利益共同體，在皇權面前達成攻守同盟，讓皇帝很是無奈。

怎麼辦？接著打擊官僚集團吧！

可是問題在於，官僚集團可不好對付，他們有知識有文化，鬥爭經驗豐富。更關鍵的是，他們是皇帝統治帝國的工具，皇帝必須藉助於他們來維繫自己的統治。如果皇帝毀掉了官僚集團，那麼自己就真成了孤家寡人。

皇帝需要幫手，而這個幫手就是宦官集團。

作為皇帝身邊的奴才，他們足夠親密，皇上既是他們唯一的主子，更是他們唯一的依靠，所以不用擔心忠誠。

更重要的是，士人天生不喜歡這些沒文化的奴才，這就使得宦官備受文官集團歧視，難以與外臣結黨營私，所以足夠安全。

親密、忠誠、安全，這就是皇帝寵信宦官的原因，所以當官僚集團壯大之時，就是宦官集糰粉墨登場之際。

劉志雖然在歷史上臭名昭彰，是昏君的代名詞，但是不要低估了他的智商。玩政治搞平衡，劉志是天生的能手。

五侯老大是單超，他弟弟的兒子單匡時任濟陰太守。這廝倚仗叔叔的權勢，貪汙放縱，大把撈錢，兗州刺史第五種得知這個情況後派自己的從事衛羽祕密調查，查出贓款五六千萬錢。

這可不是個小數目，第五種在收集好證據後，立即向皇帝告發單匡，並彈劾單超。單匡頓時就慌了，重金請了一個殺手刺殺衛羽，這殺手名氣挺大，竟然在歷史上留了名，叫做任方。可惜他不夠熟練，和衛羽單挑卻

被對方抓了，直接扔洛陽監獄裡了。

單匡很鬱悶，眼下的河南尹是楊秉，他最恨宦官，一定會窮追猛打，到時候肯定會把自己也牽連進去。單匡急得團團轉，最後想辦法疏通關係，讓刺客越獄逃跑了。

尚書召見楊秉，責問他：「這麼重要的犯人怎麼就跑了？」

楊秉回答：「刺客為非作歹，實由單匡主使，把單匡押解到洛陽，當面拷問，必能水落石出。」

這顯然不太可能，結果楊秉被送到左校營。

接下來就輪到第五種了，恰好當時泰山郡有一夥亂賊攻打劫掠徐州、兗州，當地官府無力討伐，單超以剿賊不力為理由陷害第五種，將其放逐朔方郡。

朔方郡的太守是單超的外孫董援，早就磨好了刀子，等著第五種送上門。也是第五種運氣好，他手下的小弟找了一票人，把第五種半路劫走了，之後又逃亡了好幾年，遇到大赦才得以免罪。

延熹三年（西元160年），五侯之首、驃騎將軍單超去世，劉志感念其恩，極盡哀榮，賜棺木、金縷玉衣，贈侯、將軍印綬，以超高規格的待遇將他下葬。

五侯去了一侯，可宦官亂政的局面依然如故，剩下的四侯繼續他們翻雲覆雨的手段，愈加橫行無忌。百姓替他們四個起了外號：

左（悺）迴天，具（瑗）獨坐，徐（璜）臥虎，唐（衡）雨墮。

意思是說，左悺有回天之力，天下事沒有他辦不成的；具瑗唯我獨尊，天下人他都不放在眼裡；徐璜威如臥虎一般，沒人敢招惹他；唐衡勢力遍布天下，無孔不入，猶如傾盆大雨。

皇帝的幫手加打手一不小心成了國家的敵人。

第四章 宦官當政

驕橫跋扈的四侯在洛陽城內大興土木，競相修建宅第，以豪華奢侈為時尚。於是，一座座樓閣拔地而起，富麗壯觀；一批批財貨源源不斷地收進，珠耀金燦；一個個權貴每日在府前聚集，車水馬龍。

四侯出門，僕從們一個個騎著高頭大馬，前呼後擁，沿街的市民只得退避三舍。倘若迴避得慢一點，幾條鞭子便會劈頭蓋臉地砸下來。

四侯沒有兒子，為了傳承家業和財富，他們或是從親戚中過繼，或是買孤兒為義子，變著法子地弄來許多兒子，形成了四大家族。

他們的兄弟、親戚都沾了光，一個個雞犬升天，成了地方長官，赴州的是刺史，臨郡的是太守。比如，徐璜的弟弟徐盛任河內太守，姪兒徐宣任下邳縣令，左悺的弟弟左敏任陳留太守，具瑗的兄長具恭任沛國相。

這些人名為地方長官，實際上和單安、單匡一樣，就是一夥潑皮無賴。他們披著官服，只會侵吞財貨，只會盤剝百姓，只會強搶民女，驅著豢養的鷹犬，到處胡作非為。

百姓被這夥潑皮逼上絕路，只能聚眾當了山賊。

中常侍侯覽、小黃門段珪在濟北一帶有一大片田產，手下的僕從、賓客在那個地界做起了剪徑的買賣，公開搶劫來往的行人。

濟北相滕延為維持地方治安，將這夥人全部逮捕，其中有數十個被滕延按律誅殺，屍首在路邊示眾，以彰其罪惡。

濟北人心大快，侯覽、段珪大怒，將此事告到皇帝面前，說濟北相滕延濫殺無辜。結果滕延被徵召回洛陽，送往廷尉治罪。

滕延不服，據理力爭，在其他士人的聲援下總算撿回了一條命。

左悺的哥哥左勝任河東太守，河東郡治下有一個縣叫皮氏縣，縣長趙岐是士人出身，他以在宦官勢力體系下任職為恥，棄官而去。

唐衡的哥哥唐玹時任京兆尹，他跟趙岐之前有矛盾。得知趙岐棄官回

了老家，當即下令逮捕趙岐及家屬、宗族和親戚等人，趙岐提前得知消息，帶著姪兒外逃，其餘人被唐玹扣上重罪誅殺。

趙岐匿名逃亡，在北海國的街市上以賣餅為生。

安丘縣人孫嵩發現這個賣炊餅的小哥不是一般人，用自己的專車掩護，將趙岐帶回自己的家中。問明情況後，他怕被宦官的黨羽耳目發現，把趙岐藏在夾牆之中。趙岐在夾壁之中藏了四年，一直等到唐衡兄弟死後，遇到赦令才敢出來。

抗爭的呼聲

侯覽之兄侯參出任益州刺史，見當地百姓家中頗為富裕，找各種藉口毀家滅族，將抄沒的財物占為己有，所得財物上億。太尉楊秉收集證據彈劾侯參，劉志只得令人用囚車將他押回京師，侯參畏罪，在途中自殺。

京兆尹袁逢前去檢查，見飯店門口停著三百多輛車，上面裝的都是侯參敲詐來的金銀、錦帛、珍玩。

人贓俱獲，這下子侯氏再也無法抵賴了，楊秉就這件事大做文章，將侯參的狂悖不法歸咎到侯覽頭上，上書彈劾侯覽及中常侍具瑗等人，要求將侯覽免職問罪。

侯覽雖然貪贓枉法被人舉報了，卻是劉志最重要的一枚棋子，劉志不想將侯覽免職。接到奏書後，他透過尚書召來楊秉的屬吏，責問道：「朝廷設立官職，各有各的職責範圍，三公主要負責對外政務，御史對內監察官吏。你們超越本職工作範圍，來彈劾宮中宦官，有什麼經書、典籍可以依據？」

第四章　宦官當政

經書、典籍，這本來就是知識分子的強項，太尉府官員毫無怯色，答道：「《春秋左傳》有言：幫助天子剷除奸邪之人，是所有大臣的分內之事。鄧通懈怠輕慢，申屠嘉召鄧通進行責問，文帝因而為鄧通說情。漢家制度，三公之職，無所不統。」

劉志迫不得已，將侯覽免職，削減了具瑗的封邑。

侯參雖然死了，但是侯覽也脫不了關係，被連坐免官。但是這只是皇帝的權宜之計，因為沒過多久，侯覽就被復了官。

徐璜的姪子徐宣任下邳令，在當地胡作非為，弄得民怨沸騰。他早先看中了前汝南太守李暠的女兒，結果求親遭拒，徐宣大怒，直接派人到李家搶走女孩，百般調戲後用箭射死，在官舍挖個坑埋了。

當時下邳縣屬東海國，汝南人黃浮為東海相，他得知此事，當即收捕了徐宣及其家屬，不論男女老少，一律大刑伺候。

手下勸阻黃浮：「徐宣是徐璜的姪兒，打狗也得看主人，我們這樣做是不是不太好？」

黃浮答道：「徐宣是國賊，今天殺了他，即使明天被砍頭，也可以瞑目了。」

隨後，黃浮當眾處死了徐宣，曝屍街頭。

姪兒被殺，徐璜悲憤莫名，哭著向劉志告狀。劉志大怒，剃去黃浮的頭髮，用鐵圈束著他的脖子。

士人和宦官在鬥，鬥得難分難解，鬥成了拉鋸戰，而這正是劉志希望看到的。他治國無方，卻有些小聰明，平衡術玩得飛起，一面寵信宦官，一面起用士人，讓士人和宦官成水火狀。

有一次，劉志游上林苑，問侍中爰延：「朕是一個什麼樣的君主？」

這擺明了就是想聽奉承的話，不料爰延卻沒有迎合他，答道：「漢代

君主中,陛下屬於中等。」

說他是中等,意思是往上走也有空間,往下走也有空間,關鍵看皇帝怎麼走了。

劉志內心很是不滿,耐住性子接著問:「此話怎講?」

爰延就坡下驢,答道:「尚書令陳蕃管事時,國家大治;中常侍黃門參與政事時,政事混亂。所以說,有賢臣輔佐,陛下您就可以為善;若是小人輔佐,您就會做下惡事。」

劉志感慨道:「昔日朱雲諫成帝,弄得廷折欄檻,現在侍中面稱朕違,敬聞於朝廷了。」隨後拜爰延為五官中郎將,之後又一路提拔為大鴻臚。

可惜江山易改,本性難移,劉志親賢臣、遠小人的行為並沒堅持多久,他很快又回到了重用宦官親信的老路上。

劉志成為天子前有個小兄弟名叫鄧萬世,兩人經常在一起玩耍。劉志當了皇帝後,一路提拔鄧萬世,官至河南尹。可惜鄧萬世除了拍馬屁,什麼都不會,他升官後丟下本職工作,全身心投入伺候劉志的娛樂活動中,受到朝臣們的鄙夷。

當時有客星經帝座,劉志召見爰延,爰延藉機上書勸諫:

「臣聞天子尊無為上,故上天以為子,位在臣庶之上,威信重於四海。動靜以禮,則星辰順序;意有邪僻,則暑度錯違。陛下以河南尹鄧萬世有龍潛之舊誼,封他為通侯,恩重於公卿,惠豐於宗室,經常引見,與之對博,上下媟黷,有損尊嚴。臣聽說,帝之左右者,為的是諮詢政德。所以周公誡成王『其朋其朋』,就是說要慎交朋友。

昔日宋閔公與強臣共博,列婦人於側,以致釀成大禍。漢武帝與倖臣李延年、韓嫣同睡同起,尊爵重賜,情慾無厭,遂生驕淫之心,行不義之事,最終導致李延年被殺,韓嫣伏誅。

第四章　宦官當政

愛之則不覺其過，恨之則不知其善，所以事多放濫，物情生怨。故王者賞人必酬其功，以爵與人必明其德，與善人在一起，每天都會聽到嘉言；與惡人交遊，每天會生出邪情。孔子說：益者三友，損者三友。邪惡之臣使君迷惑，淫亂之妾使主危險，以非所言則悅於耳，以非所行則玩於目，所以人君當遠離他們。

孔子說：唯女子與小人為難養，近之則不遜，遠之則怨。這是聖人的明誡。昔日光武帝與嚴光同寢，當晚天有異象。以光武之聖德，嚴光之高賢，君臣志同道合，還降此變異，何況陛下今所親倖之人，以賤為貴，以卑為尊。

希望陛下遠離讒諛之人，納謇謇之士，除左右權貴，悟宦官弊端。積善日熙，佞惡消矽，則災禍可除。」

可惜，劉志根本不聽他的。爰延見勸誡無用，索性稱病回了老家。

太尉黃瓊也看不下去了，上了一道奏書給劉志。

黃瓊這個人前面已經露過面，他跟陳蕃一樣，當年也受到李固的重用。梁冀時代，他是為數不多的沒有跟梁氏同流合汙之人，那時凡是梁冀推薦給他的人，他一概不用。梁冀被誅殺後，劉志重新起用，拜他為太尉，位於三公之首。

眼看四侯擅權，朝廷內外動亂，黃瓊乾脆裝病在家，為劉志送來了這封奏書，希望皇帝能夠分辨黑白，善待忠良，遠離宦官。

劉志看完，面露不屑，把黃瓊的奏書丟在一邊，沒有理睬。

盜賊蜂起，朝野內外已亂成一鍋粥，可是劉志依然自我感覺良好，居然將這鍋粥喝得津津有味。

閒暇之餘，他喜歡打獵，左牽黃，右擎蒼，帶著一群僕從馳騁於山野中。

光祿勳陳蕃看不下去，上疏呼籲：

「臣聞帝王到苑囿狩獵，只在仲秋祭祀天地的時候。順應時節，操練武備射殺禽獸助祭，以敦孝敬，如果違反這些，就是放縱無度了。所以臯陶勸誡舜『無教逸遊』，周公勸誡成王『無盤於遊田』。

虞舜、成王尚且要以此為戒，何況德行不及二主的呢！天下太平的時候，還要有節制，何況現在有『三空』之厄！田野空，朝廷空，倉庫空，是謂三空。四方兵戎不止，百姓流離失所，這正是陛下傷心憔悴、夜不能入睡之時，怎能耀武揚威，醉心於車馬馳騁？初秋多雨，是百姓開始播種的時機，如今卻要他們驅禽趕獸，開闢道路，這不是聖君體恤百姓的做法。

齊景公想去琅琊觀海，晏子說百姓不愛聽旌旗輿馬的聲音，搖頭皺眉，景公因此不去了。周穆王想周行天下，任心所為，到處都有他的車轍馬跡，祭公謀父為他讀〈祈招〉之詩，以止其心，遊樂害人啊！」

田野空，朝廷空，倉庫空，三大空！這就是眼下的現狀！

陳蕃痛心疾首，直言勸諫，但是劉志認為陳蕃危言聳聽，一笑了之。

丟下奏書，劉志把弓拉得更滿，策馬追向了遠處的狐兔。

不過，宦官專權也會造成一系列問題。劉志雖然偏袒宦官，但是並不代表他看不清形勢，眼看宦官行事越來越過分，劉志決定嚇嚇身旁這夥奴才。

延熹六年（西元163年），剛剛升任司空的周景與太尉楊秉一起上書：

「朝廷和地方大員多不稱職，按照舊制，宦官子弟不准擔任官職，掌握權力，可如今宦官的親戚、賓客卻遍布各級官府。有些人年紀輕輕，才能平庸，卻擔任郡縣要職，導致上下憤恨，四方荼毒。如今應該回歸傳統，罷斥貪婪、凶殘之徒，以應天象變異和百姓非議。請陛下命令司隸校尉、中兩千石官員、城門和五營校尉、北軍中候，各自清查自己的部屬，將應當斥退和罷黜的名單呈報給太尉、司徒、司空三府，如果發現還有遺漏，可以後續補報。」

第四章 宦官當政

這番話說到了劉志的心坎裡，他也擔心宦官結黨坐大，於是同意了周、楊的建議。緊接著，楊秉親自上書彈劾州牧和郡太守，誅殺或免職了五十多個與宦官有密切關係的官員。

五侯之中，單超早早就去世了，唐衡、徐璜也在皇帝整頓幹部隊伍時去世，左悺因作奸犯科被人舉報自殺，具瑗因家人貪贓枉法被貶為都鄉侯，後來死在家裡。

此外，單超、徐璜、唐衡的封爵繼承人都被貶為鄉侯，其他子弟得到分封的，一律取消封爵和食邑。

五侯凋落，劉志把所有跟他一起發動政變、誅殺梁冀的人，包括宦官和大臣全部消滅。他身邊的那些宦官除了侯覽東山再起之外，其他人都淡出了政治舞臺。

不得不說，劉志真是玩平衡術的高手，他一會兒偏袒宦官打壓士人，一會兒幫助士人打壓宦官。他在讓士大夫頭破血流的同時，也藉機嚴懲了一批宦官，就連那四侯風光過後，也落了個悲慘下場，要麼罷官，要麼自殺，連他們的後人也都受到了處理。

在劉志眼裡，這些宦官就是原野上的草，割了這一叢，還會冒出一叢，足夠他鋪滿金鑾殿。

一時間，各級官員人人自危，朝野上下風氣為之一振。

皇帝對宦官痛下殺手，這給了許多士人一個錯誤的訊號，以為將宦官置於死地的時機來到了。於是，不少人前赴後繼、再接再厲，準備將宦官徹底絞殺乾淨。

很可惜，劉志只是偶爾懲戒一下宦官，打擊宦官、抬高士族地位並非他所願。在他的默許下，宦官們也開始聯合起來，準備與士族集團硬碰硬。

在這場與宦官的政治鬥爭中，士族集團迅速壯大起來，他們當中除了

在朝中任職的士大夫外，還有另外一個特殊的群體：學生。

永興元年（西元153年）秋初，中原發生了大蝗災，波及了三十二個郡國，赤地千里，隨後黃河氾濫，幾十萬人流離失所，盜賊蜂起。這其中，尤以冀州的情況最為嚴重。

地方遭了災，朝廷不能坐視不理。很快，朝廷派出了朱穆為冀州刺史，前去收拾局面。

朱穆這人鐵面無私，出發前，幾個中常侍前來拜訪，希望他到任後關照一下他們的小弟，結果朱穆拒絕相見。

這是一個訊號，表明了朱穆對宦官的態度。

消息傳到冀州，還沒等朱穆抵達，當地的貪官汙吏立即有四十多人解了印綬，逃得無影無蹤。

朱穆到任後，一面對殘害百姓的貪官豪強展開了嚴打行動，一面積極整頓部隊上山剿匪。在他的治理下，不少貪官嚇得自殺，賊首也被誅滅。

緊接著，朱穆將矛頭對準了朝中的權宦。中常侍趙忠喪父，葬禮的規格超出了標準，朱穆令州吏掘墓開棺，陳屍於野，搜捕其家屬。

朱穆的一系列舉動觸怒了朝廷宦官權貴，趙忠當即向皇帝告狀，劉志得知此事，一紙詔令將他召回，送上廷尉受審，罰作刑徒。

這個消息傳播開來，士大夫憤憤不平，不少人上書諫諍，但是都被皇帝無視。

第四章　宦官當政

漢朝的學生運動

當時洛陽的太學已經有三萬多學生，這些人血氣方剛，有理想，有抱負，勇於仗義執言，關心國事。他們認為，朝政腐敗如斯，光在學堂裡坐而論道、指點江山根本沒有任何意義，必須採取激烈的行動。

在領袖劉陶等人的率領下，幾千名太學生憤然推開書桌，走出學堂，走上街頭，掀起了一場大規模的抗議活動。

一場風起雲湧的學生運動在首都洛陽興起。

這一年是永興元年（西元153年），這是中國歷史上第一場學生運動，聲勢浩大，震動朝野。

東漢的學生運動和後來的學生運動沒多少差別，大多是上街遊行、分發傳單、到處演講，如果這些都沒效果就開始靜坐絕食。

宮門前的廣場上萬頭攢動，劉陶等學生代表遞上了寫給皇帝的請願書：

「刑徒朱穆，秉公憂國，立志剷除奸惡。中常侍居位尊貴，父兄子弟都在州郡，競為虎狼，殘害百姓。朱穆依法鋪設天網，懲處奸惡，惹惱了宦官們，非議和責難四起，讒言接踵而來，致使朱穆淪為刑徒。天下有識之士皆認為朱穆有救民之功，卻橫遭不白之冤。當今中官近侍，竊持國柄，手握王爵，口含天憲，賞可使奴隸富比王侯，讒可使賢人成為惡人。

然而朱穆卻昂然而出，奮不顧身，並不是因為他憎惡榮耀而喜好羞辱，憎惡生命而喜好死亡，只是因為他深感朝廷的綱紀不振，畏懼國家法令長久喪失，所以竭盡忠心，報答國家，為陛下深謀遠慮。我們願意接受黥刑，代替朱穆去服苦役。」

學生們為朱穆擺功，為朱穆喊冤，願代朱穆受刑，代朱穆服苦役。

更難得的是，如果我們仔細讀這篇請願書，不難發現，學生們在此次

行動中表現出了高超的鬥爭技巧，他們非但沒有將矛頭直指皇帝，反而還站在皇帝的立場上，為國家和朝廷的利益吶喊。

躲在深宮中的劉志雖然看慣了士人和宦官的硬碰硬，但是這種學生運動卻是第一次遇到，沒有任何經驗可以借鑑。他也怕事情鬧得更大，迫於形勢，向學生做出了妥協：赦免朱穆，削職回家。

這次鬥爭，學生大獲全勝，學生領袖劉陶脫穎而出，此後繼續為國事奔走吶喊。

可是劉志呢？他雖然對學生做出了妥協，但是並不代表他願意痛改前非。面對大臣們的諫言，劉志充耳不聞。

大臣們失望之際，言論也就越發尖刻，而劉志仍是死豬不怕開水燙：「笑罵由你，我就這樣了，要是惹急了我，逮著機會還會收拾你們！」

永壽元年（西元155年）二月，洛陽周邊及冀州大饑荒，甚至發生了易子相食的慘事。

劉陶藉此機會，向劉志上了一道奏書，指斥皇帝枉為天子，有負上天之託。不接受興亡教訓，不聞兵車之聲，不感悟天災人禍，愧對祖宗所開的基業；寵奸小，殘小民，毀生計，使冤魂飢鬼充盈於野；拒忠言，誅諫者，信讒言，賞諛者，大權旁落，前景岌岌可危。眼下的朝廷，如同虎豹在鹿場掘窟，豺狼在羊群中吃奶，行商的人都做了窮冤之魂，貧餒的人早做了飢寒之鬼。

作為一個有良知的知識分子，劉陶還在做死馬當活馬醫的努力，他向皇帝推薦了朱穆、李膺等人，希望皇帝能重用他們。

劉陶知道他的這封奏書會被皇帝無視嗎？

他當然知道，在這封奏書的最後，劉陶含淚寫下了一行字：

第四章　宦官當政

「我知道，我說的都是不合時宜的話，猶如冰霜見到了太陽，必然會消融。我願意為國家做這樣的蠢人，願以一人之悲，來易國家之悲。」

果不其然，皇帝根本不聽他的。

太學中的學生在上次鬥爭中取得了勝利，他們雖然回到了課堂上，但是內心中的那股火已經被點燃，只等待下一次爆發。

延熹五年（西元162年），因皇甫規事件，洛陽再次爆發了學生運動。

皇甫規的從政之路堪稱傳奇，可以說是時勢造英雄。

永和六年（西元141年），西羌大舉侵犯三輔，包圍了安定城，征西將軍馬賢統率各郡部隊平定羌亂。皇甫規當時三十來歲，還待業在家，但是他的見識遠超同輩，他知道馬賢打仗不行，斷定他一定會失敗，就上書陳述了馬賢的情況和自己的看法給朝廷。

但是皇帝並沒有採納。

不久之後，馬賢果然大敗，郡守由此知道皇甫規對軍事有獨到的見解，於是任命他為功曹。

皇甫規的仕途從平定羌亂開始，他一生大半時間都是在跟羌人打交道，官至護羌校尉。

延熹四年、五年（西元161年、162年），零吾、先零羌先後反叛。這是一場諸羌合兵二十餘萬、兵連數郡、綿延兩年的大叛亂，皇甫規感覺到局勢非常嚴重，上書朝廷主動要求征討羌人。

這一戰，皇甫規率軍斬殺羌人八百多人，又迫降先零等諸種羌十餘萬，平息了西北戰事。

皇甫規回朝，照理應該封爵，但是左悺、徐璜等人貪得無厭，想讓手下去找皇甫規索賄，結果未能得逞。左悺、徐璜隨後找藉口將皇甫規下了大獄，最終被判為刑徒，服苦役。

消息一出，輿論大譁。

太學中的學生得知消息，個個義憤填膺，他們當即組織在校學生走上街頭抗議，要求釋放皇甫規。參加者有三百多人，不少士人高官也參與其中。

第二次學生運動，再度讓劉志感到束手無策。他不敢開罪整個士人階層，只得再次做了讓步，趁大赦之際將皇甫規無罪釋放。

這一次學生運動，雖然人數遠不及第一次，但是卻波及了全國。當太學生們在洛陽上街遊行時，地方學校的學生也以清議的方式，對首都的學生予以聲援。

有了學生群體的加入，士人集團的自信心大漲，他們個個摩拳擦掌，準備向宦官勢力進行反攻。

面對士人們的凌厲攻勢，宦官自然不甘心坐以待斃，在吃了幾次虧之後，宦官們也開始聯合起來，對士族發出挑戰。

士族集團秉持自己的價值觀，他們在士人中推出一批名士及領袖，抱團形成團體，甚至互相結黨，對抗宦官群體。

在古代的政治話語體系中，結黨可不是個好詞，因為它容易讓人聯想到拉幫結派，搞黨爭鬧分裂。《尚書》中有言：「無偏無黨，王道蕩蕩；無黨無偏，王道平平；無反無側，王道正直。」意思是說，處事公正，沒有偏向，聖王之道就會寬廣無邊，國家治理就會井然有序，聖王之道就會正直通達不偏斜。

一句話：為政者應以國事為重，大公無私，而不應拉幫結派，褊狹行事。

但是這僅僅是理想，現實生活中，實際的情況卻是物以類聚，人以群分，不同的人總會依據各自的秉性、地位、背景及目標分化成不同的群體，乃至互相結黨。

第四章　宦官當政

雖然在古代結黨是種貶稱，但是在東漢末年卻是例外，士人為了與宦官作鬥爭，聯合起來形成一個統一的政治聯盟。這個政治聯盟在當時的人看來就是黨，而參加者就是黨人。

士人結黨，最早可以追溯到劉志即位之前。當時的他還是蠡吾侯，曾拜甘陵的周福為師，讀書學習。等劉志當了皇帝後，周福被提拔為尚書。與此同時，和周福同郡的河南尹房植在朝中也很有名望，於是有人編了一首歌謠：「天下規矩房伯武（房植），因師獲印周仲進（周福）。」

這本是誇讚之語，卻在兩家學生之間產生了矛盾，導致兩派人互相攻訐。甘陵的士人開始站隊，自動分為兩個部黨，這是「部黨」之說的肇始。

問題在於，結黨是最受君主忌諱的，宦官集團便利用這忌諱，渲染士人結黨的危險。

士人掌握了輿論控制權，他們以太學為中心，品評人物，抨擊時政，貶抑豪強；他們指點江山，激揚文字，被他們批評的當權人物惶惶不可終日，宦官頭目對太學生更是恨之入骨。

當時，李膺（字元禮）、陳蕃（字仲舉）、王暢（字叔茂）三人以品德高尚聞名於世，學生們就把他們作為自己的偶像，甚至還編了一句順口溜：

「天下楷模李元禮，不畏強禦陳仲舉，天下俊秀王叔茂。」

李膺出身高級官僚家庭，父親李益曾任趙國國相。李膺性格孤高，不善交際，只把同郡的荀淑、陳寔當作師友。他最初被舉薦為孝廉，又被司徒胡廣徵召，舉為高第，再升任為青州刺史。

青州的郡守縣令都害怕李膺的嚴明，聽聞李膺到青州任職，一個個選擇了棄官跑路。

李膺後來被徵召，調任為漁陽郡太守，不久又轉任蜀郡太守，因母親年老申請辭職，再後來被調任護烏桓校尉。當時鮮卑人不安分，多次侵犯

漢朝的學生運動

邊境，李膺雖是一介儒生，但是能文也能武，打得了鮮卑，守得住邊疆，多次打退鮮卑的侵犯，以致後來羌人一聽到李膺的名字就會害怕。

後來李膺被免官回了老家，教授學生近千人。南陽人樊陵想做李膺的學生，被他謝絕，樊陵後來攀附宦官，官至太尉，但是依然被士人所不齒。

名士荀爽因為曾經和李膺同乘一車並為之執御，喜不自禁，逢人就說：「我可是為李膺趕過車的！」

永壽二年（西元 156 年），鮮卑侵犯雲中郡，劉志聽說李膺能打，徵召他擔任度遼將軍。得知李膺到了邊境，羌人頓時害怕了，將以前擄掠的男女通通送還到邊境，從此李膺聲威遠播。

延熹二年（西元 159 年），一向敢與宦官硬鬥的李膺轉任河南尹。當時宛陵郡的豪強羊元群從北海郡罷官回來，李膺發現他貪贓尤甚，不但攜回大批金銀財寶，甚至連郡庠廁所內的小玩意也被他卸下帶回。

這就很過分了，李膺上書朝廷，要求對他嚴加制裁，結果羊元群賄賂宦官，導致李膺被判為誣告，反而被發配到左校服役。

好在朝中不少人為他求情，李膺才得到赦免。

延熹八年（西元 165 年），中常侍張讓的弟弟張朔做了野王令，張朔貪殘無道，甚至以殺害孕婦為樂。李膺出任司隸校尉後，嚴厲取締不法官僚和宦官，張朔一看李膺走馬上任，知道自己的末日到了。他棄了官，逃回洛陽，藏在張讓家的合柱內。

對於這種民憤極大的犯罪分子，李膺自然不會放過。他偵知張朔藏在張讓家，帶著人上門，劈開合柱，從裡面揪出張朔，審訊完當即誅殺。

這下子，張讓向劉志訴冤，劉志找來李膺詰問：「為什麼不先請示就殺人？」

李膺昂然答道：「孔子做魯國司寇，七天便殺了少正卯，我到任已經

113

第四章　宦官當政

十天了,才殺了這個人。我還以為陛下叫我來是責備我行動遲緩呢,沒想到竟說我殺得太快了!我知道我有罪,只求陛下讓我在這個職務上再做五天,待我把首惡抓起來殺掉,然後任由陛下處罰!」

一席話把劉志說得啞口無言,劉志掉轉頭來,嚴斥張讓:「這都是你弟弟的罪,司隸校尉有什麼過失?」

李膺全身而退,成了所有宦官的夢魘。

自此,那些平日裡飛揚跋扈的宦官老實了許多,一個個躲在宮中不敢外出。劉志有一次問他們:「平日裡你們都張揚得很,近來為什麼這麼老實?」

宦官們叩頭答道:「怕李校尉。」

黨錮之禍

李膺之所以有如此名望,在於他靖邊能讓叛軍強虜望風棄甲,治亂能使貪官閹宦驚魂喪魄。他是士人抗爭黑惡勢力的帶頭羊,他的門不易入,士人受到接見,被譽為「登龍門」。

在李膺的帶頭引領下,士人打擊宦官的士氣空前高漲,自他之後又出現了兩員幹將:杜密與范滂。

杜密為人沉穩質樸,自年輕起,就立下了改變社會風氣的志向。他當初被司徒胡廣闢為代郡太守,再受皇命相徵,轉任太山太守、北海相。每到一處,他都抱著除惡務盡的宗旨,對宦官子弟中橫行不法的官吏嚴懲不貸。

杜密手段嚴苛,眼中揉不得沙子,處置了一大批貪官汙吏。然而,他

面對的是貪官汙吏如糞蛆湧動的官場，無論杜密手段多嚴苛，那些腐敗分子總是打不完。他打累了，索性把烏紗一扔，回了老家潁川陽城。

回鄉的杜密也閒不住，往太守府跑，提建議，做規勸，薦賢士。另一個從蜀郡退休回鄉的劉勝（字季陵）則閉門不出，灑掃庭院，對外面的事不聞不問。

杜密跑得多了，說得多了，太守王昱覺得不勝其煩：「你一個辭職回鄉的老官員，怎麼這麼沒眼力見兒呢？本官事務繁忙，哪有時間聽你嘮叨那些雞毛蒜皮的小事？看看人家劉勝，從官場上退下來後清靜自守，謙虛低調，人家怎麼就沒你這麼多事？」

一次，王昱找了個機會對杜密說：「劉季陵是清高士，公卿多有舉薦。」

杜密一聽，知道對方嫌自己管的閒事太多了，也不繞圈子，開門見山地說：「劉勝位為大夫，受上賓的禮遇，卻知善不薦，聞惡不言，明哲保身，遇事如同寒蟬，不是清高士，而是罪人。如今我推薦志義力行之賢，糾察違道失節之士，使明府賞刑得法，政聲遠播，豈非有補於萬分之一？」

一席話如金石擲地，鏗鏘有聲，讓王昱既慚愧又折服。自此之後，王昱愈加厚待杜密，冷落了劉勝。

杜密在家沒待多久，很快又被劉志徵召，到洛陽任尚書令，爾後轉任河南尹、太僕。不管身處何職，杜密都積極參與士人活動，打擊宦官勢力，被視為黨人的骨幹。

當時的太學生甚至將李膺和杜密並稱為「李杜」。

范滂也是一個厲害角色，他年少時以清節聞名州裡，被舉薦為孝廉、光祿四行（敦厚、質樸、遜讓、節儉）。

冀州饑荒，盜賊群起，朝廷任命范滂為清詔使，去考核地方官吏的政績。出發時，范滂登車攬轡，目光注視著前方，發誓要澄清天下！

第四章　宦官當政

　　他剛到冀州邊境，那些劣跡斑斑的太守、縣令自知要遭殃，望風解印綬逃走，與李膺到青州一模一樣。

　　范滂毫不擔心手底下沒人，面對地方上大量的空缺編制，他經過認真考察，向朝廷舉薦了一批新的地方長官。隨著新長官的到任，冀州的問題很快就得到了解決。

　　幾經輾轉，范滂被調任光祿勳主事。

　　當時陳蕃任光祿勳，范滂拿著笏板去拜見陳蕃，不料陳蕃對眼前的年輕人沒有任何印象，沒有留他。范滂心懷怨恨，扔下笏板棄官而去。

　　郭林宗聽到後責備陳蕃：「像范滂這樣的人，怎麼能用一般的禮儀接待他？你這樣做，反倒成就了他為人清高辭官不就的名聲，這不是抹黑自己嗎？」

　　陳蕃這才意識到自己犯了大錯，趕緊想辦法彌補過失。

　　范滂此後又被太尉黃瓊徵召任職，上任伊始，劉志下詔三府官員深入調查了解民間輿論，彈劾違法官員，范滂據此彈劾了刺史及俸祿為兩千石的權貴豪門二十多人。

　　一下子彈劾如此多的高官，尚書檯懷疑他挾私報復，派人前來責問。

　　范滂的回答是：「臣舉報的如果不是奸邪殘暴、禍害百姓的人，難道會把他們的姓名塗寫到簡札上嗎？這只是我倉促間舉奏的，待我慢慢察訪，還會有更多！農夫除草，才能讓莊稼茂盛；忠臣除去奸邪，王道才能清潔，臣若有半句假話，甘願受戮！」

　　一番話說得來人啞口無言，但是范滂由此明白了皇帝的心思。依著劉志的脾氣，他何時有過澄清天下的念想？他之所以鼓勵百官聽取民意，不過是做場戲，做給天下人看看而已。

　　他也明白了時局艱難，己志難行，索性將彈劾文扔在一邊，收拾行李

回了家鄉汝南。

太守宗資先前聽說過范滂的名聲，得知范滂回鄉，主動登門拜訪，聘請他到郡府中擔任功曹，將政事全部託付給他處理。

范滂任職期間嚴厲整頓吏治，清除道德有虧者，移風易俗，從社會底層選拔人才。范滂的外甥李頌是公侯家族後代，但是被鄉里百姓唾棄，中常侍唐衡將李頌推薦給宗資。但是范滂認為李頌不是做官的材料，壓下任命拒絕錄用。

宗資遷怒，鞭打書佐朱零，朱零昂首道：「范滂清明裁決，用快刀除去腐朽，今天我寧肯被打死，也不能違背范滂的意願。」

宗資這才罷休。

由於范滂對待不稱職的官員極為嚴苛，郡中中層以下官員無不怨恨，他們把范滂任用的人稱為「范黨」，還編了一首歌謠：「汝南太守范孟博，南陽宗資主畫諾。」意思是說，范滂名為功曹，實則掌握著政事，宗資不過是個甩手大掌櫃。

與李膺、杜密、范滂等人相比，陳寔則是個異類。李膺等人是疾惡如仇，動輒拔刀相向，你死我活；而陳寔則是視惡如險，避之唯恐不及。

陳寔出身寒微，年輕時在縣裡任職，有志好學，坐立誦讀不輟，縣令推薦他去太學學習。後來的縣令再召他為吏，陳寔卻逃避隱居山中。

當時縣裡出了樁命案，楊吏懷疑凶手是陳寔，隨即將他逮捕。經過一番拷打審訊，獄吏沒有得出任何結果，只得將他釋放。

後來陳寔當了督郵，成了楊吏的頂頭上司，但是他並不記仇，反而還祕密吩咐手下人對楊吏以禮待之。百姓聞知此事，無不嘆服。

陳寔不久調為功曹。中常侍侯覽委託高倫，想重用一個人，高倫打算提拔此人為文學掾。陳寔當時在高倫手下做事，他知道這個人不可靠，悄

第四章　宦官當政

悄對高倫說：「這個人不能用，但是侯常侍又不能違拗。還是讓我出面推薦並安置他吧，免得玷汙了你的清名。」

你看陳寔的情商多高，寧肯自己背黑鍋，也不願得罪侯覽，還討好了高倫。後來高倫離任時把這個內幕告訴了別人，誇獎了陳寔一番。

士人群體互相結黨，選出他們心目中的道德模範，向宦官勢力發動了攻擊。表面看來，宦官似乎節節敗退，但是宦官群體的核心依然穩固，他們在韜光養晦，等待反撲的機會。

延熹九年（西元 166 年），一個意外事件導致了宦官的大反攻。

這一年，河南地方政府接到了一個案子：擅長占卜的術士張成，知道朝廷即將頒發大赦令，讓兒子去殺了一個仇人。

當時李膺已轉為河南尹，他接到舉報後，逮捕了張成。沒過多久，朝廷果然頒發了大赦令。

一切都在依照預先的推演進行，不出意外，張成很快將走出監獄，但是可惜，他遇到了李膺。

李膺眼裡容不得沙子，他了解了整件事的經過後，愈加憤怒——利用自己的占卜術公然鑽國法的空子，是可忍，孰不可忍。義憤填膺的李膺沒有開釋張成，提前將張成送上了斷頭臺，一刀砍了了事。

張成算準了天時，卻沒算準人事，最終還是丟了性命。

李膺斬了張成，大快人心，可是問題在於，這個張成可不是一般人。他憑著占卜術這門絕活和宮中的宦官建立了密切聯繫，劉志也常請張成預言吉凶。

張成被處決的消息傳來，劉志也有些鬱悶，而此時，宦官集團瞅準時機，對士人集團展開了一場大反攻。

他們指示張成的徒弟牢修上書，指責李膺等人私養太學遊士，交結各

地學生，互相勾結，結為部黨，誹謗朝廷，傾覆綱常倫理。

很快，牢修的上書呈到了御案之上，劉志看完震怒，他馬上下令，從中央到地方布告天下，捉拿黨人。

第一次「黨錮之禍」爆發。

按照東漢的制度，大案須經過太尉、司徒、司空三府的聯署，方能生效。劉志想任性一次，可士人們對這個皇帝早已失望透頂，檔案傳到太尉陳蕃手中時，他拒絕署名，並說：「今列入此案者，皆是海內名士，是憂國忠公之臣。對他們而言，十次赦免也是理所當然，豈能無罪而被收捕？」

陳蕃拒絕署名，這讓劉志愈加憤怒——連三公都公然包庇黨人，這到底是誰的天下？劉志索性免了陳蕃，直接下令逮捕李膺等黨人，要求各地加速行動。

陳蕃的遭遇使朝廷群臣噤若寒蟬，而宦官集團則炮製了一份黑名單，其中以李膺為首，重要人物有太僕杜密、御史中丞陳翔，以及地方官員陳寔、范滂等，共二百多人。這些人無論官職大小，都是當時的名士。

李膺第一個鋃鐺入獄，被關在黃門北寺獄。劉志派出了大量使者，分往各地督促，到處張貼布告，挨家挨戶搜查。

恐怖氣氛籠罩了全國。

在這種白色恐怖下，許多黨人展現出不畏強權的勇氣。度遼將軍皇甫規雖然是一介武夫，但是他對黨人非常欽佩，一直恨自己無緣入名士行列。

這一次，皇帝大肆搜捕黨人，自己竟然不在黑名單裡，太沒面子了！他主動跑去投案，說：「我以前推薦故大司農張奐，這是攀附黨人；以前太學生張鳳等人上書為我申訴，這是黨人拉攏我。我顯然也是黨人，你們現在就應該把我抓起來！」

第四章　宦官當政

主審案子的官員知道皇甫規的脾氣，將他拒之門外。

朝廷大肆搜捕黨人，大部分人都忙著跑路逃避，只有陳寔站出來說：「我不進監獄，別人就沒有依靠。」主動將自己關進了監獄。

羅織黨人之風蔓延全國，各地政府都忙著搜捕黨人，多者達到了數百名，監獄都快裝不下了，唯獨青州平原毫無動靜。

朝廷接連下文責問，當地政府官員經過深入調查，發現問題出在國相史弼身上。

青州方面派了從事來到平原，督導史弼的工作：「陛下厭惡黨人，旨意懇切。青州六郡，五個郡國都有黨人，近國甘陵也有南北部之分，你平原怎麼一個黨人都沒有？」

史弼回答：「先帝界正天下，畫界分境，水土有異，風俗不同。他郡自有，平原自無，怎可硬比？如果一味聽從上司，誣陷好人、濫施刑罰，那平原郡的人都是黨人。我情願死，也不能這麼做！」

從事聽了大怒，將史弼的下屬關進監獄，同時向朝廷遞交了對史弼的彈劾書。

朝廷隨即做出反應，史弼有包庇黨人罪，戴罪守職，然後就不了了之，而平原追究黨人之事也因此作罷。直至後來黨禁開弛，史弼用薪資贖了罪，當地百姓有千餘人因他的保護得以保全。

另一位太學生領袖范滂被捕，進了監獄。獄吏要他祭拜皋陶（舜時期掌管刑法的「理官」，中華司法鼻祖），范滂卻說：「皋陶是古代直臣，如果我范滂沒有犯罪，他會替我向天帝申訴，如果我犯了罪，祭拜他又有什麼用？」

在他的影響下，其他囚犯也都不再祭拜皋陶。

眼看士族黨人紛紛被捕，一個個成了階下囚，太尉陳蕃再次上書，以

夏商周三代之事勸諫劉志，希望他能赦免黨人。可劉志嫌他的言辭太過激烈，以陳蕃徵召的官員不稱職為由，免了陳蕃的官職。

大批黨人被關進監獄，宦官大獲全勝，他們準備一鼓作氣，將黨人殺掉一批，卻被劉志否決了。

事實上，劉志抓捕黨人，只是想給他們一個教訓，如果自此向士人集團開刀，必定會打破士人與宦官的平衡，這不是他願意看到的。

無冕之王

這種恐怖氣氛持續了一年。

到了第二年，眼見朝廷對黨人依然沒有鬆動的跡象，賈彪站了出來，對士人說：「我不西行，大禍不解。」

賈彪孤身到了洛陽，找到了劉志信任的城門校尉竇武、尚書霍諝，請他們出面營救黨人。

竇武和霍諝當即允諾，隨後上書給劉志：

「陛下即位以來未聞善政，常侍、黃門欺罔陛下，競行詐欺朝廷，封爵濫而不當，朝政日衰，奸臣日強。今不慮前事之失，復循覆車之軌，臣恐秦二世而亡的災難必將復及，宦官趙高的變亂朝夕將至。

近者奸臣牢修製造黨人之議，逮捕審訊前司隸校尉李膺等人，牽連數百人，經過一年的審訊，並沒有得出任何結果。臣以為李膺等人建忠抗節，立志匡扶王室，他們都是陛下的股肱之臣，卻被奸臣賊子誣陷蒙冤，以致天下寒心。

希望陛下留心明察，釋放黨人。臣聞古代明君必有賢臣輔助，今陳蕃

第四章　宦官當政

等人皆國之貞士，朝之良佐，而陛下卻委任小人，扶助貪婪凶惡之人，讓他們在外掌州郡之權，在內作為心腹。

陛下應該廢黜這批奸佞之徒，信任忠良，分辨善惡是非，擇賢授職。這樣，則災異可消，祥瑞指日可待！」

奏章呈上後，竇武立即稱病辭職，並交還城門校尉、槐里侯的印信。

外面的士人積極營救獄中同伴，獄內的黨人也在和宦官鬥智鬥勇。隨著黨人一個個入獄，劉志令中常侍王甫審訊黨人，主要罪名即是這些人「結黨」。

審訊現場，范滂等人頸戴大枷，腕戴鐵銬，腳掛鐵鐐，頭上蒙著黑布。王甫詰問范滂：「你作為人臣，不思考如何盡忠報國，反而與別人結黨，互相褒揚推舉，評論朝廷，無事生非，你們到底想做什麼？」

范滂答：「我聽孔子說，見到善人就怕跟不上，見到惡人避之如同滾燙的水，我只想讓善人與善人一同保持清潔，惡人與惡人一同陷入汙穢。我們以為這是朝廷樂意見到的，沒想到還有什麼結黨之說。古人修德積善，可以為自己謀取福祿，而今修德積善，卻身陷死罪。如果我死了，希望將我的屍首埋在首陽山之側，上不辜負皇天，下不愧對伯夷叔齊。」

好在王甫還有點良知，他被范滂的言辭打動，讓人解除了他們身上的刑具。

審訊李膺時，他同意有黨人的說法，宦官大喜，讓他交代名單，結果李膺把宦官的許多子弟親屬都添進去了。

對黨人的審訊毫無結果，宦官心裡有點忐忑了，他們擔心再審下去，這幫人的口供中牽連出更多自己人，深恐事態繼續擴大而引火上身。恰逢日食，宦官們以此為藉口，希望皇帝能盡快了結此案。

而此時，劉志的怒氣早已消散，此次對黨人的威嚇已經達到了預期效

果，出於政治平衡的考慮，也不能一味打壓黨人偏袒宦官。

看著士人和宦官一起遞來的摺子，劉志做出了一個決定。

六月初八，劉志下詔大赦天下，改年號為永康。關押在監獄的兩百多黨人也被釋放，全部遣送回鄉。

此次營救黨人的行動中，尚書、鄡都亭侯霍諝曾出力不少。范滂出獄後主動登門拜訪，但是卻不肯向他說一句謝謝。有人認為范滂失禮，並因此而鄙視他，范滂答：「昔日叔向被晉國范宣子囚禁，因為祁奚求情才被赦免，但是叔向回家並沒有面見祁奚，我又何必多此一謝。」

范滂回到家鄉汝南郡，當地百姓慕名前來迎接，汝南郡和南陽郡去迎接他的車輛有數千輛之多，場面相當壯觀。范滂的同鄉殷陶、黃穆陪在他身邊，為他應答酬謝賓客。

然而，面對民眾的熱情，范滂卻表現得很憂慮，他對殷陶等人說：「現在你們跟隨我，是加重我的禍患啊！」

他很清楚，皇帝雖然釋放了黨人，但是並不代表士人就此可以高枕無憂，宦官集團磨刀霍霍，肯定會尋找機會再次出手。自己回個家都這麼高調，必定會引起宦官集團的警覺，等下一次衝突爆發，自己還能保全嗎？

想到這裡，范滂避開前來迎接的人群，悄悄回了家鄉。

黨人雖然被釋放，人身獲得了自由，卻被剝奪了政治權利。劉志下詔將黨人的姓名編成冊，分送太尉、司徒、司空三府，將他們拉入黑名單，終生不許再出來做官。

宦官也怕黨人捲土重來，皇帝每下一次詔書，他們總會增加強調黨錮的文辭，要黨人老老實實，不得亂說亂動。

這就是歷史上的第一次黨錮之禍。

按照劉志的預想，黨人被釋放出獄，應該叩謝天恩，對自己感恩戴德，

第四章　宦官當政

還朝廷一個寧靜：太學的學生就該好好學習，多讀聖賢書，不再滋事，做個懂君臣之道的孝子賢孫；在朝的官員也該從此次事件中吸取教訓，從此老老實實上班，與宦官同心協力，共輔朝政。

然而，他想錯了。

劉志這麼做，不僅沒能嚇住士人，反而激發了他們的鬥志，士族黨人不會領劉志的情，更不會領宦官的情。曾子說：「士不可以不弘毅，任重而道遠。」他們是知識分子，代表著社會的良知和脊梁，自認為對天下事有不可推卸的責任。

士人集團在經歷了這次打擊後，增加了鬥爭經驗，他們得出一個結論，士人最大的資本和倚仗是名望，是群眾基礎。有了名望，自己便可以站在道德制高點，對邪惡的宦官大加撻伐；有了名望，自己便可以擁有大量粉絲，引導社會輿論，逼迫皇帝和宦官讓步，即便是入了獄，也可以信步出獄。

士人集團總結出，他們在這次鬥爭中失利，就是因為在對名的造勢上還遠遠不夠。要想戰勝宦官，只能以壓倒一切的優勢之名來影響天下，左右輿論。

為此，士人積極奔走，四處聯繫。與宮中那張黑名單相照應，士人在朝野列出了一份大名士榜，為他們心目中的道德領袖加冕。

這份大名士榜分為五檔，第一檔是「三君」：竇武、陳蕃、劉淑。

君者，一世之宗也。

第二檔是「八俊」：李膺、荀翌、杜密、王暢、劉祐、魏朗、趙典、朱㝢。

俊者，人中之英也。

第三檔是「八顧」：郭泰、范滂、尹勳、巴肅、宗慈、夏馥、蔡衍、羊陟。

顧者，德行之表也。

第四檔是「八及」：張儉、岑晊、劉表、陳翔、孔昱、苑康、檀敷、翟超。

及者，導人之師也。

第五檔為「八廚」：度尚、張邈、王考、劉儒、胡母班、秦周、蕃向、王章。

廚者，疏財之豪也。

士人弄出這大名士榜：是有依據的，三皇五帝時代，顓頊的八個兒子和帝嚳的八個兒子有益於天下，被分別譽為「八元」、「八愷」。

這種加冕表明，朝廷已成為流氓朝廷，不再被人信服，除了殘存的強制力，已無任何號召力。士人們索性上下呼應，互為褒獎，評選出了自己心目中的道德楷模。

從太學到社會再到朝堂之上，李膺、郭泰等人成了那個絕望時代的希望，墮落時代的道德象徵。

士人集團搞出大名望，是為了造勢，繼而造出大輿論。他們用比黨錮之前更大的態勢，將褒貶人物、品評時事的浪潮推向高潮，席捲全國。

下詔釋放黨人的同年，劉志的生命也走到了盡頭。

劉志這個人愛好廣泛，他喜好宗教，一會兒祭黃老，一會兒拜浮屠，同時又很好色。在天子任上，他先後冊封了三位皇后，後宮宮女的數量居然達到上萬人之多，儘管他曾接受光祿勳陳蕃的建議，放出宮女五百餘人，但是這仍遠遠低於所留宮女的數量。他在位的二十一年間，所封貴人就有十幾人之多，采女更是無數。襄楷有一次就上書劉志大罵道：「像你這樣多欲少德的人，如何能成道！」

第四章　宦官當政

第五章
再次交鋒

第五章　再次交鋒

竇武秉政

劉志先後冊立了三個皇后：一個是梁皇后，一個是鄧皇后，還有一個是竇皇后。

梁皇后名叫梁女瑩，是梁冀的妹妹。當初劉志還是蠡吾侯時，梁太后將他叫到洛陽，準備把梁女瑩嫁給他。正在籌備婚禮時，劉志被梁冀擁立為帝。

第二年，即建和元年（西元147年），有關部門上奏梁太后：「《春秋》迎王后於紀，在路上就稱皇后了。今大將軍梁冀的妹妹梁女瑩，膺紹聖善，締結婚約之際，有命既集，宜備禮章，時進徵幣，請下三公、太常按禮儀行事。」

很快，在梁太后的安排下，梁女瑩入宮，隨即被立為皇后。

劉志從即位初就處於梁冀的操控之下，還被迫娶了梁冀的妹妹為皇后，日常生活都被監視，其憤懣可想而知。而梁女瑩靠著娘家人獨得寵幸，肆意過著極其奢侈的生活，宮室帳幕雕琢富麗，服裝用物華麗珍貴。

除此之外，梁女瑩的忌妒心極強，除了她，其他女人都見不到劉志。

好不容易熬死了梁太后，劉志總算鬆了一口氣，對梁女瑩的恩寵日漸衰減。梁女瑩沒有兒子，忌妒之心愈盛，宮人懷孕很少能得保全者。劉志越發厭惡梁女瑩，雖然不敢跟她發火，但是兩人在一起的機會越來越少。

等梁女瑩一死，劉志就誅滅了梁冀，趁機將梁氏一門滅族。

隨後，劉志立鄧禹後人鄧猛女為后。

鄧猛女因父親早亡，一度改姓梁氏。劉志誅滅梁冀後，立她為皇后。當時劉志由於厭惡梁氏，將她改姓為薄，封她母親宣為長安君。幾年後，

有人指出鄧皇后本是鄧香女兒，不應該改易他姓，劉志又讓她重新改姓鄧。

鄧猛女雖然當了皇后，獨受劉志的寵愛，但是無論劉志如何辛勤耕耘，鄧猛女遲遲生不出兒子。時間一長，劉志又愛上了郭貴人。

被冷落的鄧皇后不甘心就此退出，自恃位尊，與郭貴人明爭暗鬥，上演了一出宮鬥戲。

劉志大怒，於延熹八年（西元 165 年）下詔將其廢黜，打入冷室。

鄧皇后受此打擊，憂憤而死。

就在劉志廢除鄧皇后這一年，郎中竇武的女兒竇妙被選入宮中，立為貴人。

當時，劉志特別迷戀采女田聖，甚至想把田聖冊封為皇后。不過，田聖出身微賤，立后之事遭到了群臣的反對。

司隸校尉應奉上書說：「皇后之重，關係著國家的興廢。西漢曾立趙飛燕為皇后，使後嗣斷絕。陛下選立皇后，應該依照〈關雎〉中的標準，疏遠五種禁忌。」

太尉陳蕃也認為田氏卑微，竇氏是世家大族，堅持立竇妙為皇后。

劉志無奈，只好立竇妙為皇后，封竇武為槐里侯、特進，拜城門校尉。

竇妙是竇融的後人，算起來，她是竇氏家族出的第二個皇后。

儘管如此，劉志還是不喜歡竇皇后，他愛的依然是田聖。

永康元年（西元 167 年）十二月，漢桓帝劉志崩於德陽前殿，年僅三十六歲。

桓帝前腳剛走，報復心極強的竇皇后立即發洩了久蓄胸中的嫉恨，殺了田聖。她還想殺盡桓帝的其他嬪妃，在中常侍管霸、蘇康的苦諫下才作罷。

第五章　再次交鋒

桓帝雖然在後宮廣施雨露，但是沒有生下一位皇子，范曄在《後漢書》中說他「傾宮雖積，皇身靡續」，幾乎是用幸災樂禍的口氣說他斷子絕孫。

桓帝死了，一個問題擺在眾人面前：誰來當下一個接班人？

好在這種事情在東漢歷史上已經出現好幾次了，大夥兒都見怪不怪，皇帝無子，那就從宗室中挑一個。竇皇后找來她的父親城門校尉竇武商量，在侍御史劉儵的推薦下，十二歲的劉宏被選為天子繼承人，理由是他在宗室成員中最賢能。當然，賢不賢能，我們很快就會知曉。

劉宏是章帝劉炟的玄孫、河間孝王劉開的曾孫，封地在河間，因父親解瀆亭侯劉萇早逝，劉宏襲了解瀆亭侯的爵位。從輩分上來講，劉宏是桓帝的堂姪，同出河間孝王劉開一脈。

眾人達成一致意見後，竇武以劉儵為守光祿大夫，與中常侍曹節一起持節，領中黃門、虎賁、羽林千人，到河間去接劉宏。

建寧元年（西元168年）正月的一天，在百官隆重的迎接儀式下，一輛豪華的青蓋小車載著一個十二歲的孩子緩緩駛入皇宮。

隨後，劉宏正式登基稱帝，改元為建寧，是為漢靈帝。

劉宏當了皇帝後，第一件事就是追尊祖父劉淑為孝元皇，祖母夏氏為孝元後，父親劉萇為孝仁皇，母親董氏為慎園貴人。

劉宏雖然登上了皇位，但是十幾歲的小孩什麼都不懂，無法處理政務，自然得由竇太后執政。她以小皇帝的名義發了一道詔書，封竇武為大將軍，起用陳蕃為太傅，與司徒胡廣共同輔政。

迎立新帝登基，這可是定策功。按照慣例，劉宏對迎自己入洛陽的群臣大加封賞，竇武居首功，封為聞喜侯，子姪三人同時封侯；中常侍曹節為長安鄉侯。共有十一人封侯。

竇氏一家權傾朝野內外，時隔八十年，再度登上權力的巔峰。

新一輪的循環又開始了。

論功取封，朝中無異議，所有人皆大歡喜，竇武也覺得沒毛病。

只有涿郡人盧植不以為然。

盧植無疑是東漢末年最厲害的人物，甚至可以說不是之一。

首先，他有兩個很厲害的老師：陳球和馬融。陳球不僅是儒學大家，而且還是位能臣廉吏，官至太尉，位列三公之首；馬融是大儒，綜合各家學說遍注群經，使古文經學的研究臻於至善。

其次，他有兩個很厲害的學生，劉備就不說了，另一個「白馬將軍」公孫瓚，驅叛胡於塞表，破黃巾於孟津，曾經占領半個北方，在三國的歷史舞臺上是一個重要角色。

最重要的是，盧植本人更厲害，他屬於文可提筆安天下，武能上馬定乾坤的人物。他是涿郡涿縣人，與馬融、鄭玄、許慎等人齊名，並稱「四大名儒」，有燕趙慷慨仗義之氣，有敢說敢為的國士之風，人稱「士之楷模、國之楨榦」。

盧植年輕時跟著大儒馬融學習，馬融生活極度奢侈，他講學時有個習慣，每次都讓一大群美女在堂前輕歌曼舞。盧植跟著馬融學習多年，從未用眼瞟過一下。收過成千上萬學生的馬融留意到了這個特別的學生，靠著馬融的褒揚，再加上自身的努力，盧植終成儒師、名士。

眼見竇氏一躍成為帝國的頂級豪門，竇武大權獨攬，盧植深感憂慮，對竇武說：「足下對於漢朝，大夥兒都以為猶如周公旦、召公奭在周室，建立聖主，四海有系，功重蓋世。我卻以為，按同宗尋後，照著譜牒的順序找人，有何功勞？豈可貪天之功，接受不相稱的封爵？請大將軍辭去聞喜侯的爵位，以保全自己的名聲！」

竇武看了上書，沉吟片刻，放在了一邊。

第五章　再次交鋒

竇武知道盧植是為他著想，可這個建議，他是不會接受的。東漢的歷史就是外戚不斷崛起並衰落的歷史，往前數就有竇氏、鄧氏、閻氏、梁氏，一個個登上歷史舞臺，你方唱罷我登場。幾乎每個家族都曾擁有炙手可熱的權勢，甚至可以隨意廢立皇帝。

可問題在於，這些外戚雖然都曾盛極一時，但是無一例外都沒有好下場，因為小皇帝長大後，自然不甘心大權旁落。和帝整垮了竇氏外戚；順帝整垮了閻氏外戚；桓帝整垮了梁氏外戚。

有這麼多的前車之鑑，竇武也該警醒才對，可是他覺得自己跟前朝那些人不一樣，他自認為是個有節操的人，不會拿著權柄來作威作福。權勢過盛確實容易引起各種政治勢力心態的不平衡，但是他需要這種至高無上的權勢，否則無法在朝中站穩腳跟，無法鎮住這些背景深厚、派系複雜的公卿百官，更無法肩負起帝國的重任。

竇武是東漢開國功臣竇融的玄孫，大將軍竇憲的族姪，父親竇奉為定襄太守。雖然有著這樣顯赫的家世，但是竇武沒有坐享其成，也不以此自耀，而是一心攻讀儒家經典，後來做了一名私學教師，學生眾多，在關西一帶名聲很大。

後來竇武的女兒竇妙入宮，被桓帝封為貴人，竇武任郎中。在太尉陳蕃等大臣的堅持下，桓帝立竇妙為皇后，竇武隨後升任越騎校尉，封槐里侯，食邑五千戶。

此後，竇武又任負責京城治安的城門校尉。他很清楚，外戚這個身分太敏感，要想不被人嫉恨，必須管好自己人。他任職期間徵召當世名士，廉潔奉公，取締黑惡勢力；他不收禮，不索賄，只讓妻子兒女維持基本的溫飽生活。由於西羌不斷反叛，糧食歉收，人民困苦，竇武將所得的賞賜全部分給學生，還在路邊設接濟站，救濟貧苦百姓。

竇武的姪子竇紹任虎賁中郎將，性情疏懶、生活奢侈。竇武屢次責備

都不見效，索性上書給皇帝，主動要求朝廷治他和竇紹的罪。

竇紹嚇壞了，當即發誓改過自新。

在竇武的嚴格約束下，竇氏一門儉樸廉潔，遵紀守法，得到了時人的一致稱讚。

管好自己人，這只是竇武的第一步。另一方面，外戚作為朝堂上的一股重要政治力量，要想在錯綜複雜的政治鬥爭中站穩腳跟，必須表明自己的立場。而東漢朝中的政治勢力分為士人、外戚、宦官三大派，士人有名望，左右輿論，宦官有權勢，左右皇帝，雙方鬥得你死我活。

外戚雖然數度崛起，力量雄厚，造成帝國的災難，但是外戚集團中還有幾個識大體的人，能夠扶植朝中的正義力量。眼下士人和宦官撕破臉，外戚要想保持中立是不可能的，總得有所偏向。

該選哪邊站隊呢？

對於竇武而言，這個選擇並不難，他年輕時以善習經術、有德行而聞名，對於士人有天然的好感，自然站到了士人這一邊。

這個選擇不是被動的，而是積極主動的，不管哪個職位，竇武一有機會便辟舉名士，日常生活中和名士打成一片，並且努力和太學生打好關係。當初黨人遭遇黨錮之禍時，竇武也挺身而出，為黨人鳴冤請命，創造了開釋黨人的契機。

竇武努力融入士人的隊伍，士人對他也格外有好感，將他視為自己人，給了他「三君」之一的美譽，並名列榜首。

竇武自然更加感激，他希望能以自己的行為來為天下先，為國為民真正做些事，不負士人的期望。他立誓以周公為榜樣，掃除那些邪惡的宦官，重新恢復清平世界，他相信，只要自己和士人通力合作，必將全殲宦官勢力。

和士人合作的首選對象，竇武選的是陳蕃。

第五章 再次交鋒

奸宦當道

　　陳蕃，字仲舉，汝南郡平輿人，祖父曾任河東太守。不過到了陳蕃這一輩，家道中落，不再威顯鄉里。

　　十五歲那年，陳蕃有段時間獨居一室，院中雜草叢生，到處都是垃圾。父親的朋友薛勤來訪，見此情景問道：「孺子何不灑掃，以待賓客？」

　　陳蕃當即答道：「大丈夫處世，當掃除天下，安事一室！」

　　陳蕃語出驚人，薛勤一驚，知道這孩子志向遠大，不可小覷。

　　此語傳出，少年陳蕃美名遠揚。

　　陳蕃最初在郡裡任職，被推舉為孝廉，授郎中，因母親去世，辭官居喪。服喪期滿後，刺史周景召他為別駕從事，因與其意見不一，棄官而去。後來被公府徵辟，又被舉為方正，陳蕃皆不應。

　　太尉李固上表薦舉陳蕃，陳蕃這才在宦海中待了下來，從議郎遷為樂安太守。當時李膺任青州刺史，治政嚴猛，有威名，青州屬城的不法官員得知李膺要來，紛紛辭官離去，只有陳蕃因政績清廉，獨自留下。

　　在樂安太守任內，陳蕃做了兩件讓士人佩服得五體投地的事。

　　郡內有個高潔之士叫周璆，此前歷任太守屢次邀請他做客，周璆都不肯前往。陳蕃到任，周璆立刻動身，見了面，陳蕃親切地叫著周璆的字，為他特設一榻。周璆走後，陳蕃將榻掛起來，以示敬意。

　　郡內還有個大孝子，名叫趙宣，父母去世，他帶著妻子在墓穴中守孝，一守就是二十多年。漢朝崇尚孝道，如此孝行前所未有，趙宣於是被鄉人稱讚。地方官員得知他的事蹟後，多次備禮相請，奉若上賓。

　　陳蕃到任後，底下人推薦了趙宣，這樣的大孝子陳蕃自然要見，他決

定親自去拜訪。結果去了之後，陳蕃看出了問題，趙宣的五個兒子年紀都不大。

陳蕃仔細一問，趙宣的妻子終於吐出了實情，原來這幾個孩子都是在守孝期間生的。

陳蕃大怒，怒斥趙宣：「聖人制禮，有品德的人都應遵守，不肖的人也應努力做到。祭祀不須次數太多，太多反而不敬，你對外標榜孝道，結果自己在守孝期間行男女之事，還生下了五個孩子，欺世盜名，迷惑百姓，汙辱鬼神，豈有此理！」

隨後將他法辦治罪。

大將軍梁冀大權在握、威震天下之際，派人送信給陳蕃，請陳蕃辦點私事。陳蕃拒絕見面，送信的人只得假託他事請見陳蕃，陳蕃大怒，將其打死。為此，陳蕃被貶職。

當時零陵、桂陽山賊造反為害，朝中公卿商議要派部隊剿賊，桓帝詔令州郡推選孝廉、茂才。陳蕃上疏辯駁：

「昔日高祖創業，百姓如釋重負，政府官員照顧百姓，如同自己的兒子一樣。這兩郡的老百姓都是陛下的赤子，赤子造反，難道不是當地官吏貪汙暴虐造成的嗎？應該嚴厲責成三府，考核地方各級官員，一旦發現殘害百姓的不法官員，立即向朝廷揭發，另選清賢奉公之人，這樣就不必煩勞大軍出征，盜賊自會平息。另外，三署的郎官有兩千多人，個個無所事事，應當擇善而授之，簡惡而去之。」

可惜，昏庸的桓帝聽不進他的話，還嫌他多事，將其下放為豫章太守。

延熹二年（西元159年），陳蕃升任大鴻臚。適逢白馬縣令李雲上疏直言勸諫，桓帝大為震怒，要處死李雲，陳蕃上書救李雲，獲罪被免官。

第五章　再次交鋒

桓帝雖然很討厭陳蕃，但是他也清楚，陳蕃在士人中名望頗高，工作能力也是沒得說，朝中還真缺不了他，隨後又將他調回中央。

陳蕃雖然宦海沉浮，但是他無論在什麼職位上，始終不改自己的耿直脾氣。他多次上書勸諫，諫桓帝詔令不當、諫桓帝賞罰不當、諫桓帝用宦官不當、諫桓帝女人過多不當、諫桓帝遊獵過多不當、諫桓帝搜捕黨人不當……

每次看到陳蕃的奏書，桓帝總覺得頭痛無比，但是知道陳蕃的用處，也不跟他計較。有時候被惹急了，便貶他的職，罷他的官，氣消了，又把他召回朝堂。

桓帝駕崩後，竇太后執掌權柄，發了一份詔書：「百姓生來就要立君，地方官負責管理，還得有良臣輔佐，以固王業。前太尉陳蕃，忠誠清正，為人坦蕩，今以陳蕃為太傅，錄尚書事。」

當時剛遭國喪，皇位繼承人尚未確定，幾位尚書害怕觸怒朝中權臣，稱病不上朝。

陳蕃寫信責備他們：「古人立節，事亡如存。如今皇嗣還沒定下來，政事日益緊迫，諸君為何拋棄國家不管，在家躺著休息？於義有虧，哪能談得上仁？」

幾位尚書深感慚愧，第二天老老實實去上朝。

陳蕃對竇妙有大恩。當年桓帝欲立寵幸的田聖為皇后，陳蕃堅決不同意，說田氏卑微，竇氏乃是良家，一爭再爭。桓帝爭不過他，讓了步，於是竇妙成了皇后。

建寧元年（西元168年），劉宏即位後，竇太后再次下詔，表彰陳蕃：「獎功以勸善，表義以厲俗，無德不報，〈大雅〉所嘆。太傅陳蕃輔佐先帝，擔任京官多年，既忠且孝，德行為本朝第一，直言忠諫，到老不輟。

今封陳蕃為高陽鄉侯，食邑三百戶。」

與竇武不同的是，陳蕃一口拒絕，上疏堅決辭讓：「使者到臣家，授高陽鄉侯印綬，臣惶恐萬分，不知如何是好。臣聽聞謙讓是身之文、德之昭也，然不敢盜取為名；巨聞割地之封，要憑功德。臣雖無素潔之行，卻也羨慕『君子不以其道得之，不居也』的高尚品德。如果受爵不讓，厚著臉皮接受，使皇天震怒，災害降於百姓，臣豈能心安理得？請陛下憐臣朽老，收回封賞。」

竇妙堅持要封，陳蕃堅決不受。雙方你來我往，拉鋸了十來個回合。最終，竇妙只得遂了他的意。

這一拒封，陳蕃的名望更盛。

而如今，陳蕃和竇武這兩位士人成了最佳拍檔，東漢帝國上空籠罩許久的陰霾也現出了一絲曙光。

新天子，新氣象，士人看到尚書台被陳蕃和竇武這兩位精神領袖所統領，雀躍歡騰，兩人也沒有辜負士人的厚望，一大批被禁錮的黨人重返政治舞臺，形勢一片大好。

士人翹首以盼，盼了多年，好不容易等到了出頭之日。他們摩拳擦掌、躍躍欲試，準備大幹一場，將宦官集團徹底打倒。

然而，士人們似乎高興得早了一點。

就在士人們歡呼雀躍時，後宮的宦官近侍們同樣也沒閒著。此時的宦官集團核心人物共有五人：曹節、王甫、侯覽、公乘昕及鄭颯。眼見新帝登基，竇氏掌權，這夥人迅速調整策略，將依附桓帝轉為依附竇太后。他們充分發揮拍馬屁的功夫，天天圍著竇太后轉，甜言蜜語不斷，伺候得非常周到。

在討好竇太后的同時，宦官們還用財寶打點，打通了劉宏的乳母趙

第五章　再次交鋒

嬈，以及宮中各女官的關係。這夥人聯手，將竇太后伺候得舒舒服服，也陸續得到了不少政治利益，總算在朝堂上站穩了腳跟。

有了竇太后這座靠山，宦官集團開始活躍起來，他們的爪牙在地方上大肆貪汙，掠奪百姓財富。

竇武很焦慮，雖然他是竇太后的父親，但是眼前的這個女兒已變了樣，自從宦官得到她的信任後，她一改萬事徵求父親意見的態度，凡事依賴身邊的宦官，和父親的關係變得不冷不熱。

陳蕃也很焦慮，由於竇太后的立場轉變，士人集團在朝中的優勢正在逐漸消失，一旦宦官勢力發展壯大，勢必會對士人集團造成嚴重威脅。

陳蕃找到竇武，說：「中常侍曹節、王甫等，先帝在位時就操弄國家權柄，把天下搞得烏煙瘴氣，百姓紛擾，罪魁禍首就是他們。現在不誅殺曹節等人，一旦尾大不掉，後必難圖！」

竇武當即說：「我也正有此意！」

陳蕃大喜，慷慨之氣油然而生，以手推席而起。

兩人一拍即合，竇武於是重新調整了朝中人事任命，以親信尹勳為尚書令，劉瑜為侍中，馮述為屯騎校尉；又徵召被廢黜的名士李膺、劉猛、杜密、朱寓等齊集朝廷，邀請前越嶲太守荀翌為從事中郎，徵召潁川陳寔為掾屬，共同制定具體行動方案。

漢朝時民眾普遍相信天人感應，當時天文官報將有日食發生，陳蕃請竇武趁此良機，立即動手：

「昔時賢臣蕭望之困於一佞閹石顯，近者李、杜諸公禍及妻子，何況如今石顯輩比當初多了數十倍！我今年八十歲了，欲為將軍除害，今可借日食之因，斥罷宦官，以塞天變。趙夫人及身邊女官日夜迷惑太后，宜急退絕，請將軍定奪！」

竇武對此深表認同，兩人雖然目標一致，但是在具體方案上卻有不同的想法。陳蕃看慣了宦官們翻雲覆雨的政治手段，也目睹了他們對黨人的迫害，他堅持以雷霆手段果斷出擊，不給他們反應的機會。

但是竇武的態度較為溫和，他不想貿然行動，他希望說服女兒竇妙，透過慣用手法名正言順地掃滅宦官，否則將被天下視為政變，抹黑自己。

更何況，竇太后雖然是宦官們的靠山，但是自己畢竟是她的父親，骨肉親情尚在。他相信只要自己耐心勸說，女兒不會反對。

想到這裡，竇武匆匆入宮，對竇妙說：「漢朝制度，黃門、中常侍的職責是在宮內看門戶、管財物。如今卻讓其理政事掌權柄，親信子弟遍布朝野內外，專行貪暴、殘害百姓，這就是天下不安定的原因，宜全部誅廢，以清朝廷！」

然而，眼前的竇太后早已不是當年承歡膝下的乖乖女，她有自己的主意。面對父親的建議，她反駁說：「漢家自有制度，歷代都有宦官，就算要誅殺，也當只誅其有罪之人，豈可盡廢？」

父親要誅殺全部宦官，女兒卻只同意誅殺其中一部分人，兩人爭執不下。到最後，竇妙算是給了父親一個面子，作了讓步，同意誅殺中常侍管霸、蘇康等人，但是不准動曹節、王甫等人。

即便如此，竇武還是一個勁兒地往宮中跑，要女兒批准他的原計畫，但是竇太后對曹節、王甫等人很有好感，就是不肯答應。

竇武說不動竇妙，陳蕃說自己想再試一試。他覺得自己有兩個條件能夠說服太后：一是自己在天下的德望；二是自己當年對她的扶立之恩。他遞了一道奏書給竇太后：

「臣聞言不直而行不正，那就是欺騙上天辜負世人，直言盡意會受到壞人的仇視，招致大禍。掂量兩者，臣寧願得禍，也不敢欺騙上天。如今

第五章　再次交鋒

京師輿論沸騰，道路喧譁，都說侯覽、曹節、公乘昕、王甫、鄭颯等人與趙夫人及女官擾亂天下，附從者升官，忤逆者懲罰。如今朝中大臣就像河中的浮木，東漂西浮，貪生怕死。

您剛開始攝政時順天行誅，蘇康、管霸都被治罪處死。當時天地清明，人鬼歡喜，怎麼才過幾個月您又放縱左右侍從？大惡大奸莫此之甚，如果現在不立即處決他們，必生變亂，傾危社稷，災禍實難預料。希望將臣的奏章給您左右的人都看看，讓那些壞傢伙知道臣痛恨他們！」

可惜，竇太后對陳蕃的建議置之不理。

事情一拖再拖，雙方陷入了僵持狀態。

宦官反擊

當月，天象有變，太白犯房左驂，上將星入太微。一向和天文官交情不錯的侍中劉瑜得知這個消息，立即上書竇太后說：「案查《占書》：宮門當閉，將相不利，奸人在主傍，希望及早防備。」

與此同時，劉瑜又修書給竇武、陳蕃，說道：「近日星辰錯位，不利大臣，宜速斷大計！」

竇太后依然毫無反應。

遲則生變，不能再等了！

竇武、陳蕃立即行動起來，他們計劃分三步走：

第一步，任命朱寓為負責京畿治安的司隸校尉，以劉祐為河南府尹、虞祁為洛陽縣令，控制住洛陽及周邊地區。

第二步，竇武奏免主管宦官的黃門令魏彪，以其親信小黃門山冰代替。

宦官反擊

第三步，竇武命令山冰將長樂尚書鄭颯關進北寺獄，以期透過審訊拷問，供出宦官的首腦人物。

前兩步都沒有問題，唯獨對於第三步，陳蕃不同意。他認為兩大勢力決戰，不能按部就班來辦，應速戰速決，他說：「逮捕他們之後直接殺了了事，何需拷問！」

竇武不聽，堅持透過正常的程序辦案。他命山冰、尹勳與侍御史祝瑨組成審訊團，拷問鄭颯。果不其然，鄭颯承認有罪，並供出了曹節、王甫等人。

拿到口供後，山冰、尹勳起草了收捕曹節、王甫等人的文書，讓劉瑜入宮請竇太后核准。

連續奮戰多日，審訊工作終於告一段落，竇武以為罪證確鑿，只要竇太后批個「同意」兩字，宦官集團就會被連根拔除。

他太大意了。

事情弄到這個地步，早已鬧得滿城風雨，街頭巷尾都在議論此事，就在竇武與陳蕃等人密謀時，消息早早傳到了宦官集團那裡。

曹節、王甫耍了個心眼，他們讓管中央文書的宦官將士人集團即將盡數誅滅宦官的消息，透露給了掌管太后宮的長樂五官史朱瑀。朱瑀一開始還半信半疑，看完竇武寫的收捕文書，才知道刀已架在了他們的脖子上。

朱瑀當即就怒了，脫口罵道：「宦官中放縱不法的人，當然可以誅殺，可是我們有什麼罪？都要被滅族？」

朱瑀雖然也是宦官，佢是此前並無什麼劣跡，本來還想著保持中立的，這下好了，士人將自己劃到了他們的對立面。眼看性命不保，朱瑀對士人集團倒打一耙，大呼：「陳蕃、竇武奏請太后廢帝，實為大逆不道！」

當天夜裡，朱瑀召集心腹宦官共普、張亮等十七人，歃血結盟，密謀

第五章　再次交鋒

先誅滅竇武、陳蕃等人。

與此同時，宦官集團的首腦曹節也站了出來，挾持著小皇帝來到德陽前殿，關閉各處宮門。隨後，他脅迫尚書官屬寫詔，任命王甫為黃門令，持節到北寺獄收捕尹勳、山冰等人。

面對王甫的宣旨，山冰斥為偽詔，王甫令衛士將山冰當場格殺，再殺尹勳，放出鄭颯。

緊接著，一行人劫持了竇太后，奪走璽綬。至此，宮中已被宦官全面掌控，皇帝和太后也被宦官挾持。

宦官們穩住陣腳後，轉而採取攻勢，派出鄭颯帶領一隊人馬前去逮捕竇武。竇武從睡夢中醒來，一看外面的情形，心中頓時一驚，他拒絕受詔，跑到姪子步兵校尉竇紹所掌管的步兵營，射殺了使者。

局勢已到了生死攸關的時刻，竇武召集北軍數千人集結於都亭，傳令道：「黃門宦官反叛，盡力誅殺者封侯重賞！」

另一邊，陳蕃也沒有歇著。得到消息後，這個風燭殘年的老人顫顫巍巍地帶著手下官署、學生八十多人，手持刀劍，闖入承明門，欲搶占宮廷，以控制權力中心。

一進承明門，陳蕃攘臂高呼：「大將軍忠以衛國，黃門反逆，怎誣竇氏不道！」

王甫當時從宮裡出來，正好聽到了他的話，斥責陳蕃：「先帝剛剛去世，陵墓還未修成，竇武有什麼功勞，兄弟父子一門三人封侯？他弄走宮女飲酒作樂，一月之內蒐括財富以億計。大臣如此，是否為有道？你是宰輔大臣，卻徇私枉法，結黨營私，你不就是奸賊嗎？」

王甫令衛士上前，陳蕃拔劍怒罵，但是他畢竟是八十多歲的老人了，身邊這些讀書人如何能與全副武裝的宮廷衛士對抗？

陳蕃最終被捕，被押送北寺獄。

那些低階宦官見陳蕃被捕入獄，一個個趾高氣揚，對陳蕃百般侮辱，拳腳相加。

最終，八十多歲的陳蕃被宦官生生毆打致死。

再說竇武那邊，考慮到竇武手中掌握著北軍，宦官自忖不是他的對手，便開始想法子找幫手。當時恰好護匈奴中郎將張奐返回京師洛陽，曹節趁張奐不明真相，以誅反賊為名，矯詔令他會同少府周靖，率禁軍討伐竇武。當天夜裡，王甫率領虎賁、羽林、廄騶、都候、劍戟士共一千多人，出朱雀掖門，與張奐的部隊會合。

次日早晨，兩軍對陣於闕下。

王甫這邊人多，他讓士卒向對面喊話：「竇武謀反，汝等都是禁兵，應當宿衛宮廷，保衛天子，為何要追隨一個反賊？先降者有賞！」

營府軍士素來畏服宦官，面對這種心理攻勢，一些將士不斷臨陣脫逃，或是向對方投降。至晌午時分，竇武這邊的部隊幾乎跑光了。

大勢已去，竇武仰天長嘆，和竇紹突圍而走，王甫派人緊追不捨。眼見無路可逃，竇武、竇紹最終選擇了自殺。

宦官們割下了竇武、竇紹的頭顱，高懸在洛陽都亭示眾。

一場由士人發起的政變就這樣被宦官反殺，黨人領袖接連被殺，宮門前血流成河。

郭泰聽聞竇武、陳蕃死訊，獨自一人來到野地，嚎啕大哭。末了，他仰天長嘆：「人常說邦國將亡，菁英殄瘁。漢室將滅，世運當不知由誰來主宰？」

竇武、陳蕃的死亡，並非流血的結束，而僅僅是開始。

宦官集團在剷除黨人領袖後，重新掌握了朝堂上的主導權。很快，一

第五章　再次交鋒

場大捕殺從首都洛陽掀起，恐怖的血腥味瀰漫在各州郡的上空。屠刀高高舉起，指向了被宦官們視為眼中釘肉中刺的士族大臣。竇武、陳蕃被滿門抄斬，不少宗親、門客、姻屬被推向斷頭臺，侍中劉瑜、屯騎校尉馮述也遭滅族，虎賁中郎將劉淑、前尚書魏朗被賜自殺。竇武、陳蕃的門生故吏，包括他們此前推薦的一大批官員受到牽連，免官禁錮。

這就是東漢歷史上的第二次「黨錮之禍」。

士族好不容易積聚起來的一點政治勢力和影響力一夜之間灰飛煙滅，宦官集團大獲全勝，曹節、王甫等人都被升官封爵，而他們所倚仗的靠山竇太后此時也沒了用處，被遷到南宮軟禁。

這個可憐的女人一手扶植曹節、王甫坐大，終日沉醉在宦官的討好歌頌聲中，不聽父親的意見，大力包庇宦官，最終嘗到了自己種下的苦果。

一時之間，群小得志，士大夫落敗。

就在這種恐怖氛圍中，不少仁人志士卻站了出來，表明自己的立場和態度。

時任議郎的勃海人巴肅是此次剷除宦官行動的密謀者之一，宦官在大肆搜捕時漏掉了他，僅將他列在禁錮名單中。後來身分暴露，巴肅被宦官下發海捕文書追捕。為免牽連他人，巴肅主動到縣衙投案，縣令久聞巴肅大名，又見他高義，肅然起敬，解了印綬，要與他一起逃亡。

可是巴肅搖搖頭，拒絕了：「為人臣者，有謀不敢隱，有罪不逃刑。既不隱其謀，怎敢逃其刑！」

昂首入獄，慷慨赴死。

陳蕃死後，宗族、門生、舊部屬都被免職禁錮。陳蕃的朋友朱震時任縣令，得知消息後，棄官哭祭陳蕃，收葬了陳蕃的屍體，冒險將陳蕃的兒子陳逸藏在甘陵境內。

可惜，宦官的爪牙遍布各地，很快就發覺了此事。朱震被捕入獄，全家人被關押，朱震受嚴刑拷打，但是他寧死不說出陳逸的去向，保住了陳蕃唯一的血脈。

曾任竇武大將軍府掾屬的胡騰，獨自為竇武殯殮行喪，被坐禁錮。他將竇武兩歲的孫子竇輔冒為己子，與令史張敞一同藏在零陵地界中，將竇輔撫養成人。

朱震、胡騰與張敞，三人甘願冒生命危險為忠良留下血脈，演繹了一段千古佳話。

就在黨人們被大肆搜捕、逃亡乃至人頭落地時，取得勝利的宦官們在宮中彈冠相慶，一個個升官封侯，曹節、王甫、朱瑀、共普、張亮等六人封列侯，另十一人封關內侯。

朝廷成了宦官的朝廷，皇帝成了宦官手中的傀儡，僅剩的文武百官一個個斂聲屏氣，沉默不言，被宦官們隨意擺弄。

一片沉默中，時任郎中的審忠站了出來，上書皇帝：

「臣聞理國得賢則安，失賢則危，故舜有臣五人而天下大治，湯舉伊尹，不仁者遠。陛下即位之初年幼，不能處理國家政務，皇太后暫時主持朝政，中常侍蘇康、管霸被誅殺。太傅陳蕃、大將軍竇武追查餘黨，立志肅清朝政，華容侯朱瑀知道事情敗露，害怕禍及自身，遂興造逆謀，作亂王室，衝擊皇宮，搶奪皇帝璽印，威脅陛下，召集群臣，挑撥離間皇太后與陛下之間的母子骨肉恩情，甚至誅殺了陳蕃、竇武及尹勳等人。

宦官們又趁機割裂國土，互相封爵賞賜，父子兄弟蒙受尊榮。他們的親信都分布在各州郡，或登九列，或據三司。他們身居要職，拿著豐厚的俸祿卻不思報效，而是鑽營私人請託之門，多方設法積蓄財物，大肆擴建豪宅，連裡竟巷，甚至盜取皇宮用水用於捕魚垂釣，車馬衣服、玩賞物品可與皇家相比。三公、九卿等朝廷大臣忍氣吞聲，不敢說話。地方官迎合

第五章　再次交鋒

他們的意旨，徵聘和推薦人才時釋賢取愚，故蝗蟲成災，外族因此起兵叛亂。天意憤盈，積十餘年，所以連年來日食於上，地震於下，以此譴責和警戒君主，想讓君主早日悔悟，誅殺奸惡之人。」

結果奏章呈上去後石沉大海，杳無音信。

閹宦滿朝，黨人受戮，帝國崩潰的前兆已現。

張奐由於在此次政變中被矇蔽，站在了錯的一方，事後也跟著升官封爵。但是當他發現真相後，羞愧萬分，堅決拒絕了封賞，尋求一切機會為竇武、陳蕃平反。

斬草除根

政變七個月後，即建寧二年（西元169年）四月二十一日，這天上朝時，一條青蛇忽然出現在皇帝的御座上，昂著頭，向劉宏吐著芯子。

劉宏嚇壞了，滿朝文武也亂成一團，吵吵嚷嚷，有的說這是居心叵測之徒的惡作劇，有的說這是殿堂年久陰溼之氣滋生的。而其中傳得最多的是說此乃不祥之兆，是上天降下的警示。

很快，這事就傳到了宮外，傳到了百姓耳裡，成為街頭巷尾的熱門話題。事情越傳越奇，甚至有人說，漢朝是高祖皇帝斬白蛇起義而建，如今龍椅上出現青蛇，說明漢朝氣數已盡。

青蛇之事還在議論之中，沒過幾天，洛陽城天氣大變，颳起了大風，甚至下起了冰雹，雷霆霹靂，打得屋瓦直響，百餘棵大樹被連根拔起。

王朝的末期，怪異之事必多，這些現象盛世時也有，但是百姓平安富足，對此安然待之，不把它當回事。可到了衰世，君主無能，朝政腐敗，

民心不穩,各種謠言滿天飛,小事也就變成了大事。

這一年,小皇帝劉宏只有十二歲,慌得六神無主。慌亂過後,他強打起精神,下詔命三公九卿密封奏事,各抒己見,說說他們的看法。

大司農張奐心態比較複雜,他此前被宦官矇蔽,鎮壓士人集團,結果釀成大錯。事後他悔恨不已,一直在找機會彌補自己的過失,洗刷自己的罪惡。

這一次,皇帝下詔徵詢群臣,張奐趁機上書:「昔日周公姬旦死後因違背禮制埋葬,導致上天震怒。而今竇武、陳蕃對國家一片忠貞,七個月過去了尚未平反昭雪,所以上天降下怪異災害。我認為應該即刻收殮他們的屍體,入土為安,召回他們被放逐到邊郡的家屬,還有那些連坐受到禁錮的,全部解除。另外,皇太后住在南宮,母子之恩、朝廷之禮全廢,朝臣不敢為她說話,天下失望。望陛下思念大義,回報父母養育之恩。」

張奐想為竇武、陳蕃平反,讓皇帝把竇太后接回來,但是此時的皇帝早已為宦官們所控制,雖然是密奏,最終還是為宦官所知。劉宏雖然贊同張奐的建議,但是宦官紛紛反對,此事不了了之。

張奐不甘心,又與尚書劉猛等人聯名推薦位列「八俊」的王暢、李膺二人擔任三公職位,宦官對張奐更加痛恨,以天子的名義下詔對其切責。

張奐只得自己入廷尉獄,請求囚禁,數日之後被釋放,罰俸三月以贖罪。

張奐是名將,是朝中為數不多的能打的人,此前又為宦官出過力,忤逆了宦官,只罰俸了事,但是郎中謝弼就沒那麼好運了。

謝弼上呈密奏,侃侃而談:

「臣聞和氣應於有德,妖異生乎失政。上天告譴,則王者思其愆;政道或虧,則奸臣當其罰。蛇者,陰氣所生;鱗者,甲兵之符也。〈洪範傳〉曰:『厥極弱,時則有蛇龍之孼。』」近臣謀亂,發於左右,不知陛下所與從

147

第五章 再次交鋒

容帷幄之內，親信者為誰？宜急斥黜，以消天戒。

臣又聞『維虺維蛇，女子之祥』。皇太后定策宮中，援立聖明，《書》云：『父子兄弟，罪不相及。』竇氏之誅，豈能追責到太后身上？太后獨自幽居深宮之中，惆悵滿腹，一旦不測，陛下當何面目以見天下？昔日周襄王不能敬事其母，戎狄遂至交侵；孝和皇帝不絕竇後之恩，前世以為美談。禮為人後者為之子，今陛下以桓帝為父，豈能不把太后當作母親？《援神契》說：『天子行孝，四夷和平。』方今邊境不穩，兵革蜂起，自非孝道，何以濟之！願陛下仰慕孝道之化，俯思〈凱風〉慰母之念。

臣又聞爵賞之設，必酬庸勳；開國承家，小人勿用。今功臣久蒙外塵，未得官爵，乳母寵私卻享大封，大風冰雹由此而生。又故太傅陳蕃，輔相陛下，勤身王室，夙興夜寐，卻被小人陷害而死，株連酷濫，駭動天下，門生故吏或徙或錮。陳蕃已逝，百人難贖！希望能召還其家屬，解除禁網。

朝廷重臣，國命所繼，今之四公，唯有司空劉寵還不錯，其餘皆是尸位素餐之人，可借災異全部罷黜。同時徵召王暢、李膺等人參與政事，如此則災變可消，國祚永昌。」

可惜，皇帝還小，朝臣上這樣的奏書，除了能洩洩私憤以外沒有任何意義。這不是幫助士人，這是再次提醒宦官集團，必須把王暢、李膺這些殘餘的黨人全部殺掉。

果不其然，謝弼的奏書一上，劉宏身邊的太監很不爽，將其貶到地方，外放為廣陵府丞。謝弼見勢不妙，索性辭職回了老家東郡。曹節的堂姪曹紹正好任東郡太守，趁機捏造罪名逮捕謝弼，將其在監獄中折磨死了。

宦官群小把持朝政，雖然大部分黨人遭到罷黜乃至丟了性命，但是宦官並沒有就此收手的意思。朝臣的幾次上書讓宦官意識到，士人集團雖然再次被禁錮，但是他們並沒有認輸，一直在積極擁護李膺、王暢，準備東

山再起。

既然士人不甘心，宦官集團也不客氣，他們的爪牙四處查訪，準備將士人都殺了，以絕後患。

很快，他們就盯上了張儉。

張儉是漢初趙王張耳後人，父親張成曾任江夏太守。張儉平生不畏強權，極具俠義之風，是黨人的骨幹之一。張儉最初被鄉里推舉為茂才，但是他瞧不起刺史，託病不出。

延熹八年（西元165年），山陽太守翟超邀請張儉任東部督郵。當時，中常侍侯覽家在防東，其家人殘害百姓，無法無天。張儉經過調查走訪，掌握證據後立刻參了侯覽一本。

不料侯覽的權勢太大，張儉的奏章還沒有送到皇帝面前，就被扣了下來。張儉也不示弱，他果斷派兵，抄了侯覽的家，然後繼續上書彈劾侯覽。這封奏書雖然又石沉大海，但是張儉卻已名聞天下，頗得百姓擁護。

這下子，張儉和侯覽結下了不共戴天之仇。

沒過多久，黨錮之禍爆發，宦官擊敗黨人，大開殺戒。侯覽趁此機會公報私仇，他搞出了一個「鉤黨」罪名，將自己的仇人一一登記在冊，然後指示心腹朱並上書彈劾。

朱並原是張儉的同鄉，因品性卑賤，攀附權貴，素與張儉不和。接到侯覽的指示後，他當即上書誣告張儉與同郡「八俊」、「八顧」、「八及」共計二十四人共為朋黨，企圖危害國家。（此處是朱並藉此稱號告發，此二十四人與黨人公認的「八俊」、「八顧」、「八及」不同。）

這封奏疏引起了皇帝的高度重視，劉宏下詔，在黨錮名單中刪掉了朱並的姓名，下發了海捕文書，追捕張儉等人。

張儉自此踏上了逃亡之路。

第五章　再次交鋒

逃亡途中，張儉一見人家便前往投奔請求收留。百姓敬重他，寧願冒著家破人亡的風險也會收留。此後，他輾轉逃到山東東萊縣，住在李篤的家中。縣令毛欽拿著兵器追到李篤家門口，李篤為保護張儉，拉著毛欽說：「張儉是天下知名的君子，大家都知道他是無辜的，今天你忍心把他抓走嗎？」

毛欽拍著李篤的肩膀道：「蘧伯玉以獨為君子可恥，你為何一個人獨專仁義？」

李篤會意，明白毛欽想放了張儉，順水推舟道：「我想分仁義，請您載一半去。」

毛欽嘆息而去，李篤隨後把張儉送到了塞外。

張儉自逃亡以來，有數十戶百姓因掩護他被誅滅，宗族親屬盡皆被滅。即便如此，沒有一戶人家透露張儉的行蹤，他們用自己乃至合族的性命保護張儉，為天地留了一股正氣。

張儉和魯國人孔褒是舊友，當初他去投奔孔褒時，正好孔褒不在家，孔褒的弟弟孔融年僅十六歲，自作主張把張儉藏在了家中。後來事情洩漏，張儉雖然得以逃脫，但是魯國相將孔褒、孔融逮捕，送進監獄。但是在處罰誰的問題上，地方官員犯起了難。

孔融一口咬定，說自己是匿主：「保護張儉並把他藏匿在家的，是我孔融，應當由我抵罪。」

孔褒則把責任攬到了自己身上：「張儉是來投奔我的，不是弟弟的罪過，這事跟他沒關係，一切責任由我承擔。」

負責審訊的官吏詢問他倆的母親，孔母說：「一家之事，由家長負責，應該由我抵罪。」

母子三人爭相赴死，地方官也沒轍了，只得向朝廷請示。皇帝隨後下

詔，判定將孔褒誅殺抵罪。

「八顧」之一的夏馥聽聞張儉一路逃亡，導致掩護收留他的人被官府誅殺，對他的行為很是不齒：「自己作孽，牽連無辜百姓，一人逃亡，禍及萬家，你張儉還有什麼臉面活著？」

為了不牽連他人，夏馥剃光鬍鬚，喬裝打扮，逃入山中隱姓埋名，當起了冶煉的傭工。夏馥本是十指不沾陽春水的讀書人，做這種粗活，哪裡受得了？不久就憔悴不堪，不像人樣了。

夏馥在山林中躲了好幾年，沒有人知道他的身分。夏馥的弟弟夏靜後來帶著縑帛找到他，夏馥不肯接受，對夏靜說：「你為什麼把災禍帶過來送我？」

遺憾的是，夏馥沒有等到黨禁解除便去世了。

宦官們繼續將他們看不慣的素有名望的大臣通通拉進了黑名單，指責他們為鉤黨者，請皇帝下詔把他們交給地方官府拷打審問。

劉宏當時只有十四歲，不太懂「鉤黨」是何意，就問身邊的曹節：「什麼是鉤黨？」

曹節耐心解釋道：「鉤黨者就是相互勾結的黨人。」

小皇帝聽不明白，又問：「黨人犯了什麼大罪，為什麼非殺不可？」

曹節再答：「他們互相推舉，結成朋黨，準備有不軌行動。」

劉宏還是不懂，繼續追問：「他們圖謀不軌想做什麼？」

曹節看著呆頭呆腦的皇帝，加重語氣答道：「不軌就是要推翻國家呀！」

小皇帝年紀小，聽到黨人欲圖謀自己的皇帝之位，只得批准了宦官的奏請，下詔逮捕李膺、杜密、朱宇、荀翌、翟超、劉儒、范滂等人。

很快，一場搜捕黨人的風暴席捲全國，而且比上一次還要猛烈得多。

李膺首當其衝，他是黨魁，是士人領袖，此時正在老家隱居。消息

第五章　再次交鋒

傳出來後，有人勸他暫時逃避，李膺說：「做事情不推辭艱難，犯了罪不逃避刑罰，這是做臣子的節義。吾年已六十，死生有命，還能逃到哪裡去？」

說罷，李膺自行前往詔獄，受酷刑拷打而死。李膺的家人被發配邊疆，門生故吏及其父兄都被禁錮，終生不許做官。太僕杜密也被逮捕，之後自殺。

第六章
靈帝時代

第六章　靈帝時代

黨錮餘燼

　　侍御史景毅的兒子景顧，是李膺的學生，由於在黑名單上沒有他的名字，所以逃過一劫。但是景毅不以為榮，反以為恥：「我本來就認為李膺是一代賢才，所以才讓兒子拜他為師，豈可以因為名冊上脫漏而苟安於世？」

　　他主動上表免歸，時人稱頌其義。

　　汝南督郵吳導接到逮捕范滂的詔書後，內心陷入了極度糾結中，他緊閉驛站旅舍的屋門，抱著詔書伏在床上哭泣。縣裡的官吏不知緣由，此時已賦閒在家的范滂得到消息後，肯定地說：「這一定是為我而來。」

　　范滂於是自行到監獄報到，縣令郭揖大吃一驚，說：「天下大得很，你怎麼偏偏到這個地方來了？」

　　和巴肅的遭遇一樣，縣令當即解下印綬，拉著范滂要跟他一起跑路。

　　范滂不肯，拒絕了他的好意：「我死了，這場大禍也就到此為止了。哪能連累你？況且我還有老母，難道要讓老母流離失所？」

　　范滂的母親來和他訣別，范滂眼含熱淚，向母親告別：「兒子不孝，不能為您養老送終了，弟弟孝順恭敬，足可供養您，我要追隨父親歸於九泉之下，生者和死者各得其所。還望母親捨棄不忍之情，不要太難過。」

　　母親強忍悲痛，安慰范滂：「你今天得以和李膺、杜密齊名，死有何恨？既已享有聲名，又要盼望長壽，二者豈能兼得？」

　　范滂跪倒在地，聆聽母親教誨，而後起身告別。

　　一旁的兒子已經哭成了淚人，范滂留了句話給他：「我想要你為惡，可惡不可為；要你為善吧，但是我不為惡，竟是這般下場！」

　　說罷，掉頭而去。

過路的人見此情景，無不感動流涕。

將時針撥到九百年後的北宋，當時的蘇洵常在外遊學，蘇軾及其弟蘇轍都是由母親程氏親自教讀。蘇軾從小就熟讀經史，心懷壯志，十歲那年，他見母親看《後漢書‧范滂傳》後，慨然嘆息，就問：「若我做像范滂一樣的人，母親會同意嗎？」

母親答道：「你能做范滂，我難道就不能做范滂的母親嗎？」

母親的教導影響了蘇軾的一生，成年後的他宦海浮沉，甚至幾度入獄，但是他和范滂一樣，明知自己所為的結果，仍義無反顧。

岑晊逃亡，親朋好友紛紛助其藏匿，唯獨在同樣遭到禁錮的賈彪這裡吃了閉門羹。當時的人不理解，以為是賈彪嚇破了膽，賈彪解釋道：「《春秋》有言：『相時而動，無累後人。』岑晊要挾君主挑起釁端，自受其禍，我不能奮戈相待，豈能反過來幫他躲藏？」

這話如果出自普通人之口，必定會招來一片罵聲，但是唯獨出自黨人賈彪之口，誰都不敢吐槽，只是敬佩他有勇氣開了這個口，阻止黨人逃亡以免連累普通百姓。

第二次黨錮之禍中，李膺、范滂等人就義，杜密、魏朗等人自殺，大部分黨人菁英丟了性命，先後有一百餘黨人被殺，妻子兒女被放逐邊郡。

黨人被接連清洗，宦官集團仍不罷手，他們藉著這個機會，肆意擴將痛恨的豪傑及有德行節義的知識分子指控為黨人。地方官員秉承宦官及上司的旨意，將一些無辜者也指控為黨人。

此次對黨人的屠殺和迫害中，被處死、流放、關押、禁錮的多達六七百人。如果加上受牽連的親屬、門生、故吏，其人數更是不可估量。

黨人被打入了深淵，永世不能翻身，大漢王朝籠罩在一片悽迷的寒煙之中。

第六章　靈帝時代

宦官權勢滔天，在朝中再無敵手，沒有人敢為黨人說情，甚至沒有人敢同情黨人的遭遇。朝中公卿百官如同木偶泥塑，一個個緘口不言，只機械地應付手頭的工作。

小皇帝劉宏身邊整日圍繞著一大群宦官，他們不斷洗腦他，告訴他黨人的陰險和狡詐，甚至威脅小皇帝，如果不對黨人保持高壓狀態，這夥人一旦東山再起，必定會奪了他的江山，趕他下臺。

在宦官們的洗腦下，劉宏對黨人深惡痛絕，他只信任身邊的這群宦官。

建寧四年（西元 171 年）正月，劉宏年滿十六歲，算是成年了。成年就得行成年加冠禮──加元服，相應地，劉宏開始了他的親政生涯。

其實，眼下的朝廷中黨人早已被清除乾淨，大臣唯唯諾諾，宦官一家獨大。當初輔政的竇太后、竇武、陳蕃早已成為過往雲煙，所謂的親政只是個過場，因為朝政依然掌握在宦官手中，劉宏依然被宦官擺布。

元服大典儀式結束後，劉宏登上城樓，照例賞賜群臣，大赦天下。

但是，唯獨黨人不在赦免之列。

黨人是朝廷的禁忌，是宦官的心病，沒有人敢提及，朝中一片沉默。

熹平五年（西元 176 年）閏五月，身為中立派的永昌太守曹鸞實在是看不過去了，上了一封奏書給皇帝：

「夫黨人者，或德高望重，或衣冠英賢，皆是朝廷股肱、國家棟梁，如今卻久被禁錮，或辱於田野。謀反大逆者尚可大赦，黨人何罪，獨不開釋？所以災異屢見，水旱並至，皆是由此所致。朝廷應對他們平反昭雪，以合上天之意。」

劉宏看完奏章，勃然大怒，下詔命司隸校尉和益州官府逮捕曹鸞。

曹鸞早已把生死置之度外，當囚車停到永昌郡衙大門外時，他整理好

衣衫，平靜地上了囚車，隨後被押到洛陽監禁。宦官惱怒曹鸞為黨人鳴冤，根本不給他申辯的機會，將其嚴刑拷打致死。

隨即，劉宏又下發了一道更嚴厲的詔書，要求各州郡官府再次搜捕黨人，黨人的門生、故吏、父子、兄弟凡是當官的全被免職禁錮，終生不得做官，黨人五服之內的親屬都遭到牽連。

兩年後，隨著朝中政治格局發生變化，時任尚書的盧植用較為委婉的口氣，冒險為黨人求情，希望皇帝能夠赦免黨人。

此時劉宏對黨人的態度已發生鬆動，這一次，他沒有斥責盧植，也沒有批准他的提議。

靈帝沒有表態，這在士人看來就是一個正面訊號：黨錮之案有了轉機！

第二年，上祿縣長和海試探性地提了個建議，說：「按照祖宗規矩，父子兄弟罪不相及，現在黨人錮及五族，尤其是從祖兄弟，不合禮法，應該予以糾正。」

沒想到，這個提議得到了劉宏的回應，他宣布黨錮案中以從祖關係被牽連者，從即日起解除禁錮。

士人以為看到了希望，想尋求進一步突破，但是事實證明，劉宏並不想解除對黨人的禁錮。

直到中平元年（西元184年），張角領導的黃巾軍席捲中原，劉宏被搞得焦頭爛額之際，北地太守皇甫嵩提議解除黨禁，以救國難。

劉宏也拿不定主意，又去問中常侍呂強。呂強雖然也是宦官，但他是個有良知的宦官，同情黨人的遭遇。他對皇帝說：「黨錮年久，人情怨憤，若不寬赦黨人，輕則與張角合謀，加變禍亂，到時候悔之晚矣。請陛下先誅左右貪腐者，大赦黨人，委任為刺史、太守，則大盜必平。」

劉宏無計可施，只得開了口，赦免天下所有黨人，召還被流放者。

第六章　靈帝時代

「黨錮之禍」貫穿桓、靈二朝，前後長達十八年之久，宦官勢力在天子的支持下逐漸占據上風，士人菁英慘遭大肆殺戮，這是東漢歷史上的黑暗時代。

黨錮之禍是東漢末年的一件大事，讓我們簡單地復一下盤。

先問一個問題：士人集團為何會失敗？

僅僅是因為皇帝偏袒宦官，搞政治平衡嗎？

我認為不全是。

士人失敗的原因不是別的，是結黨。結黨，威脅了皇權。

士人為了在這場政治博弈中占得先機，大造輿論，甚至還公然抱團結黨。在此期間，他們還拉上了太學生，如滾雪球般壯大隊伍，擴大士人影響，提高士人實力。他們掌控了民間輿論，用無所不向的清議批評皇帝、議論時政、指點江山。他們甚至還評選出了自己心目中的大名士榜，將清議的浪潮推向高潮，席捲全國。

士人的這種做法，還是受到了不少人的指責，他們認為在士人的號召下，海內希風之流共相標榜。

士人慷慨激昂，大有前赴後繼的精神，可是問題在於，他們考慮過皇帝的感受嗎？皇帝會乖乖接受這種輿論綁架嗎？

顯然不會！

就在眾人熱血沸騰為清議推波助瀾之際，名士申屠蟠替他們澆了他們一盆冷水。

他說，東周末年就有不少隱士肆意議論國家大事，在戰國時期獲得了極大的聲望，各國君主甚至親自為他們執帚掃除作為前導。但是，秦始皇完成大一統後，出現了焚書坑儒的慘禍。今日之事，必當重蹈覆轍！

申屠蟠很清楚，東漢雖然政治開明，但是畢竟是皇權體制，皇帝是絕

對不會允許士人爬到自己頭上的。

在當時眾多的名士中，申屠蟠是個另類，他九歲喪父，因家中貧困，受僱做漆匠。郭泰和蔡邕對他頗為看重，有一次蔡邕被州裡徵召，他推薦了申屠蟠：

「申屠蟠品德出眾，父親去世後哀毀過禮，服除，不進酒肉十餘年。他安貧樂道，不為燥溼輕重，不為窮達易節。和我比，申屠蟠年齡比我大，德行也比我賢。」

然而，當地方官準備召他為主簿時，申屠蟠卻不願出任，而是隱居治學，潛心研究《五經》和圖緯。

申屠蟠知道自己的提醒不會有任何效果，他索性斷絕了與士人的往來，銷聲匿跡，躲到僻地，找了個樹洞當屋，靠替人幫傭生活。

司馬光在《資治通鑑》中這樣評論黨錮之禍：「天下政治清明時，正人君子在朝廷上揚眉吐氣，依法懲治小人的罪過，沒有人敢不服從；然而天下政治混亂時，正人君子閉口不言，尚且難以避免小人的陷害。黨人生在政治昏暗混亂的時代，又不擔任朝廷的高官顯位，卻很理想化地打算用輿論去挽救。他們肆意評論人物善惡、政策優劣，這就猶如用手去撩撥毒蛇的頭，用腳踐踏老虎和豺狼的尾巴，必然會遭受酷刑、牽連朋友。」

既然這種方式不可取，那麼，在這樣的黑暗局勢下，士人該如何抉擇呢？

司馬光也給出了自己的答案，他認為，在那樣的局勢下，正人君子唯一的選擇就是明哲保身。比如申屠蟠，他一看形勢不對，立刻從人們眼前消失，徹底隱居起來，最後免遭黨錮之害。名士郭泰也選擇了明哲保身，最終也得以平安度過這段時期。

世道昏暗，黑白顛倒，廟堂之上豺狼橫行，司馬光的選擇是明哲保

第六章　靈帝時代

身，並且稱讚申屠蟠和郭泰的苟活。可是問題在於，那些有朝氣有理想的莘莘學子，那些立志為往聖繼絕學、為萬世開太平的士人，怎麼可能拋棄自己的信仰和理想，對眼前的黑暗與汙濁視若無睹，不聞不問？

竇太后之死

鏡頭移向洛陽南宮。

自從竇太后從權力的巔峰跌落後，她就被關到了這裡，每日與悽風苦雨相伴。她恨，恨宦官欺騙自己，恨父親種下禍根，恨自己不辨忠奸，最終落得這個地步。

遠在深宮之中的小皇帝劉宏，他會寬恕這位名義上的母親嗎？

劉宏一直都很糾結。

竇太后雖然不是他的親生母親，卻是他成為皇帝的重要推手，如果沒有她，劉宏是絕無可能坐上皇帝之位的。雖然身邊的宦官們一再強調當初竇太后串通竇武想要廢了他，但是劉宏總算還有良心，他知道宦官的話不可盡信，自己必須要做點什麼。

在竇太后被打入冷宮兩年後，劉宏終於衝破了宦官的阻礙，帶著滿朝文武來到南宮，熱熱鬧鬧地為竇太后擺宴祝壽。

這是一個訊號，表明皇帝對竇太后的態度正在發生轉變。

黃門令董萌見皇帝開始親近竇太后，趁熱打鐵，多次為竇太后訴冤，劉宏隨後增加了竇太后的生活費。

然而，未等劉宏邁出下一步，曹節、王甫等人就看出了端倪，他們誣告董萌誹謗皇帝的母親董太后，將他下獄弄死了。

竇太后之死

竇太后心中好不容易燃起的一線希望就這樣破滅了。

一年後的熹平元年（西元 172 年）六月，竇太后聽到了一個消息，被放逐到萬里之外的母親病故了。

竇太后悲痛不已，她在這世上再無親人，也再無牽掛，終於撒手西去。

對竇氏積怨甚深的宦官們將竇太后的屍首從南宮拉到城南市舍，還向皇帝提出，準備用貴人的禮儀來埋葬。

卻不料，劉宏對竇太后的死很是傷感，宦官想降格用貴人之禮下葬，這讓劉宏有些惱怒，他難得地冷著臉，對曹節、王甫等人說道：「竇太后擁立朕為皇帝，繼承大業，《詩經》云：『無言不讎，無德不報』，怎能用貴人之禮為她送終？」

宦官拗不過皇帝，只得按照太后的規格為其下葬。

然而，事情並沒有就此結束，宦官們沒能阻止竇太后享用太后之禮，轉而阻止她和桓帝合葬，要為她另尋他處，而把馮貴人的屍身移來與桓帝合葬。

劉宏剛剛為竇太后爭得太后之禮，他不想和宦官再起衝突，於是召集公卿百官在朝堂上討論此事。為了留點面子給宦官，他讓中常侍趙忠主持會議。

大會規模空前，三公、九卿等文武百官都接到了通知，務必參會，不得請假。

當時，太尉李咸正臥病在床，他接到通知後，掙扎著起身，隨身攜帶了毒藥，抱病上車參加朝議。臨走時，他留下一句話給妻子：「若皇太后不得配食桓帝，吾不生還矣！」

朝議開始了。

到場的公卿大臣有數百人，萬頭攢動，但是大夥兒都忌憚宦官的權

161

第六章 靈帝時代

勢,只是互相觀望,沒有人肯先發言。

趙忠清了清嗓子,高聲道:「今日召集大家是為了商議皇太后下葬一事,大夥兒都說一說吧!」

眾人你看看我,我看看你,依然沒人發言。

廷尉陳球見狀,第一個站了出來,凜然道:「皇太后出身有盛德的良家,母儀天下,宜配先帝,是無所疑!」

趙忠對陳球的提議大為惱火,暗含威脅道:「那就請陳廷尉趕快執筆起草議案。」

陳球不理會趙忠的威脅,接著說道:

「皇太后身處深宮之中,天賦聰明,兼備天下之母的儀容和品德。遭逢時世艱危,太后援立陛下為帝,繼承皇家宗廟祭祀,功勳卓著。先帝去世後,朝中興起大獄,皇太后被遷往南宮居住,不幸早逝。竇家雖然有罪,但是事情並非太后主使發動,而今倘若改葬別處,會讓天下人失望寒心。馮貴人的墓曾被盜賊發掘過,骨骸已經暴露,與賊寇屍骨混雜,魂靈蒙汙。何況馮貴人對國家又沒有任何功勞,有什麼資格配享至尊?」

趙忠氣得臉色大變,惡狠狠地對陳球說:「陳廷尉的提議真好呀!」

陳球絲毫不懼,越發慷慨:「陳蕃、竇武既已蒙冤,竇太后又無故被幽禁,我一直很痛心,天下之人無不憤慨嘆息!今天我既然已經把話說了出來,日後遭到報復也絕不後悔,這正是我的願望!」

聽到這裡,李咸也熱血沸騰:「陳廷尉說得好!我贊同!」

公卿百官也被陳球的發言所打動,紛紛表態支持陳球。

群情激憤,主持人趙忠滿頭大汗,已壓不住陣腳,一旁的曹節、王甫仍繼續爭辯道:「當年梁皇后為先帝正妻,後因梁家犯惡逆大罪,梁皇后別葬懿陵;武帝廢黜正妻衛皇后,而以李夫人配享。如今竇家罪惡如此深

重，怎麼能和先帝合葬？」

討論會變成了聲討大會，宦官說不過群臣，只得宣布散會。

李咸沒有回家，他當即起草了一份疏文，繼續為竇太后申辯：

「章德竇後虐害恭懷，安思閻後家犯惡逆，兩位太后犯下大錯，而和帝無異葬之議，順朝無貶降之文。至於衛皇后，那是孝武皇帝廢棄的，無法對比。今竇太后有尊號在身，曾經親臨朝政，且援立聖明，光隆皇祚。太后以陛下為子，陛下豈得不以太后為母！子無黜母，臣無貶君，宜合葬宣陵，一如舊制。」

李咸堅持向皇帝施壓，要求他以身作則，為天下的孝道做個榜樣，不要遺棄這個道統意義上的「母親」。

劉宏沒法再推諉，只得下詔採納了李咸的意見，將竇太后安葬在桓帝宣陵，諡號為桓思皇后。

竇太后的葬禮結束後，有人利用竇太后之死來打擊宦官，三更半夜跑到朱雀門張貼大字報：「天下大亂，曹節、王甫幽殺太后，公卿皆屍祿，無忠言者！」

這事鬧得沸沸揚揚，在曹節、王甫的督促下，劉宏下詔，命司隸校尉劉猛負責追查搜捕張貼大字報的人，並規定每十天彙報一次。劉猛卻認為這些大字報寫得好，說出了大夥兒不敢說的話，不肯加緊搜捕。

過了一月有餘，劉猛仍沒抓到貼大字報的人，劉宏大怒，將其貶為諫議大夫，提拔御史中丞段熲接替劉猛。

段熲雖然是帝國名將，但是他跟宦官交情不錯，接到任務後派人四處追查搜捕，逮捕和關押了一大批嫌疑人，其中有不少是太學的學生。曹節等人又指使段熲誣告劉猛，使劉猛被發配到左校營服勞役，而段熲則憑藉著這份大功坐上了太尉之位。

第六章　靈帝時代

這是士人集團和宦官集團的又一次較量，士人集團再次以失敗而告終，宦官集團的氣焰更加囂張。

曹節的弟弟曹破石任越騎校尉，他手下有個叫五百的將官，妻子長得特別漂亮。曹破石看上了這個女人，要五百讓出來，性格懦弱的五百不敢反抗，回家後灑淚相告，其妻性情剛烈，憤而自殺。

王甫的養子王吉任沛國相，這傢伙性格殘酷暴虐，以殺人為樂。他殺完人，還要把屍體剁成幾塊，放到囚車上，張貼罪狀，拉到所屬各縣陳屍示眾。夏季天熱，屍體很快腐爛，王吉又讓人用繩索把骨骸穿連起來，繼續遊街示眾，當地百姓無不震駭恐懼。

酷吏：陽球

王吉在任五年，共殺了一萬餘人，百姓敢怒不敢言。尚書令陽球性情剛烈，拍著大腿憤憤道：「如果我能擔任司隸校尉，怎會讓這群兔崽子橫行霸道？」

陽球是當時有名的酷吏，他從小習武，性情暴烈，好刑法之學。有一次，當地一個郡吏辱罵其母，陽球一氣之下糾集了幾十個少年，追上門去殺了那名郡吏，滅其家門，由此聞名全郡。

不久之後，陽球被舉為孝廉，由此步入仕途。

很多人看到這裡都會有一個疑問，陽球滅人滿門後，為何沒有受到法律的制裁，反而被官府提拔？

要說清這個事，不得不提到一個詞：血親復仇。

如果有一天，自己的父母親人被仇人殺害，該不該復仇？

對於這個問題，古代明確規定了血親復仇權，儒家經典《周禮・朝士》有記載：「凡報仇讎者，書於士，殺之無罪。」西周時，朝廷司寇處有一個叫「朝士」的機構，如果自己的父兄為人所殺，就可以到這個機構登記仇人的姓名，則殺死仇人無罪。

《禮記・檀弓》中有這樣一段對話，有人問：「居父母之仇如之何？」夫子答：「遇諸市朝，不反兵而鬥。」也就是說，在街上遇到有血親之仇的人，就算手頭沒有兵器，也要勇於直接上前單挑。

《禮記》中還有一句話：「父之仇，弗與共戴天。」更有甚者，有九世之仇可報之說。《公羊傳》中講：「九世猶可以復仇乎？雖百世可也。」

血親之仇過了九世能不能報呢？別說九世，過了百世都要報！

但是到了東漢，朝廷對於血親復仇開始態度曖昧，有時禁止，有時放縱。若承認血親復仇，朝廷法度何存？若不承認，朝廷提倡的孝道往哪裡安放？

建武二十五年（西元 49 年），有個叫防廣的為父報仇，殺人後進了監獄。就在等待執行死刑時，母親病故了，防廣知道後，在牢中整日哭泣，不肯吃東西。縣令鍾離意很同情防廣，特意放他回去為母親辦理喪事，當時縣裡的其他官員擔心防廣會因此逃亡，紛紛反對，鍾離意說：「出了事，責任在我。」

防廣信守諾言，辦完母親的喪事後，主動返回監獄。鍾離意將此事向上級彙報，上級得知此事後免除其死刑。

靈帝時還有個故事，酒泉郡有個叫趙娥的女子，嫁給了一位姓龐的男子為妻。趙娥的父親趙君安被同縣的豪強李壽殺死，趙君安有三個兒子，這個報仇任務本應該由他們完成，但是不巧，兄弟三人相繼死於瘟疫。

李壽大喜，召集宗族慶賀，說趙娥只是一弱女子，不足為憂。

第六章　靈帝時代

趙娥怒了，她買了一把利刃，每夜磨刀，藏在身上，伺機報復。李壽聽說趙娥要報仇，出門都是騎馬帶刀，時時提防。

鄰居都勸她：「妳一個弱女子，怎麼報仇？還是算了吧！」

趙娥憤然而起，道：「你們笑話我，無非以為我一個弱女子不能殺李壽，我偏要殺給你們看看！」

日盼夜盼，終於有一天，趙娥在大街上碰到了李壽，持刀高呼李壽的名字。李壽驚愕，回馬欲走，但是趙娥死死纏住不放，最終將其擊殺，然後到官府自首。

縣令對趙娥的行為很是佩服，他若逮捕趙娥，違背了自己的良心，可是律法無情，這位縣令為了兩全其美，竟然辭官不做了！

趙娥不肯，說：「為父報仇是我的責任，嚴明法紀是您的職責，怎能因為我一人而枉法？」

官吏拗不過趙娥，只得將其關進監獄，此後恰逢大赦，趙娥被釋放，從此天下知名。

回到陽球身上，他因殺死辱母的官吏，反成其至孝之名，被地方推選為官。

當時，九江賊寇作亂，數月未能平息，地方官焦頭爛額，朝廷任命陽球為九江太守。作為東漢酷吏的代表，陽球慣用以殺止殺，以暴制暴，他到任後，立即開展了一場肅清行動，嚴厲取締賊寇，並在幹部隊伍中展開了一場大清洗。在他的鐵腕手段下，肆虐多年的賊寇被一網打盡，郡中奸吏被盡數誅殺。

此後，陽球調任平原相。當時天下大旱，司空張顥上書舉報苛刻殘酷和貪汙受賄的官員，建議將這些人全部免職。陽球因為為政太過嚴酷，被召去廷尉府受審，好在皇帝保他，任命他為議郎。

> 酷吏：陽球

很顯然，此時的皇帝劉宏有了自己的主見與判斷，再也不是那個無條件信任宦官任其糊弄的傻小子，他開始有意抑制宦官勢力。

這個轉變是從什麼時候開始的呢？我認為是在竇太后去世不久。

這麼說是有依據的，當初竇太后去世後一個月，劉宏突然下旨，以專權驕奢的罪名賜死了大宦官侯覽。

侯覽是宦官集團的核心人物，桓帝時他因誅梁冀有功，進封高鄉侯，後遷為長樂太僕。任官期間，專橫跋扈，貪婪放縱，大肆搶掠官民財物，先後奪民田地一百一十八頃、宅第三百八十一所，模仿宮苑興建府第十六處。他還掠奪婦女，肆虐百姓，為其母大起塚墓。督郵張儉破其家宅，籍沒資財，侯覽為了報復，誣張儉與長樂少府李膺、太僕杜密等為黨人，造成歷史上有名的黨錮之禍。

這是劉宏第一次對宦官痛下殺手，朝中官員和士人立刻察覺到了風向的轉變，開始反擊宦官集團。

時任永樂少府的陳球看出了劉宏的意圖，也聽說了陽球的那句憤慨之語。既然陽球有志懲治宦官，自己索性助他一臂之力，陳球聯繫了司徒劉郃，準備推薦陽球為司隸校尉。

劉郃是漢室宗親，哥哥是劉儵，當年和大將軍竇武共同策劃誅殺宦官，結果被宦官反殺。因為這件事，劉郃與宦官有著很深的仇恨。

陳球對劉郃說道：「公出身宗室，位登臺鼎，天下瞻望，社稷鎮衛，豈能唯唯諾諾，隨聲附和，深恐得罪別人而無所作為？現今曹節等人肆意為害，而您久在皇帝左右，您的哥哥劉儵就是被曹節等人殺害的。何不上表奏請朝廷，推薦衛尉陽球出任司隸校尉，讓他逮捕誅殺曹節等人。政出聖主，天下太平，可翹足而待也！」

劉郃尚有疑慮，道：「宦官耳目眾多，就怕我們這邊還沒商議妥當，

第六章　靈帝時代

就被宦官消滅了。」

尚書劉納為人正直，也向劉郃進言說：「您身為國家棟梁，國家行將傾覆而不扶持，還要您這種輔佐做什麼？」

在兩人的勸說下，劉郃終於下定決心，三人共同推薦陽球為司隸校尉。

果不其然，劉宏很快就批准了這項任命，陽球順理成章，坐上了司隸校尉的位子。

司隸校尉，是監督京師和周邊地方的監察官，官秩比二千石，論官級低於中兩千石的九卿，更低於列侯和三公，但是這並不代表司隸校尉不重要。廷議時需要發揮司隸校尉無所不糾的作用，所以位次在九卿之上，進賀時在九卿之下。

陽球一上任，就接到了京兆尹楊彪的舉報信，說王甫指使門客在京兆附近，非法以極低的價格收購了價值七千餘萬錢的官家財物。

這對陽球而言是一個絕佳的機會！

他藉著入宮謝恩的機會，以楊彪的舉報為突破口，彈劾王甫勾結中常侍淳于登、袁赦、封易等人，以及子弟為太守、縣令者，邪惡狡猾、肆意妄為，其滔天罪惡足以滅族；太尉段熲諂附奸佞，助紂為虐，宜一併處死。

劉宏早有打算，當即批了「同意」兩個字。

此時，王甫正在家休假，段熲因日食正在家反省，陽球立即動手，派人將王甫與養子王萌、王吉及段熲等人全部逮捕，送往洛陽監獄。

酷吏出身的陽球對審訊工作頗有心得，他親自到監獄坐鎮，五種酷刑都用了，打得王甫等人皮開肉綻、鬼哭狼嚎。

王甫的養子王萌見到這般光景，知道自己是絕無可能活著走出監獄大門了，就哀求陽球說：「我們自知罪大惡極，但是求您看在同朝為官的分上，寬恕我父親一條性命，讓他少受點罪吧！」

酷吏：陽球

陽球聽罷，眉毛一橫，道：「你們犯下的罪惡罄竹難書，如何能夠寬恕？」

王萌自知落到陽球手裡，再無生還的希望，於是破口大罵起來：「你以前像奴僕一樣侍奉我父子，奴僕竟敢反叛主人？今天你折磨我們，將來你也不會有好下場！」

陽球大怒，讓人用土堵住王萌的嘴，棍棒俱下，活活打死了王甫父子，段熲也被逼自殺，財產被沒收，妻子兒女流放南越。

王甫死後，屍體被拖到城門口示眾，陽球在旁邊掛了一個很大的告示，上書「賊臣王甫」。

首戰告捷，陽球等人很是振奮，打算再接再厲，將其他宦官和爪牙們一個個拉下馬。他的下一個目標是大宦官曹節，卻被劉宏攔下了，他告訴陽球：「此事先不著急，先去處理那些豪門大族。」

陽球的一系列酷烈手段嚇得豪門權貴戰戰兢兢，頓時收斂了不少，本來無所畏懼的曹節這下也被嚇得不輕，為了不被陽球抓到，他整天都待在宮裡，放假也不回家。

後來因為替順帝的妃子虞貴人送葬，曹節才出了趟門，見到王甫的屍體被扔在路邊，憤恨地說道：「我們可以自相殘殺，但是怎麼能讓狗來舔我們的血？」

曹節對眾常侍說：「今天暫且全部進宮，不要回自己的家。」隨後，他直接進宮，以近似哀求的口吻對劉宏說道：「陽球原是酷吏，以前三府上書說應免去他的官職，因為他在九江時的微末功勞，又被提拔任用。像他這種人喜歡胡作非為，不宜讓他當司隸校尉，以免放縱他的暴虐。」

看著身邊宦官低三下四的可憐模樣，劉宏的內心得到了極大滿足，他認為自己已經樹立了權威，讓所有人敬畏。既然目的已經達成，是時候收手了。

第六章　靈帝時代

劉宏下詔，將陽球改任為衛尉。

當時陽球在外拜祭帝陵，正當他向歷代皇帝大申壯志之際，卻接到了一紙詔令，他被免了司隸校尉之職，改任衛尉。

陽球當場就糊塗了，等他反應過來，立即奔向宮中，求見劉宏。

面對威嚴的皇帝，陽球跪倒在地，泣聲道：「臣素無清高之行，幸蒙鷹犬之任。前雖誅王甫、段熲，但是這些人只是狐狸，未足宣示天下。願再給臣一個月時間，必令豺狼鴟鴉各服其罪！」

一邊說，一邊把頭磕得咚咚直響，血流了一地。

陽球是豁出去了，他知道，今日一旦被降職，自己必將遭到宦官集團的猛烈報復！

他已經沒有了退路！

然而，從金鑾殿深處傳來的聲音嚴厲而陰森：「衛尉是否拒絕受詔？」

陽球繼續申辯，劉宏還是喝斥。

反覆再三，陽球絕望了，只得接受衛尉一職。

形勢再度逆轉，曹節兼任尚書令，重新大權在握，立即展開了報復行動，調查當初陽球是怎麼當上司隸校尉的。很快，他們就查到，陽球的小妾是宦官程璜之女，一夥人威逼利誘，終於得知原委。隨後，他們將劉頜、陳球、劉納與陽球私下來往的行為上報給皇帝。

劉宏很清楚是怎麼回事，本想維護，但是宦官們不依不饒，只得將陽球逮捕下獄，隨後處死，妻子兒女流放邊疆。

宦官的勢力依然龐大，劉宏本想效仿桓帝，在朝中搞平衡，打壓宦官，然而他每邁出一步，總要遇到重重困難。他起用了陽球，想借他的手震懾一下宵小，卻最終被宦官抵制，以慘敗收場。

官位有價

宦官執掌帝國的權柄，那麼此時的皇帝在幹嘛呢？

答案是：在斂財。

聽上去很荒唐，但是事實確實如此，劉宏的日常工作主要就是斂財。

劉宏是個很愛錢的皇帝，他生來就是天潢貴冑，承了父位的侯爵，可他總覺得錢不夠花。好不容易天上掉餡餅，當了皇帝，本以為有大把的財富等著自己揮霍，結果後來才弄明白，國庫是國家的，不能動，皇帝的私房錢由少府管，而且根本滿足不了自己的需求。

劉宏在皇帝的位子上很沒安全感，他做夢都想暴富，可怎麼才能實現這個願望呢？

一般人的思路是加稅，可農業稅根本收不上多少錢，偏趕上這些年收成不好，收不上來多少錢，增加賦稅又怕激起民變，怎麼辦？

劉宏苦思冥想，終於有一天，他一拍腦袋，想出了一個絕妙的主意：賣官。

賣官之事，往往被史官視為亡國之兆，實際上這種事由來已久，有其市，必然有其價。當年商鞅、秦始皇、漢文帝、漢武帝都曾做過這事。

漢武帝的文治武功為後世津津樂道，但是當時的情況是：他很缺錢。

漢匈戰爭持續了四十年，為了籌錢，漢武帝曾公開下詔賣官，名曰武功爵，共有十一級，明碼標價，每一級為銅錢十七萬。買了武功爵的人，有機會可試用為候補官吏，後來還允許小吏拿糧食補官，郎至六百石。有前科禁止做官的人，可以交錢贖取政治自由。買武功爵到千夫位子時，犯罪可以減二等。

第六章　靈帝時代

比如，武帝時有個叫卜式的羊倌，將自己的財產捐給朝廷，被賜為關內侯，此後官拜御史大夫，被樹立成愛國的先進典型。

劉宏為自己的這個天才想法興奮不已，並且很為自己的前任漢桓帝感到遺憾。桓帝在位二十一年，經營不善，經營思想不成熟，沒攢下多少私房錢，真是可惜了。

放眼望去，滿朝諸公個個蠅營狗苟，大官大貪，小官小貪，有幾個肯聽話，用心做事的？以前的官員靠選拔，可是結果呢？朝政還不是搞得一團糟，枉送了好多肥差。

現在看來，這官誰與其平白送出去，不如藉此機會撈一筆，給多少錢，做多大官。這樣一來，官員的問題解決了，自己的私房錢也有了進項，一舉兩得！

想到這裡，劉宏迫不及待地在西園開設了一家賣官爵的機構——西邸，公開出賣官爵。對於賺錢，劉宏有著極大的興趣，他規定，官秩兩千石的高官標價兩千萬錢，四百石的官標價四百萬錢，明碼實價，童叟無欺。

這裡面很有意思的一點是，在賣官的過程當中，劉宏還很重視買官人的道德品格，道德品格好的可以打折，打五折，甚至三折，真是良心賣家。

如果某人特別想做官，可又沒有錢怎麼辦？不要緊，劉宏也考慮到了這種情況，他同意延期付款，先不交錢，到任以後搜刮到了錢，照原定價格加倍償還。

這樣做還有一個問題，天下州郡有富有貧，在富裕的地方做官，可以搜刮更多的民脂民膏，而在貧困的地方做官，油水自然少很多。如果按照統一定價購買，買到富裕郡縣肯定高興，買到貧困地方的肯定不高興了。

為此，有人特意到宮門上書，指定要買某縣的縣令、縣長官職。劉宏

了解這個情況後，立即修改了銷售方案，根據每個縣的大小、貧富等情況，修改縣令、縣長的價格。

不僅小官可以出賣，高官也可以賣，劉宏還讓左右親信宦官、乳母等出賣三公、九卿等高官，當然這個價錢會比較貴，三公的職位賣到了一千萬，九卿的職位賣到了五百萬。

想做官，拿錢來！

東漢以前，皇帝雖然也賣官鬻爵，但是所售多為有爵無權的虛官，相當於一個榮譽頭銜。而到劉宏時連最起碼的底線都不要了，下至縣令縣長，上至三公，只要拿得出錢，都可買賣。

這是一個有著強大需求的市場，不得不佩服劉宏，他以商人特有的敏銳頭腦發現並抓住了這個商機。他是皇帝，官員的任免升遷都需要他批准，想買官只能到他這來，沒人能跟他競爭，完全是壟斷經營。

自從西邸的業務開張後，劉宏的生意一直不錯，滾滾財源就這樣進了他的私房錢，劉宏數錢數到手抽筋，笑得合不攏嘴。

財源廣進，劉宏成了天下最大的富翁，他特意在西邸另外設立一個金庫，專門存放這筆錢。

劉宏賣官可謂雁過拔毛，不放過任何機會，連有名望的張溫、段熲等人，也都是先交足了錢給他，才登上公位的。及至後來，劉宏變本加厲，官員的升遷調動都必須支付三分之一或四分之一的官位標價，讓許多想做官過把癮的人都因無法交納如此高昂的費用而望「官」興嘆，徒喚奈何。

崔烈出身於北方名門望族，做過地方大員，廉潔有能，政績斐然，但總是平調。為了往上爬，他痛下決心，東籌西借湊了五百萬錢，買了個司徒的位子。

到冊拜之日，宮廷舉行隆重的封拜儀式，劉宏親臨殿前，百官肅立階

第六章　靈帝時代

下。看著崔烈春風得意的樣子，劉宏突然覺得他這司徒一職來得太便宜了，忍不住對隨從親信嘟囔：「這位子至少值一千萬呀！」

崔烈買的司徒一職與太尉、御史大夫合稱「三公」，堂堂皇帝竟然做出這種事，彷彿這天下不是他家的，將祖宗的東西各種打包賤賣，真是滑天下之大稽，荒唐到無以復加了。

崔烈上任後心裡不大踏實，想知道社會上有什麼反應，就問兒子崔鈞：「百姓對我當上三公有何評價呀？」

崔鈞據實相告：「論者嫌其銅臭。」這就是「銅臭」一詞的來歷。

宦官張讓和趙忠幫劉宏撈了很多錢，劉宏對這他們十分信任，甚至公開宣稱「張常侍是我爸，趙常侍是我媽」。

上行下效，有了皇帝「以身作則」，底下的各級官員有樣學樣，本著大官大貪、小官小貪的原則，這夥人上任後利用手中權力大肆搜刮錢財。為了早日收回成本，更是加班加點，節日假日也不休息，奮戰在撈錢的第一線。

結果不用說，百姓怨聲載道，天下民不聊生。

貪官汙吏遍布天下，正在掏空帝國這個巨人的軀體。

劉宏不管政事，大權自然落到了宦官手中，比如中常侍張讓，大臣們都以與之結交為榮，每天都在他家門口排著長隊，要求拜見這位宦官。

以張讓的地位，能被他接見的人少之又少，尤其是那些地位不高的人，要見他一面，更是難上加難。

有一個叫孟佗的人，就想了個偏門的方法，他沒有直接去見張讓，而是努力巴結張讓的僕人。都說宰相門前七品官，張讓的這些家奴僕人仗著主人的權勢，也不是誰都能隨便巴結上的。

孟佗原本家境不錯，算得上是個土豪，為了結交這些人，他耗盡了所

有財產,才與張讓的僕人們打成一片。僕人們問他有什麼願望,孟佗回答說:「我別的什麼也不要,只希望你們在適當的時候向我拜一下就好了。」

僕人們一聽:「這有什麼難的?」滿口答應下來。

一夥人商量好後,次日,孟佗再次來到張讓府上。

與往常一樣,門口依然車水馬龍,萬頭攢動,孟佗的車到路口就進不去了。就在這時,張讓的僕人們紛紛跑出來迎接孟佗,並在路邊大禮參拜,引導他的專車駛入大門。

門口排隊等待的人大吃一驚,紛紛小聲議論:「這個孟佗看來和張讓的關係很好啊!」

當然,還有人想到了第二層,既然自己見不到張讓,何不搭上他這條線,請他幫忙轉達一下自己的需求?

想到這裡,他們紛紛把想進獻給張讓卻不得而入的珍寶乾脆送給了孟佗。孟佗照單全收,而後轉手將這些珍寶以自己的名義送給了張讓,讓後者大為歡喜。

靠著這個手段,孟佗最終得到了涼州刺史的職位。

朝中大臣不敢得罪宦官,迫於淫威阿附、順從,就連皇族也得看宦官的臉色。

勃海王劉悝先前在桓帝時被貶為廮陶王,心有不甘,搭上了宦官王甫,只要他能讓天子恢復原來的封地,一旦事成,他願意支付五千萬錢作為報酬。

雙方達成交易後不久,桓帝就去世了,大概是臨死前覺得虧欠劉悝,在遺詔裡恢復了劉悝原來的封國。

這顯然不是王甫的功勞,劉悝不想支付這筆錢給王甫,兩人徹底鬧翻。王甫的報復極其凶悍,他抓了與劉悝關係密切的宦官鄭颯,並指使尚

第六章　靈帝時代

書令廉忠誣告劉悝與鄭颯祕密交通，陰謀迎立劉悝為帝。

劉悝被迫自殺，全家滅門。讓人跌破眼鏡的是，王甫卻憑藉此事混了個冠軍侯。

是的，你沒有看錯，我也沒有寫錯，王甫成了冠軍侯。

我們都知道，冠軍侯有著特殊的含義，取「功冠全軍」之意，是當年漢武帝給霍去病的榮耀，也是武將的至高榮譽。東漢時，賈復、竇憲都曾被封為冠軍侯，而到了東漢末年，一個宦官，竟也接過了這個榮譽稱號，真是對冠軍侯這個稱號莫大的侮辱！

皇帝和官員們吃了個滿嘴油，撈了個盆滿缽滿，可憐的還是老百姓，百姓們被逼得家破人亡、妻離子散、哀號連連，可這些劉宏通通聽不到。

有了錢的劉宏一臉得意，他問一旁的侍中楊奇：「朕與桓帝相比，如何？」

楊奇的回答很幽默：「陛下和桓帝，猶如虞舜和唐堯。」

楊奇正話反說，拐著彎罵人，劉宏怎麼可能聽不出來，他收斂了笑意，譏刺楊奇：「卿真是硬脖子，不愧是楊震的子孫，你死後必然會招來大鳥的。」

劉宏在這裡其實是用了兩個典故，一個是強項令董宣，一個是死後招大鳥。這個典故恰好出自楊奇的曾祖父楊震身上。

楊震是漢安帝時的名臣，官至太尉，後被中常侍樊豐與大將軍耿寶聯手陷害，被罷官遣返。楊震出了洛陽城後，在幾陽亭留下遺書，服毒自盡。樊豐故意不讓楊震下葬，曝棺於路旁。

次年，漢順帝繼位，樊豐等人伏法，楊震的冤情得以昭雪。楊震下葬當天，天上飛來一隻大鳥，在楊震棺木前悲泣流淚，葬禮完畢才飛走。

這麼來看，劉宏的話不全是譏諷，反而是在誇楊奇：「你有董宣一樣

的犟脾氣，也有祖輩的名臣風範。」

從光和元年（西元 178 年）到中平元年（西元 184 年），劉宏不亦樂乎地做了七年的賣官生意，將官場搞得烏煙瘴氣，而他自己則沉迷其中，無法自拔。

遇上這麼個皇帝，東漢的國運真的是耗盡了。

光是賣官，還不足以讓劉宏滿意，沒過多久，他又發明了一個名目：導行費。

什麼意思呢？

當時，各個地方都會進貢一些奇珍異寶，劉宏要求官員將這些貨物在入庫之前都拿到宮中，給他過目。如果看到了喜歡的，劉宏就據為己有，然後再送到國庫，這就是導行費。

皇帝為了摟錢連節操都不要，中常侍呂強看不下去了，他覺得這是個很缺心眼的事情，上書規勸劉宏：

「天下之財，莫不生之陰陽，本來都歸陛下所有，何分公私？而今中尚方廣斂各郡的珍寶，中御府堆滿天下出產的絲織品，西邸裡收藏著理應由大司農管理的錢物，驥廄中飼養著本該歸太僕管理的馬匹，而各地向朝廷交納貢品時，都要送上導行費。這樣一來，徵調數量增加，百姓貧困，花費增多，貢品卻少，貪官汙吏從中取利，黎民百姓深受其苦。更有一些阿諛獻媚的臣子，喜歡進獻私人財物，陛下對他們姑息縱容，這種不良之風因此越來越盛。」

呂強還說，依照以往制度，選拔官員的事情應由三府負責，三公在選拔人才時，都要與僚屬仔細評議，了解這些人的品行，評估他們的才幹。根據他們的才幹，透過考核加以任用，並責求他們做出政績。沒有政績的，則交給尚書彈劾，提請廷尉核查虛實，加以處罰。如今只由尚書負責

第六章　靈帝時代

選拔官員，或由陛下頒下詔書直接任用，這樣一來，三公就免除了選拔不當的責任，尚書也不再因此獲罪。獎懲都沒了，誰還願勤於政事呢？

劉宏不予理睬，堅持要收導行費。

這還不夠，在中常侍張讓、趙忠的啟發下，劉宏還弄了個有創意的名目，叫修宮錢，每畝十錢，用來修宮室、鑄造銅人。

刺史、兩千石官員以及茂才、孝廉在升遷和赴任時，都要交納一筆助軍錢或修宮錢。如果你選的是大郡太守，往往需要繳納兩三千萬錢，當然在就任之前，你也可以跟專司其職的宦官討價還價，談攏後交錢，然後便可以上任。

中平二年（西元185年），司馬直被朝廷強行任命為鉅鹿郡太守，按照慣例需要繳納兩千萬錢的修宮錢。但是考慮到司馬直家境一般，大概榨不出多少油水，所以大宦官張讓、趙忠很大方地替他減免了三百萬錢，並特許他上任後「分期付款」。

然而，對於兩袖清風的司馬直來說，一千七百萬錢的修宮錢依然是個天文數字，如果不向鉅鹿郡的百姓大肆搜刮，自己根本沒辦法湊齊這麼多錢。

對於這種不良風氣，司馬直的心中滿是牴觸，悵然道：「身為百姓的父母官，卻要剝削百姓去迎合當前這種弊政，我於心何忍？」

索性在家裝病，不肯赴任。

張讓、趙忠見司馬直躲在家中，心中又氣又惱，派人到他家中催促。司馬直被逼無奈，只好啟程赴任，半路服毒自盡。臨死前他留下遺書，抨擊賣官鬻爵的弊端，言辭甚是激烈。

司馬直被逼自殺的消息傳出後，朝野上下一片扼腕嘆息之聲，百姓對賣官鬻爵大肆抨擊，甚至將矛頭直指皇帝。劉宏看過司馬直的遺書，為了

平息天下人的議論，只得暫停徵收修宮錢。

眼看著自己的私房錢越來越充實，躲在深宮中的劉宏卻覺得這種生活有些無聊。

靈帝荒唐事

劉宏在內宮專門建了一座市集，一切都模仿正規市場，建造了街市和商店。他讓宮女和宦官打扮成各種攤販叫賣，另一部分扮成買東西的顧客，討價還價的吵嚷聲此起彼伏。

劉宏自己則穿上商人的衣服，裝成是賣貨物的商販，在熱鬧喧譁的集市上到處蹓躂，或在酒館中飲酒作樂。為了找樂子，他還讓宦官扮成市井無賴打架鬥毆，自己夾雜其中友情客串，跟「商販們」攪鬧在一起。

劉宏混跡於此，玩得不亦樂乎。市集上的貨物大多都是搜刮來的奇珍異寶，被貪心的宮女宦官們陸續偷去，甚至為此暗地裡爭鬥不休，劉宏也不知道。或者說，他根本不在乎。

有一天，劉宏突發奇想，把拉車的馬換成了驢，親自操轡執鞭，在皇宮裡到處兜風。

很快，這事就傳到了宮外，洛陽市民也有樣學樣，用驢車替代馬車上街蹓躂。一時之間，平時不起眼的驢子身價倍漲，被爭相搶購。

很快，劉宏就對驢車失去了興趣，為了哄皇帝開心，身邊的宦官別出心裁，將狗打扮一番，為狗戴上進賢冠、穿上朝服、佩上綬帶，一副士大夫的派頭，然後牽著精心打扮的狗大搖大擺地去「上朝」。

看到一隻狗穿著朝服搖頭擺尾上了朝堂，公卿百官憤怒了，這分明是

第六章　靈帝時代

宦官集團在侮辱自己！

然而，大臣們的憤怒毫無意義，只要皇帝喜歡就行。當劉宏看到狗穿著朝服的滑稽相，忍不住大笑。

劉宏十分好色，年齡稍長時，只要看到哪個宮女長得好看，隨時隨地拉到床上交歡。

為了避暑，劉宏在西園修渠引水，渠水中所植荷花大如蓋，高一丈有餘，荷葉夜舒晝卷，荷莖一莖四蓮，名曰「夜舒荷」。

劉宏親自挑選膚白貌美、體態輕盈的歌女執篙划船，覺得不過癮，他又命人將船沉入水中，歌女們紛紛落水，溼了衣裳。劉宏則色瞇瞇地盯著落入水中的歌女們的雪白肌膚，同時演奏宮廷樂曲，納涼取樂。

西域進獻了一種茵墀香，劉宏命人煮成湯讓宮女沐浴，把沐浴完漂著脂粉的水倒在河渠裡，人稱「流香渠」。

劉宏整夜飲酒，醉得不省人事，天亮了還醒不過來。宮廷內侍把一個大蠟燭扔到殿下，才把他從夢中驚醒。這之後，劉宏又想出了新花樣，他讓宦官學雞叫，還修建了一座雞鳴堂，裡面放養許多隻雞。每當自己徹夜縱慾醒不過來後，就讓宦官們爭相學雞叫，以假亂真來喚醒自己。

與此同時，帝國的政治越發暴戾黑暗。

劉宏不顧大臣反對，多番修建豪華宮殿，大肆斂財賣官鬻爵，完全一副混蛋皇帝模樣。可轉過年來，春暖花開，又擺出了一副明君聖主模樣。

光和五年（西元182年），劉宏下達了一封詔書，詔告朝廷公卿，可以「以謠言舉刺史、兩千石為民蠹害者」。

什麼叫「以謠言舉刺史、兩千石為民蠹害者」？很簡單，就是朝廷官員可以沒有真憑實據，只要你聽到一點風聲，就可舉報各地的長官刺史及太守國相們。

如果在太平時期，皇帝都是嚴厲禁止這類「風聞言事」的。如果聽到點謠言就可以舉報，天下官員豈不人人自危？

為了防止這類事件，朝廷有一項規定，舉報不實者會處以反坐的刑罰。也就是說，如果你舉報對方造反，結果查無實據，不好意思，你就按照你舉報的罪名被查處。比如光和三年（西元180年），荊州刺史趙凱舉報零陵郡太守楊琁虛報戰功，最後劉宏拍板，認定楊琁無罪，荊州刺史趙凱被罷官，以虛報戰功的罪名接受處罰。

而如今，不搞反坐了，言論自由了，只要你對誰有意見，都可以舉報。

劉宏這是良心發現了嗎？很遺憾，並沒有。劉宏還是那個劉宏，一點沒變。他玩這麼一齣，無非是想平息一下賣官鬻爵的輿論。

很快，一場揭發奸佞的風潮在全國蔓延開來。

各地官員聞訊，一個個膽顫心驚。大夥兒紛紛行動起來，到京城各大衙門跑關係送禮。

當時朝廷三公為司徒陳耽、太尉許彧、司空張濟。陳耽為人正直，拒絕收禮，許彧和張濟則比較圓滑，貪了不少錢。當然，他們也明白，單單是自己收禮，這錢收得不踏實，只有把宦官也拉進來，分他們一杯羹，自己這位子才能坐得安穩。

他們和皇帝身邊的紅人張讓、趙忠等人結盟，共同進退，一起發財。這樣一來，凡是和十常侍有關聯的刺史、太守，就算是貪汙受賄、殘害百姓，兩人也置之不理；對於那些在邊遠地區為官，又沒有什麼後臺的，不管你是好官是壞官，一律抓起來嚴辦。

貪官們可以拿錢消災，可還有二十六個清官因拿不出錢來孝敬，只得停職接受審查。

許彧和張濟可不管這些，交不上錢來，你們就是代罪羔羊！兩人把名

第六章 靈帝時代

單呈報給劉宏，並宣稱：「這二十六個人就是皇帝要尋找的那些人間渣滓，禍害百姓的就是他們！」

這些官員心中悲憤，他們的家人、親屬、故舊千里迢迢到洛陽皇宮前哭訴上訪，申訴冤情。

劉宏有些為難，這事牽涉到了三公中的兩位，還有一些是自己的心腹，怎麼捨得下手？

輿論沸沸揚揚，三公之中威望最高的司徒陳耽挺身而出，上書道：「許彧、張濟的這次公卿檢舉行動，大都包庇各自的私黨，正如放走鴟梟而將鳳凰囚禁起來。」

數百名官員聯名上書，支持司徒陳耽的奏議。

劉宏很無奈，事情鬧成這個樣子，注定是無法善了了，十常侍是自己人，不能處罰，只能讓太尉許彧和司空張濟背這口黑鍋了。他當眾責備了許彧和張濟，希望兩人牢記教訓，不可再犯。兩個人低著頭虛心接受指責，然後官照做，錢照撈。

至於那二十六個被冤枉的地方官，劉宏大手一揮，將他們留在中央任議郎，沒有任何實權。

陳耽痛斥十常侍，劉宏對他的印象很差，本想撤了他的職，但是當時的陳耽人氣旺盛，不能輕易動手。

次月，帝國的許多地方發生瘟疫，劉宏終於逮到機會，果斷出手，以司徒陳耽為政失德，導致瘟疫橫行為名，罷黜其司徒職務，關到獄中等待處罰。

被罷官後，陳耽依然不依不饒，繼續上書進言十常侍禍國殃民。十常侍很氣惱，派人在獄中弄死了陳耽。

陳耽一死，朝堂上萬馬齊瘖。

> 靈帝荒唐事

劉宏雖然是個被萬人唾罵的昏君，但是坦白來講，他的文學造詣並不低，是個作賦的高手，曾撰寫〈皇羲篇〉五十章，寫得情理並茂、文采飛揚。不僅自己寫，他還把會寫賦的、會制尺牘的、會書法的招來數十人，待制鴻都門下，陪他聊天，聊聊民間趣聞。誰要是把皇帝說得高興了，逗樂了，劉宏大手一揮，讓他做官。

為了將這批人聚集在一起，劉宏還辦了個鴻都門學，有學生千餘人。其中的學生出則為刺史、太守，入則為尚書、侍中，甚至封侯賜爵。

不僅如此，劉宏還下詔為鴻都門的文學之士樂松、江覽等三十二人，各畫一張肖像，分別配上讚辭，說是對學弟們的勸告和勉勵。然而誰都能看出來，皇帝這樣做，顯然是想用豢養的御用文人們來對抗黨人們標榜的名士。

對此，尚書令陽球上書勸阻：

「《左傳》上說，國君的一舉一動，必定要書於史冊。如果記載了不合法度的事，後世子孫們將會如何看待？臣查到樂松、江覽等人出身微賤，不過是才識短淺的斗筲小人，依憑世戚，附託權豪，看人眼色阿諛奉承，僥倖得以提拔。有的呈獻一篇辭賦，有的寫出滿簡的鳥篆，竟然被擢升為郎中，還為他們畫像。

也有的人一個字沒寫，一句辭不會作，文牘、辭句完全請別人代替，真的是怪誕詐偽，花樣百出，卻莫不被蒙殊恩。以至有見識的人無不對此掩口而笑，天下一片嗟嘆之聲。臣聞畫像之設，以昭勸誡，希望君主能夠借鑑前人的得失成敗，我從來沒有聽說豎子小人們弄虛作假，寫作了幾篇歌頌文章，就可以妄自竊取高官厚祿，並且在素帛上留下畫像的。而今有太學、東觀這兩個地方，足以宣明聖化，請陛下廢止鴻都之選，以消天下之謗。」

陽球總是與皇帝唱反調，劉宏自然不予採納。

第六章　靈帝時代

　　玩文學之餘，劉宏還喜歡大興土木，建造新的皇家花苑。當時的皇家花苑有鴻池、上林，後來又在城郊建了五六處。劉宏仍覺得規模不夠大，又發動百姓重新規劃土地，建了畢圭、靈昆苑。

　　司徒楊賜上書勸阻：「先帝創立制度，左邊開闢鴻池，右邊興建上林苑，不奢不約，正好符合禮儀法度。而今擴大城郊之地，作為皇家苑囿，破壞肥沃土地，荒廢田園，把農民驅逐出去，畜養飛禽走獸，這不符合愛民如子的大義。況且現在城外的皇家苑囿已經有五六個之多，足夠陛下縱情遊樂，滿足四季的需要。陛下應該好好回想一下夏禹宮室簡陋，漢文帝拒絕興建露臺的本意，體恤小民的勞苦。」

　　奏章呈上去後，劉宏也頗有悔悟，打算停止興建，於是徵求侍中任芝、樂松的意見。

　　兩人為了討好劉宏，添油加醋地說道：「昔日周文王的苑囿方圓有一百里，人們尚且認為太小；齊宣王的苑囿方圓只有五里，人們卻認為太大。現今如果陛下和老百姓共同享用，對政事沒有什麼妨害。」

　　劉宏一聽大喜，下令繼續興建園囿。

　　對於皇帝的各種奇葩想法，宦官總是盡力滿足，皇帝玩得開心了，宦官們心也就踏實了，可以繼續肆無忌憚地搜刮錢財、禍害百姓了。他們把聚斂來的錢財投資到豪宅上，一個一個，比皇宮更奢華高大。

　　有一次，劉宏突發奇想，想去皇宮的頂樓看看風景，欣賞一下洛陽城的風光，沒想到剛一說出口，所有的宦官都擋在樓梯口，整齊地跪下來，借讖書《春秋潛潭巴》中有「天子毋高臺榭」，嚇唬皇帝：「皇帝喜登高，則天下百姓虛散。」

　　很顯然，宦官們是怕皇帝發現他們的奢華私宅，而顢頇的劉宏也信了他們的話，從此不再登高望遠。

靈帝荒唐事

　　唐代有個名叫仇士良的大宦官，告老還鄉時對其他宦官傳授了盜用皇權的策略。他說，侍候皇帝的要點就是不能讓他閒著。因為皇帝只要一有空必讀書，接近儒臣，這樣宦官必然會受到排斥。應該用聲色犬馬、寶物財貨蠱惑皇帝，讓他沉浸在花花世界中不能自拔。皇帝一旦沉溺於享受，那麼大權就落入了我等之手，恩澤、權力還跑得了嗎？

185

第六章　靈帝時代

# 第七章
內憂外患

第七章　內憂外患

段熲平定兩羌

此時的漢帝國體內已是疾病纏身，五臟六腑逐漸腐爛。從桓帝到靈帝再到獻帝，周邊的少數民族趁此機會，揚鞭躍馬向關內逼來。

第一個揚言不服的是我們的老朋友羌人。

羌人在東漢時分為兩部分，一部分羌人遷入關內，稱為東羌；另一部分仍留在西海，稱為西羌。

從光武帝開始，東漢便陷入了與羌族曠日持久的戰爭泥潭中。馬援平定羌亂僅僅二十年之後，參狼羌反叛，殺漢朝護羌都尉，竇固再次將其降服。此後，東漢與羌人你來我往，形成了固定劇本：反叛——鎮壓——安撫——再反叛——再鎮壓——再安撫。

在東漢護羌校尉任上做得最出色的，是桓帝朝上任的前南陽太守第五訪。他恩威並用，以人心換人心，贏得了羌人的信任。在他任職的四年中，西羌一直平安無事。

他去世後，接任的是中郎將段熲。

段熲是西域都護段會宗從曾孫，也算是名將之後，他年輕時喜歡騎射，崇尚游俠，不太把錢財當回事，成年之後一改前志，開始鑽研起了學問。

段熲最初被推舉為孝廉，一步步做到了遼東屬國都尉。當時鮮卑侵犯邊塞，段熲率軍迎敵，為了將這夥入侵的鮮卑人一網打盡，他布了一個局。

先是派驛騎假送璽書讓自己退兵，段熲表面上急匆匆撤軍，暗中卻設下了伏兵。鮮卑人以為段熲真的撤退，立即率軍入塞追趕。結果追到半路上，段熲伏兵四起，鮮卑人被殺的殺、抓的抓，一個都沒跑掉。

仗打贏了，段熲卻因假造璽書被罰至邊境禦敵，將功贖罪。刑期滿

後，被徵為議郎。

當時太山、琅琊二郡有一夥流賊，首領叫東郭竇和公孫舉，他們聚起三萬人起義，攻郡略縣，朝廷派兵剿討，數年都不能平息。永壽二年（西元 156 年），桓帝詔令公卿推舉有文武全才之人為將，司徒尹頌推薦了段熲，於是以段熲為中郎將。

老段一出馬，誅殺東郭竇、公孫舉，斬首過萬，剩下的降的降、逃的逃，太山、琅琊安定。朝廷隨後封段熲為列侯，賜錢五十萬，任命他的一個兒子為郎中。

延熹二年（西元 159 年），段熲接替第五訪，升為護羌校尉。

正值燒當、燒何、當煎、勒姐等八個羌族部落侵犯隴西、金城邊關，段熲毫不猶豫，當即帶著本部軍隊，發動歸附漢朝的湟中義從胡的一萬兩千騎兵出湟谷，將八羌擊敗。又追擊渡黃河南逃的餘部，使軍吏田晏、夏育招募勇士先登，用繩索吊引，再戰於羅亭，大勝，斬殺其首領及以下兩千餘人，俘獲一萬餘人。

第二年，燒當羌聯合燒何羌再度侵犯張掖，攻陷鉅鹿塢，而後招引了周圍的羌人千餘部落，在隴右燒起了更大的戰火。

段熲率軍迎擊，與羌人展開了一場殊死惡戰。

雙方打得昏天黑地，馬上戰士的每一次揮動兵器，都伴隨著慘叫和鮮血飛濺，耳畔滿是廝殺和吼叫。段熲也身處於這洪流當中，打到最後索性下馬迎戰，肉搏加互砍，刀折矢盡。

砍到晌午時分，羌人終於抵擋不住漢軍的攻勢，開始撤退。

段熲緊追不捨，且戰且行，沒有糧，就割屍肉充飢；沒有水，就融冰雪解渴。漢軍追擊了四十多天，直至黃河的源頭積石山，出塞兩千餘里。

終於，羌人跑不動了，被身後同樣疲憊不堪的漢軍包圍。漢軍陣斬燒

第七章　內憂外患

何部落首領，斬殺俘獲五千多人。

經過短暫休整後，段熲或主動出擊，或鎮壓平叛，斬首的羌人數以千計，將漢軍的旗幟重新插到了羌人的地盤上。

段熲連戰連勝，對付羌人，他只相信手中的刀，羌人怕段熲，稱他為「殺神」。遺憾的是，在接下來的戰爭中，段熲卻被自己人陰了，以敗將的名義被召回洛陽。

沒了段熲這個強勁的對手，羌人重新聚集起來，對隴右地區發動了一系列進攻。一時之間，隴右地區戰雲密布，人心惶惶。

新任護羌校尉是前濟南相胡閎。

胡閎對於軍事完全是個門外漢，面對羌人的頻頻進攻，他無計可施，只能苦熬。

與此同時，已經蹉跎大半生的泰山郡守皇甫規請戰：「我自幼生長隴地，曾任安定郡吏，歷經兩次羌人叛亂。我曾事先籌劃平亂，不幸言中，今年我已經五十九歲，希望給個機會。」

桓帝下詔，以皇甫規為中郎將，持節督關西諸軍討伐叛羌。

皇甫規趕到涼州戰場率軍進擊羌軍，斬八百。先零等叛亂諸羌聽說皇甫規來了，紛紛放下武器，沒多久就歸降了十餘萬人。

沈氐種羌攻打張掖、酒泉二郡，皇甫規徵發投降的先零諸羌前往隴右平叛。不料道路斷絕，軍中鬧瘟疫，羌軍的死亡率達到了百分之四十。眼看著羌軍又要譁變，皇甫規親自到各軍營巡視和安撫將士，穩住了羌人，整個東羌的所有叛羌全部投降。

皇甫規的此次入涼平叛，關鍵在於穩住了羌人。說白了，羌人在情感上其實跟漢人的仇恨並沒有那麼大，只是對漢人的貪官汙吏有著普遍性的強烈仇恨。只要你以身作則，設身處地為他們著想，羌人們不僅不會反

叛，還會幫著你打仗。

穩住羌人後，皇甫規開始整肅涼州官場，結果引發反彈，皇甫規本人被各種彈劾，說他養寇自重，收買叛羌假降。

桓帝接連下詔讓他寫情況說明，皇甫規寫了一篇長文解釋，僥倖過關。

但是很快，皇甫規又得罪人了。

他被中常侍徐璜、左悺勒索封侯的回扣，皇甫規不搭理，結果被太監們陰了要治罪，最終皇甫規在諸位公卿和太學生張鳳等三百餘人的上書救援下才得以赦免歸家。

皇甫規被打倒後，涼州再次叛亂，段熲再任護羌校尉，朝廷命令段熲沿路乘驛馬不能停歇，迅速趕往涼州救火。

此時的隴右形勢極其危急，西羌出動了五六千人，連犯武威、張掖、酒泉，焚燒民舍，當地守軍抵抗不住，涼州幾乎淪陷。

段熲臨危受命，當即趕到涼州主持前線戰事。得知殺神來了，西羌封僇、良多、滇那等部族的三百多名酋長率三千部落至段熲軍前投降。

開局順利，但是當煎、勒姐等部族仍負隅頑抗。段熲率兵一萬餘人迎擊，斬殺其大帥，俘虜四千多人。

緊接著，段熲乘勝追擊，再次大破勒姐，斬首四百多級，逼降兩千餘人。

而後，段熲率軍進擊湟中的當煎，但是由於孤軍深入，兵敗被圍三日。段熲用隱士樊志張的計策，夜裡遣兵悄悄突圍，從敵後擊鼓夾擊，大破羌軍，殺虜數千人。

當煎潰退，段熲窮打猛追，輾轉山谷間，從春到秋，無日不戰。當煎沒了糧食，又飢又困，各自逃散，剩餘的羌人逃到了武威一帶。段熲一路掃蕩，共斬首兩萬三千餘級，俘獲數萬人，馬牛羊共八百萬頭，一萬多部落投降。

第七章　內憂外患

朝廷封其為都鄉侯，食邑五百戶。

西羌自此平定。

再來看看東羌。

當初歸附的東羌遷入關內後，被安置在今陝西、甘肅、寧夏、內蒙古等地，對於這部分羌人，漢朝本該以安撫為主，但是地方官吏卻肆意凌辱、橫徵暴斂，隨意徵發東羌的壯丁，這引發了羌人們極大的反感。不願被壓迫的東羌最終揭竿而起，與東漢政府反目成仇，這場戰爭持續了十二年，雖然朝廷最終贏得了勝利，卻付出了高昂的代價，光軍費支出就高達二百四十億。

順帝時，涼州、并州、關中等地的東羌再度起義，戰爭持續了十年，朝廷又支出軍費八十多億。

桓帝時，白馬羌進攻巴蜀地區的廣漢，得到了西羌及湟中胡的響應，益州刺史在板楯蠻的助攻下積極鎮壓，斬首或招降二十餘萬人。

延熹四年（西元 161 年），零吾、先零、沈氏、牢姐等東羌再次起兵叛漢，攻略三輔（京兆尹、左馮翊、右扶風）。

護羌校尉段熲帶著湟中義從胡去迎敵，但是涼州刺史郭閎卻嫉妒段熲的戰功，故意拖延阻止段熲，要求漢軍不得出戰。

導致段熲與羌人陷入了對峙狀態。

這湟中義從胡本就是羌人，時間一長，與對面的羌人也熟悉了，這仗還怎麼打得下去？

很快，湟中義從胡開始逃亡，不斷有人投奔對面的隊伍，到最後跑了個精光。

事情演變到這個地步，這仗是沒辦法打了，很快朝廷追責下來，郭閎推了個一乾二淨，段熲被關進獄中，罰為苦役犯。

段熲平定兩羌

下一任護羌校尉是胡閎，面對羌人猛烈的攻勢，他無能為力，只能乾瞪眼。

西北邊疆告急，皇帝一時也慌了手腳，束手無策。而此時，閉門不仕、五次拒絕朝廷徵召的皇甫規卻上了一封奏書：

「臣自受任以來，志慮愚鈍，實賴兗州刺史牽顥清廉勇猛，中郎將宗資之信義，得以秉承節度，幸虧沒有什麼不好的名聲。今盜賊已滅，又聽聞諸羌群起反叛，臣長於邠岐，今年五十九歲，昔為郡吏，參加過幾次對諸羌的平叛，頗有經驗。臣素有痼疾，恐犬馬之身無法報答陛下大恩，請任臣以散官，備單車一介之使，撫慰三輔，宣國威澤，我自幼熟悉西北地理，或可幫助諸軍。

臣窮居陋室之中，靜觀各地將領已有幾十年了，各地此起彼伏的叛亂都是因為郡守橫徵暴斂。若求勇猛之將，不如清明治平的政治；明習吳起、孫武兵法，不如郡守奉法。昔日諸羌反叛之事記憶猶新，臣深以為憂，故越職上書，以盡臣區區愛國之意。」

一代名將主動請纓，這讓皇帝感念不已，隨後委任皇甫規為中郎將，徵調關西兵馳援。

皇甫規出身將門，能征善戰，尤其對羌人的習俗十分熟悉。他到任後擊破零吾羌，斬首八百級，隨後恩威並用，招降羌人。先零諸種羌仰慕他，十餘萬人向他投降。

延熹五年（西元162年）三月，沈氏羌攻張掖、酒泉。皇甫規發騎兵征討，但是因道路不通，行軍困難，再加上軍中大疫流行，染疾而亡者十之三四。皇甫規親入將士的帳篷探視，送藥問疾，三軍倍感振奮，繼續出發。東羌首領掂量了一下，知道自己不是皇甫規的對手，於是乞降歸順，涼州道路再次暢通無阻。

皇甫規深知，軍事打擊只是手段，如果不能安撫羌人，自己走後羌人

第七章　內憂外患

必定會再度反叛。羌人造反除了野心家鼓動外，漢官橫徵暴斂、敲詐勒索也是一大主因。

為了讓羌人放下武器、安居樂業，皇甫規著手整頓西北各地的吏治。安定太守孫俊對羌人貪贓受賄，屬國都尉李翕、督軍御史張稟多殺降羌，涼州刺史郭閎、漢陽太守趙熹均老弱不堪任職，但是皆倚恃權貴，不遵法度。皇甫規請示朝廷後，將這些腐敗分子或免或誅，肅清了地方吏治。

羌人聽聞後，紛紛前來歸降，沈氐羌的豪族滇昌、飢恬等率十餘萬人前來歸附，邊境得以安定。

皇甫規為將數年，持節率眾立功，理當封爵。可是他的清正廉潔得罪了不少人，這些人誣陷皇甫規收買群羌，使他們詐降。朝中宦官也以為他發了橫財，索賄不成，誣告他放縱賊寇。

結果，皇甫規不僅沒能被封爵，反而被打入獄中。

由此也引發了第二次學生運動，皇帝見群情洶洶，只得借大赦之機將其赦免。

皇甫規在朝中的遭遇讓士人感到寒心，更讓東羌感到寒心。朝廷腐敗如斯，連名將皇甫規都逃不脫他們的誣陷，如何還敢指望地方官吏能夠公平公正對待自己？

為避免陷於被動，各地羌人再次拿起武器，進攻西北諸郡。

永康元年（西元167年）春，東羌組成五六千人的隊伍，突襲關中，兵圍祋祤，抄掠雲陽。入夏後，又攻破漢軍京兆虎牙營、扶風雍營，殺死一千多人。入冬後，岸尾、摩螯等羌人再次抄劫三輔。

東羌的氣焰如此囂張，朝中緊急商討，任命征伐鮮卑有大功的張奐為中郎將，前去主持戰事。

有必要介紹一下張奐的履歷，他是敦煌郡淵泉縣人。張奐少年時遊學

三輔，師從太尉朱寵，研習《歐陽尚書》。他認為《牟氏章句》廢話較多，於是自行刪改，從四五十萬字減為九萬字。

後來，張奐受大將軍梁冀徵辟，他將刪減過的《牟氏章句》呈交給桓帝，桓帝下詔交給東觀。不久之後，張奐因病離職，後又被舉為賢良，策試得第一名，被擢拜為議郎。

雖然經常和詩文打交道，但是張奐並不甘心過這種波瀾不驚的生活，他少有壯志，特別嚮往征戰沙場，曾對朋友說過這樣的豪言壯語：

「大丈夫處世，當為國家立功邊境！」

永壽元年（西元155年），張奐被調任為安定屬國都尉。安定屬國都尉的駐地在安定郡三水縣，張奐到任不久，就遇上了南匈奴七千餘人起兵反漢，東羌也出兵響應，進攻張奐的駐地。

當時張奐手下只有兩百多人，敵眾我寡，但是他得知消息後的第一反應不是驚慌，而是興奮。

「來邊關是為了什麼？不就是立下軍功，揚威異域嗎？機會就在眼前，豈能因為人少而跑路？」

張奐立即帶兵出擊，部下認為力不敵眾，叩頭阻止，張奐不聽，率兵進屯長城。他一面擴充隊伍，一面派王衛招降東羌。漢軍很快切斷了南匈奴與東羌的交通，東羌諸首領相繼率眾降張奐，並且幫助漢軍大破南匈奴叛軍。

東羌酋長為了感謝張奐，送馬贈金，但是張奐收下後又立即退還，既不讓羌人難堪，也表明自己的清廉。羌人大受感動，從此漢羌相安無事。

時隔十二年，張奐再一次接受任命，和東羌打起了交道。

張奐到任後，派司馬尹端、董卓二人率兵進擊，大敗羌人，斬其首領，俘羌人萬餘人，關中得以從戰火中解脫出來。

第七章　內憂外患

建寧元年（西元168年），張奐回京述職，卻被宦官糊弄，被拖入了鎮壓黨人的騙局中，這成了他一生的遺憾。

皇甫規、張奐對羌人都是恩威並用，以安撫招降為主，以軍事打擊為輔。這種做法顯然是有效的，但是在二人調離後，繼任者一味強壓，使得東羌對漢朝再次失望，各種形式的反叛、暴動、襲擾層出不窮。

桓帝只看結果，他認為皇甫規、張奐養虎遺患，這才使得東羌反覆叛亂。綜合考量，他還是覺得段熲強硬的軍事鎮壓才是對付羌人最好的辦法。

而此時，段熲再度出任護羌校尉，正在涼州前線主持戰事。桓帝想聽聽他的意見，下詔問道：「先零東羌為惡反叛，而皇甫規、張奐各擁精兵，不能按時平定。朕想讓你帶兵征討，只是不知你有何方略？」

段熲極為振奮，當即寫了一份報告：

「臣見先零東羌雖然多次叛變，但是已有兩萬部落向皇甫規投降。善惡既分，剩下的賊寇就不多了。現在張奐遲遲不肯前進，可能是怕敵寇外離內合，派兵前往，羌人必然驚恐。羌人自冬到春，集結不散，人馬疲乏，必然滅亡，只要抓緊招降，就可以不發一兵將其制服。

臣認為羌人狼子野心，難以用恩德收服，時降時叛。只有用長矛挾脅、白刃加頸，他們才會害怕。東種猜想只剩三萬多部落，靠近塞內，道路平坦，他們長期騷擾并州、涼州，多次侵犯三輔，而雲中、五原，西至漢陽兩千多里，都是東羌亂源的滋生之地。這好比毒瘤暗疾，如果放任不管，很快就會壯大。

根據我的估算，只要有五千騎兵、一萬步兵、三千輛車、兩三年的時間，完全可擊破東羌。臣想永初年間，諸羌反叛十有四年，用費二百四十億；永和末年又經七年，用費八十多億。花了這麼多精力，卻始終沒有誅滅東羌，到如今還在為害，現在如果不再加把勁，諸羌叛亂將永遠無安寧之日。臣願意竭盡駑鈍之才，聽候調遣。」

段熲平定兩羌

見報告與自己的想法吻合，桓帝照單全收，全部批准。

接到詔書後，段熲調集了一萬餘人，僅攜帶十五天的糧草，從彭陽直往高平，與先零諸種戰於逢義山。

羌人兵多，漢軍有些畏縮，段熲命令軍中拉緊弓弦，磨快刀槍，長矛三重，挾以強弩，左右兩翼布置輕騎。隨後，他登上高處，激勵眾人道：

「如今我們離家幾千里，進則事成，走則必死，大家努力共取功名吧！」

眾人的士氣被點燃，紛紛鼓譟大呼，撲向羌人。羌人被打怕了，繼而潰逃，漢軍則是越戰越勇，斬首八千餘級，獲牛馬羊二十八萬頭。

此時的洛陽城早已換了新主人，小皇帝劉宏即位，竇太后臨朝稱制。她聽聞段熲打贏了羌人，心情大好，下詔道：「先零東羌歷年為害，段熲此前陳述情況，認為必須掃滅。他履霜冒雪，日夜行軍，親冒矢石，為將士們作表率，不到十天，敵寇便逃跑潰散，連屍積俘，擄獲無算。此役洗雪了百年之敗恨，安慰了忠將之亡魂，功勞顯著，待東羌完全平定，當並錄功勳！」

隨後，竇太后令國庫調撥金錢、絲絹追加軍費，封段熲為破羌將軍，賜錢二十萬。

東羌雖然損失了八千多人，但是主力尚在，段熲緊追不捨，日夜急行二百多里，先後在奢延澤、落川、令鮮水擊敗了羌軍。

羌人不敵，再度潰散奔逃。段熲尾隨其後，一直追到靈武谷。連日急行軍，將士們又飢又渴，但是段熲治軍嚴明，他披甲率先上陣，將士們無不振奮，奮勇爭先。羌人大敗，再度潰逃，漢軍追了三天三夜，腳上起了層層厚繭。當漢軍追到涇陽時，羌人餘部四千餘人逃進了山谷中。

「要不要繼續追擊？」段熲陷入了沉思。他決定上書朝廷，希望皇帝能批准他的行動，徹底殲滅殘餘東羌部落。

而此時，遠在洛陽的朝堂之上，圍繞東羌問題，公卿百官各執己見。

第七章　內憂外患

一種意見認為，眼下羌人元氣大傷，已不足為患，何必趕盡殺絕？一種意見認為，羌人狼子野心，屢降屢叛，如今趁其虛弱，必須將其徹底掃滅！

已調任護匈奴中郎將的張奐，從遼東上了一道奏書，他批評段熲只會用軍事強壓，建議朝廷採用招撫的手段來解決剩餘的東羌：

「東羌雖破，餘種難盡，段熲性格輕率，且剛愎自用。戰事勝敗無常，對散羌宜用恩信招降，可保將來不後悔。」

皇帝看完，不置可否，將張奐的奏書順道發給了段熲。

段熲對張奐的意見很是不齒，立即上書朝廷：

「臣知東羌雖然兵多，但是軟弱容易制服，所以臣的方略是為朝廷作一勞永逸的打算。張奐早就說羌虜強不易擊敗，應該招降。然陛下聖明，採納了臣的意見，使臣的謀劃得以實現。張奐因其計不用，事實又與他的主張相反，故心懷猜恨，再出謬言。

臣想周秦之際，戎狄為害；光武中興以來，羌寇強盛，誅之不盡，雖降復叛。今先零雜種反覆無常，攻陷縣邑，劫掠財物，掘塚拋屍，禍及生死，上天震怒，借臣之手討伐。昔日邢國無道，衛國伐之，出兵時天降霖雨，緩解了旱災。臣進軍後連獲甘霖，年歲豐收，百姓無疾疫。張奐身為漢吏，身當武職，駐軍兩年，不能平定寇亂，只想修文不想用武，誕辭空說大而無益。

何以言之？昔先零寇邊，趙充國將其遷到內地；煎當擾邊境，馬援徙至三輔，始服終叛，至今為害，故遠識之士深以為憂。今邊郡戶口稀少，屢次被羌人侵害，想要投降的寇虜與平民雜居，正如種枳棘於良田，養虺蛇於室內也！故臣奉大漢之威，建長久之策，欲斬斷根本，不讓其再度繁殖生長。本預算三年之費，用五十四億錢，現在才一年，耗費不到一半，餘寇已成殘燼，不久即可消滅。望準臣殲滅餘寇，授予機宜之權。」

遺憾的是，朝廷並沒有採納段熲的意見，轉而採納了張奐的主張。

段熲平定兩羌

很快，竇太后指定謁者馮禪，前往漢陽落實招降羌人的具體工作。

馮禪有朝廷詔書，段熲很不服氣，但是他自恃有曹節等宦官為後臺，一面落實馮禪的招降政策，一面自作主張，繼續圍剿。在他看來，眼下正是春播時日，百姓都在田間勞動，羌人雖然暫時投降，但是官府沒有糧食，羌人必定還會再次反叛，不如乘虛進兵，一舉消滅。

軍事部署方面，他派了騎司馬田晏、假司馬夏育率領五千人據山而守。羌人全軍發起攻擊，厲聲問道：「前方駐守的可是田晏、夏育？湟中投降的羌人在何處？躲在山上算什麼本事？有種的出來單挑，一決生死！」

羌人士氣正盛，漢軍有些膽怯了，田晏則激勵士兵，與羌人接戰。一場大戰過後，羌人潰散，東羌大豪帥當機立斷，迅速率大軍退往射虎谷，並在此地設防。

射虎谷道路狹窄，谷中只有南北兩個出口，易守難攻。

連續追擊了這麼多日，漢軍也已疲憊到了極點，眼下羌人躲進了射虎谷，不能再讓他們逃了！

段熲派千人在西縣結木為柵，廣二十步，長四十里，以圖攔截逃散的羌人。隨後，他分別派遣田晏、夏育率領士兵七千人，趁夜攀上西山，安營紮寨，挖掘壕溝，前進到距羌眾屯聚只有一里多的地方，再派遣司馬張愷等率領三千人攀上東山。

次日清晨，羌人才發覺漢軍動向，但是已經晚了。東山、西山的漢軍同時發動攻擊，猶如猛虎下山，大敗羌眾，斬殺叛羌酋長以下共一萬九千餘人，獲牛馬騾驢氈裘廬帳什物不計其數。

與此同時，馮禪也順利完成招降任務，四千餘羌人放下武器向漢軍投降，根據朝廷的安排分別安置在安定、漢陽、隴西三郡。

至此，西羌平定四年後，東羌也被全部平定。

第七章　內憂外患

《後漢書・段熲傳》中統計了段熲的戰果：段熲自出征以來共一百八十戰，斬敵首三萬八千六百餘級，獲牛馬羊騾驢駱駝四十二萬七千五百餘頭，用費四十四億錢，將士戰死四百餘人。

段熲封新豐縣侯，食邑萬戶。

這一切都是他應得的，段熲行軍以仁愛為本，士卒有疾病，總是親自慰問、包紮。他在邊境十多年，沒有睡過一晚好覺，與將士同甘共苦，所以將士們都願意為他死戰。

段熲是一個出色的軍人，卻不是一個合格的政治家。

東羌平定後，朝廷召段熲回京，歷任執金吾、河南尹。後來，有盜賊挖掘了馮貴人的墓塚，段熲獲罪被降為諫議大夫，再升任司隸校尉。他為了保住自己的富貴，與中常侍王甫等結為黨羽，沆瀣一氣，冤殺了中常侍鄭颯、董騰等人。

段熲雖然做到了太尉，但是他自己最終也成為宦官內鬥的犧牲品，被逼著喝下毒藥，在獄中慘死。

可憐段熲，一生征戰，沒死在戰場上，卻死在自己人手裡。

段熲在西北羌地有著「殺神」和「屠夫」的稱號，幾乎到了可止小兒夜啼的程度，這凶名很多年後依然流傳。

《三國志》中記載了這麼一件事情：

當時，三國著名的謀士賈詡因疾病辭官，回鄉路上遇到氐人，同行的數十人都被抓獲。賈詡騙他們：「我是段熲的外孫，你們別傷害我，我家必定用重金來贖！」

一句話，就把這些氐人嚇得半死，立刻釋放了賈詡，而其他一起被抓的人都被殺了。

而這時，段熲已去世多年。

烏桓與鮮卑

羌人之亂雖然被平定了，但是大漢帝國的周邊並不安穩，放眼望去，帝國北邊的烏桓和鮮卑也磨刀霍霍，準備從這場亂局中分一杯羹。

先說烏桓。

烏桓也寫作「烏丸」、「古丸」，是東胡系統的民族之一。當年匈奴冒頓單于消滅了東胡聯盟，使大多數東胡人成為匈奴的奴隸，少部分人逃出。東胡人中的一支向北敗退，來到柯爾沁草原中心地帶的烏桓山下定居，即大興安嶺山脈南端，不再叫東胡族，依山改名為烏桓族，後成立烏桓國。

烏桓人活動於饒樂水一帶，東鄰挹婁、扶餘、高句麗等，西連匈奴，南與幽州刺史所部相接。

烏桓成員沒有姓氏，常以「大人」或部落中英雄的名字作為姓氏。「大人」是烏桓各部落的最高領袖，由選舉產生，在烏桓人中享有絕對權威。

漢武帝時，漢軍接連向匈奴發動九次進攻，匈奴被逐出漠南，烏桓人臣服於漢帝國，南遷到遼西、遼東、右北平、上谷、漁陽塞外五郡定居下來。在漢帝國的庇護下，烏桓漸漸壯大，人口也隨之劇增至三十萬以上。此後，烏桓在匈奴和漢帝國之間搖擺，時戰時和。

到了東漢，劉秀打贏中原內戰後，以金、帛賄賂烏桓首領，拉攏烏桓。此後，遼西烏桓降漢，漢朝為其一一封侯，許其南遷。

東漢置烏桓校尉府於上谷寧城，專門負責烏桓、鮮卑事務。烏桓人堅定地站在東漢這邊，共同抵抗匈奴和鮮卑，還參加了對付中原其他叛亂的軍事行動。

經明帝、章帝、和帝三世，烏桓與漢朝度過了一段蜜月期，雙方相安無事。

第七章　內憂外患

烏桓人精騎善射，能征慣戰，他們有一支精良的烏桓騎兵，被稱為「烏桓突騎」。這支騎兵人數雖然不多，戰鬥力卻很強，曾多次被朝廷徵調，參加過對匈奴、鮮卑的正面作戰。由於頻繁被朝廷徵調充當打手，烏桓人對漢朝也頗有怨言。

劉宏即位時，烏桓人處於分散狀態，以難樓為首的上谷地有九千多部落，以丘力居為首的遼西地有五千多部落，以蘇僕延為首的遼東地有一千多部落，以烏延為首的右北平地有一百多部落。各個酋長雖然稱了王，但是各守一方，各自為政。

中平四年（西元187年），車騎將軍張溫奉詔討伐在西涼發動叛亂的邊章等人，徵調了幽州烏桓的三千騎兵。前中山國相、漁陽人張純想申請統領這些烏桓騎兵，張溫不肯，指派涿縣縣令公孫瓚統領。

部隊抵達薊縣時，烏桓騎兵因為糧餉被拖欠，十分不滿，紛紛逃回了烏桓。

張純也懷恨在心，與同鄉好友、前泰山郡太守張舉說：「如今烏桓騎兵已經背叛，大家都想渾水摸魚，西涼的邊章等人叛亂，朝廷也只能乾瞪眼。這是漢朝氣數已盡的徵兆啊，你跟我一起吧，我們拉起烏桓的部眾起兵，說不定可以成就一番大事業！」

兩人達成一致意見後，又爭取到了烏桓部落首領丘力居的擁護，割據一方。張舉自稱皇帝，張純自稱彌天將軍、安定王，廣發公文，通告各州郡，宣稱張舉將取代東漢政權，要求劉宏退位，公卿百官奉迎張舉。

緊接著，一夥人搶劫薊縣，殺死護烏桓校尉公綦稠、右北平郡太守劉政、遼東郡太守陽終等人，糾集部眾十餘萬人，大肆寇掠青、徐、幽、冀四州。

鬧了近一年後，朝廷派劉虞任幽州牧，重金懸賞，斬了張純的人頭，

這場叛亂才被平息。

然而，烏桓人並沒有就此沉淪，他們在遙遠的北方蟄伏，多次參與中原戰事，直至兩晉，還能發現烏桓的身影。

烏桓以北，居住著漢帝國的老朋友鮮卑。

鮮卑也是出自東胡系統的民族之一，與烏桓有著千絲萬縷的聯繫，雙方語言基本相同，習俗也基本相同。東漢時，隨著烏桓南遷，鮮卑也逐漸南遷和西遷，占據了五郡塞外地和匈奴故地。留守的十多萬匈奴部落歸附於鮮卑，自稱鮮卑人。

自此，鮮卑日漸強盛，取代匈奴成為漢帝國在北方的勁敵。

鮮卑和烏桓經常聯合行動，入侵漢帝國的北部邊疆。即便如此，鮮卑仍是一盤散沙，直到桓帝時，出了個叫檀石槐的猛人。

檀石槐的父親投鹿侯從軍打仗，一去三年，回家一看，妻子為他生了個兒子。顯而易見，他被人戴綠帽了，作為男人，投鹿侯大怒，質問妻子這到底是怎麼回事。可是妻子解釋說，她有次白天外出，突然雷聲陣陣，抬頭觀瞧，有一顆冰雹好巧不巧掉進她嘴裡，吞下後就有了身孕，十個月後，這孩子就出生了。

投鹿侯依然怒氣沖沖：「打雷下冰雹，你當我傻嗎？」

盛怒之下的投鹿侯將孩子扔到了荒山野嶺，任其自生自滅。可孩子他媽於心不忍，那畢竟是自己的骨肉，她暗中聯繫娘家人，偷偷將孩子撿回去撫養，取名檀石槐。

檀石槐死裡逃生，被外祖父收養，漸漸長大。

很快，檀石槐長大了，勇敢健壯，富有謀略。十四五歲時，有一個部族的首領奪走了他外祖父家的牛羊，檀石槐單人獨騎去追，將被搶去的牛馬全部追了回來。這件事傳開後，檀石槐聲名大振，自此在部落中深受眾

第七章　內憂外患

人的敬畏和信服。

此後,他開始參與制定法令,審理訴訟,部眾佩服得五體投地。很快,他被推舉為部落首領。

成了首領後,檀石槐在彈汗山和歠仇水畔建立王庭。他還厲兵秣馬,提高本部實力,東西部落首領都向他歸附。隨後,檀石槐南掠漢邊、北拒丁零、東卻夫餘、西擊烏孫,所占領土東西長一萬四千多里,南北寬七千多里。

仗著強大的實力,檀石槐開始和東漢爭雄。

永壽二年(西元156年)七月,趁著秋高馬肥,檀石槐率領三四千騎兵侵犯雲中郡;

延熹元年(西元158年)、二年(西元159年)和六年(西元163年),鮮卑多次侵犯漢邊。

延熹九年(西元166年)夏,鮮卑幾萬騎兵侵入漢邊九郡,殺掠當地官吏百姓。

對於鮮卑的屢屢進犯,漢帝國予以堅決還擊,護匈奴中郎將張奐帶著親漢的南匈奴出塞抗擊,打了一個漂亮的反擊戰。

然而鮮卑並不死心,此後屢屢犯邊,當時朝廷正在集中精力對付羌人,無暇顧及鮮卑。為了安撫鮮卑人,朝廷只得採取綏靖政策,派使者前去封檀石槐為王,洽談和親事宜。

然而,漢帝國的和親示好遭到了檀石槐的嚴詞拒絕。

他早已看出漢帝國外強中乾,調集了更多的軍隊繼續襲擾邊境。

他將自己的地盤分為三部:從右北平郡以東,直至遼東郡,連線夫餘、濊貊等二十多個城邑,為東部;從右北平郡以西,直至上谷郡的十多個城邑,為中部;從上谷郡以西,直至敦煌郡、烏孫等二十多個城邑,為

西部。每一部設一名大人首領，統領軍政事務。

至靈帝即位時，邊境各郡尤其是幽、並、涼三州，每年都會遭到鮮卑人的劫掠，損失慘重。

熹平六年（西元 177 年）八月，朝廷終於騰出手來反擊。烏桓校尉夏育從高柳出發，破鮮卑中郎將田晏從雲中出發，匈奴中郎將臧旻率南匈奴的部隊從雁門出發，各率騎兵一萬多人，分兵三路出塞，推進兩千餘里。

檀石槐沉著應對，命三個首領各自率領部眾迎戰。

這一戰，漢軍慘敗，夏育等人陷入絕境，在身邊數十騎的拚死保護下才突出重圍，漢軍戰死者十之七八。

三位將領僥倖逃回洛陽，按律當斬。然而在王甫等人的保護下，三人交了一筆贖金，被貶為庶人。

經此一戰，檀石槐更不把漢朝放在眼裡，接連進犯遼西、酒泉。遠在洛陽的劉宏看著雪片般的求救信，只有唉聲嘆氣的份兒。

所幸的是，檀石槐四十五歲時就病故了，兒子和連繼任首領之位。此人沒什麼才能，將事情搞得一團糟，他領兵攻入北地，結果被射死。他死後，鮮卑陷入了四分五裂的狀態。

天災人禍交織

皇帝整日沉浸在紙醉金迷中，宦官及其黨羽一手遮天、攬權斂財，士人被禁錮，在地方蟄伏等待復出時機，那平民百姓呢？

他們顯然是不配擁有姓名的，或許，他們看宦官和士人的鬥爭，會有一種「熱鬧是他們的，我什麼也沒有」的感覺，他們是被反覆壓榨的沉默

第七章 內憂外患

的大多數，為了填飽肚子整日在地裡刨食。

然而，老天爺對他們似乎也不太眷顧，《後漢書·五行志》中記載了大量桓帝和靈帝兩朝的自然災害：

桓帝延熹二年（西元 159 年）夏，霖雨五十餘日。

靈帝建寧元年（西元 168 年）夏，霖雨六十餘日。

熹平元年（西元 172 年）夏，霖雨七十餘日。

中平六年（西元 189 年）夏，霖雨八十餘日。

大雨連綿，一下就是幾十天，根本沒有停歇的跡象。老百姓站在田壟邊，看著全部爛在地裡的莊稼，欲哭無淚。

五行政治學家解釋說是木失其性而形成的災難，並說這是由於皇帝流連狩獵、浪費食物、貪圖享樂、奪民農時造成的。

桓帝元嘉元年（西元 151 年）夏，旱。

延熹元年（西元 158 年）六月，旱。

靈帝熹平五年（西元 176 年）夏，旱。

熹平六年（西元 177 年）夏，旱。

光和五年（西元 182 年）夏，旱。

光和六年（西元 183 年）夏，旱。

連年大旱，而且多發生在莊稼正茁壯成長的夏季，莊稼顆粒無收，老百姓的日子要多慘有多慘，有的逃荒要飯，有的賣兒賣女。大部分農民只能眼睜睜看著皸裂的土地和乾涸的河溝，繼續乞求老天爺降下雨水。

五行政治學家解釋說是金失其性而形成的災難，並說這是由於皇帝喜好攻戰、輕視百姓、美飾城郭，以及異族屢屢入侵邊境造成的。

大旱之後必有蝗災。

桓帝永興元年（西元153年）七月，三十二郡國蝗災。

二年六月，洛陽蝗災。

永壽三年（西元157年）六月，洛陽蝗災。

延熹元年（西元158年）五月，洛陽蝗災。

靈帝熹平六年（西元177年）夏，七州蝗災。

密密麻麻的蝗蟲鋪天蓋地而來，所到之處寸草不生，將一切可以吃的糧食啃噬得一乾二淨。

靈帝有一次召問臣下：「連年蝗蟲至冬蹋，原因何在？」

大儒蔡邕站出來答道：「臣聞《易傳》中說，大作不時，天降災，則蝗蟲來。《河圖祕徵篇》中說，帝貪則政暴而吏酷，酷則誅深必殺，主蝗蟲。蝗蟲，貪苛之所致也！」

蔡邕將蝗災的發生歸咎於嚴苛的政治，希望皇帝能有所醒悟，但是這顯然是對牛彈琴。

桓帝建和二年（西元148年）五月，北宮掖庭中德陽殿火，及左掖門。

延熹四年（西元161年）正月，南宮嘉德殿火，丙署火；二月，武庫火；五月，原陵長壽門火。

五年（西元162年）正月，南宮丙署火；四月，恭北陵東闕火，虎賁掖門火；五月，康陵園寢火，中藏府承祿署火；七月，南宮承善闥內火。

六年（西元163年）四月，康陵東署火；七月，平陵園寢火。

八年（西元165年）二月，南宮嘉德署、黃龍、千秋萬歲殿皆火；四月，安陵園寢火；閏月，南宮長秋、和歡殿後鉤盾、掖庭朔平署各火；十一月，德陽前殿西閣及黃門北寺火。

九年（西元166年）三月，京都夜有火光轉行，民相驚噪。

207

第七章　內憂外患

靈帝熹平四年（西元 175 年）五月，延陵園火。

光和四年（西元 181 年）閏月，北宮東掖庭永巷署火。

五年（西元 182 年）五月，德陽前殿西北入門內永樂太后宮署火。

中平二年（西元 185 年）二月，南宮雲台火。

連年不斷的火災將洛陽城的各個宮殿幾乎燒了個遍，熊熊火光、漫天濃煙中，許多皇家建築成了廢墟。

五行政治學家對火災的解釋是火失其性而形成災難，原因是君主拋棄法律、驅逐功臣、誅殺太子、以妾為妻。

桓帝建和二年（西元 148 年）七月，京師大水。

三年（西元 149 年）八月，洛陽大水。

永興元年（西元 153 年）秋，河水溢，漂流人、物。

二年（西元 154 年）六月，彭城泗水增長，逆流。

永壽元年（西元 155 年）六月，洛水溢至津陽城門，漂流人、物。

永康元年（西元 167 年）八月，六州大水，勃海海溢。

靈帝建寧四年（西元 171 年）五月，山水大出，漂壞廬舍五百餘戶。

熹平二年（西元 173 年）六月，東萊、北海海水溢位，漂流人、物。

三年（西元 174 年）秋，洛水出。

四年（西元 175 年）夏，郡國三水，傷害秋稼。

光和六年（西元 183 年）秋，金城河溢，水出二十餘里。

中平五年（西元 188 年），郡國六水大出。

桓帝延熹四年（西元 161 年）五月，洛陽冰雹大如雞蛋。

七年（西元 164 年）五月，洛陽冰雹。

靈帝建寧二年（西元 169 年）四月，冰雹。

四年（西元 171 年）五月，河東冰雹。

光和四年（西元 181 年）六月，冰雹，大如雞蛋。

中平二年（西元 185 年）四月，冰雹，傷稼。

江河決堤、海水氾濫，雞蛋大的冰雹砸下來，幾十萬災民流離失所。

桓帝建和元年（西元 147 年）四月，洛陽地震；九月，洛陽地震。

三年（西元 149 年）九月，洛陽兩次地震。

元嘉元年（西元 151 年）十一月，洛陽地震。

二年（西元 152 年）正月，洛陽地震；十月，洛陽地震。

永興二年（西元 154 年）二月，洛陽地震。

永壽二年（西元 156 年）十二月，洛陽地震。

延熹四年（西元 161 年），洛陽、右扶風、涼州地震。

五年（西元 162 年）五月，洛陽地震。

八年（西元 165 年）九月，洛陽地震。

靈帝建寧四年（西元 171 年）二月，地震。

熹平二年（西元 173 年）六月，地震。

六年（西元 177 年）十月，地震。

光和元年（西元 178 年）二月，地震；四月，地震。

二年（西元 179 年）三月，京兆地震。

三年（西元 180 年），自秋至明年春，酒泉表氏地八十餘動，湧水出。

六年（西元 183 年）十月，洛陽地震。

除了地震，還有山崩地裂。

和平元年（西元 150 年）七月，廣漢梓潼山崩。

第七章　內憂外患

永興二年（西元 154 年）六月，東海朐山崩。

永壽三年（西元 157 年）七月，河東地裂。

延熹元年（西元 158 年）七月，左馮翊雲陽地裂。

三年（西元 160 年）五月，漢中山崩。

四年（西元 161 年）六月，泰山、博尤來山崩解。

八年（西元 165 年）六月，緱氏地裂。

永康元年（西元 167 年）五月，洛陽高平永壽亭、上黨泫氏地裂。

靈帝建寧四年（西元 171 年）五月，河東地裂十二處，裂縫合長十里百七十步，廣者三十餘步，深不見底。

在古代，每次大地震帶來的災難都是毀滅性的，五行政治學家對山崩地裂及地震的解釋是土失其性而形成災難，原因是君主大興土木，營造宮室亭臺樓閣、大肆淫亂、突犯親戚、侮辱父兄。

中華民族自古講求天人感應，認為天象和人間事有相互對應的關係，所有的災害都是由於皇帝的一系列不當舉措造成的。《中庸》云：「國家將興，必有禎祥；國家將亡，必有妖孽。」桓靈二帝時，蝗災、旱澇、冰雹、地震、山崩等自然災害一個接一個出現，搞得朝野上下人心惶惶。

除了各種自然災害，桓靈兩朝，各種詭異奇葩怪事也是層出不窮，比如雌雞化雄、大樹一夜暴長、坐騎生人、馬咬死人、形狀像龍的黑氣等，甚至還有人閒著沒事拿弓箭射北闕的。

再比如古人最擔憂的日食，整個東漢一百九十六年，共發生日食七十二次，而桓靈兩朝總共四十二年，發生日食二十四次。

這麼密集，讓人不多想都難。

其實這種自然災害及奇葩事，放到盛世時不會引起太大的波瀾，遭了災自有朝廷賑濟，可到了衰世，廟堂之上烏煙瘴氣，各級官吏盤剝壓榨，

百姓沒了活路，對這種奇葩事件格外敏感。

對於外面發生的這一切，劉宏其實內心也很慌，他特意詢問蔡邕：「近來災異屢屢發生，不知是什麼罪咎引起的。朝廷焦急，朕心裡也害怕，詢問朝中百官，想聽到一些忠言，可他們都守口如瓶，不肯說實話。你經學功底深厚，所以朕特地徵求你的意見，希望你知無不言言無不盡，指陳政要，不要唯唯諾諾，或者懷疑恐懼。你可全按經述對答，為了保密，記得用皂囊封上。」

蔡邕也是憂心如焚，他洋洋灑灑寫了一篇長文，認為婦人、宦官干預政事是怪異發生的原因之一。乳母趙嬈和外戚霍玉、程大人等人攬權納賄，皇帝應該有所提防，太尉張顥、光祿勳偉璋、長水校尉趙玹、屯騎校尉蓋升等人貪汙受賄，非但不能重用，還應加以貶斥。

蔡邕同時還向劉宏推薦了可以重用的大臣，他說：「廷尉郭禧純厚老實，光祿大夫橋玄聰達方直，故太尉劉寵忠實守正，這些人忠誠可信，每逢大事應諮詢他們的意見。」

蔡邕自知在這篇對問中揭露了太多的問題，擔心事情不密，被人報復，所以他在奏摺中一再懇求皇帝為他保密。

劉宏看了這份痛陳時弊的奏章，久久無言，只有嘆息。或許他也清楚，蔡邕的意見是對的，可他做不到，整個官僚系統已經糜爛，如果要清除這些腐敗分子，等於自毀政權，只會加速滅亡。

帝國如同一輛失控的馬車，正在下坡路上奔馳，劉宏雖然手執韁繩，卻已無法勒令止住。

看完奏摺，也不知是劉宏疏忽還是有意的，他沒有收起奏摺，直接去了趟廁所。正巧宦官曹節就在皇帝身邊伺候著，他見皇帝看得投入，神情肅穆，就覺得有些不對勁。趁著皇帝上廁所的當下，他快速瀏覽了蔡邕的奏摺，看得心驚肉跳，立即告訴了自己的同黨。

第七章　內憂外患

宦官集團自此盯上了蔡邕，準備報復。

趕上這麼個混帳世道，想安居樂業是不可能了，只求能有一口吃的。可官府顯然不打算放過百姓，收成不好，但是官府的賦稅必須交，怎麼辦？

帝國混亂腐敗到了這個地步，簡直是國將不國了。

隨之而來的便是各種民謠四處散播，比如這首：「小民髮如韭，剪復生；頭如雞，割復鳴。吏不必可畏，從來必可輕，奈何望欲平！」

既然統治者把民眾當韭菜，那民眾也不必畏懼那些官吏了，有膽大的甚至拉起了一支隊伍，向腐朽的帝國發出了挑戰。

從桓帝到靈帝，民眾暴動日趨激烈，沉默的大多數中，已經有人將造反的旗幟高高舉起。

桓帝建和元年（西元 147 年），陳留人李堅起義，自稱皇帝。

和平元年（西元 150 年），扶風人裴優起事，自稱皇帝。

永興二年（西元 154 年），蜀人李伯起事，自立為「太初皇帝」。

延熹八年（西元 165 年），勃海人蓋登起義，自稱「太上皇帝」。

靈帝熹平元年（西元 172 年），會稽人許昌（又稱許生）起義，自稱「陽明皇帝」。

光和元年（西元 178 年），一白衣人入德陽殿，說：「我是梁伯夏，有人教我上殿為天子」。中黃門派人捉拿，結果一眨眼的工夫，那人不見了蹤影。

中平四年（西元 187 年），漁陽人張舉自稱天子。

中平五年（西元 188 年），益州黃巾馬相自稱天子。

面對一系列的造反，朝廷雖然也派了部隊去鎮壓，但總是顧此失彼。

造反的多是流民,一旦官軍來剿,打不過就降了,或者一哄而散,等官軍走了又重新聚集,繼續鬧革命。

朝廷不堪其擾,只得剿撫並用,桓帝大赦天下十四次,靈帝大赦天下十六次,可赦來赦去,民眾總是不領情。各地造反的火焰越燒越旺,直至一個叫張角的人出現,帶領一群頭戴黃巾的流民,登上了漢末歷史舞臺的中央,開啟了新的亂世。

第七章　內憂外患

第八章
黃巾起義

第八章　黃巾起義

蒼天已死，黃天當立

催生這次大起義的，乃是一個神祕的宗教，名字叫「太平道」。

靈帝時，冀州鉅鹿人張角偶然間得到了一本書，名為《太平青領書》，也稱《太平經》，隨後便以該書之名，創立了太平道。

《太平青領書》的作者到底是誰，沒有人知道。《三國志》上說，順帝時，有個叫宮崇的道士，送了本書給皇帝，名字就是《太平青領書》。據說是他師父于吉在曲陽泉水上得到的神書，共百餘卷。

這是一本什麼樣的書？

《太平經》原有一百七十卷，現只殘存五十七卷。我大概翻了一下，書中內容可謂是五花八門，學仙修道、輔佐君王、行善積德、調和陰陽等應有盡有，堪稱漢代民間方術大全。當然，如果說有什麼亮點，那就是在這本書中，作者提出了「太平」的美好社會理想。

順帝看到這本書，讓大臣們討論討論，大夥兒卻認為這是「妖妄之經」，結果被封存雪藏。

于吉往來於吳會之間，立精舍，燒香讀道書，煉丹藥、製符水救治病人，一時間江浙地區無人不知，無人不曉。

于吉遊走於鄉間城郭救死扶傷，貧富貴賤一視同仁，在百姓眼裡，這就是神仙。

有一次，孫策大會賓客於城門樓上，雄姿英發，氣宇非凡。就在酒酣耳熱之際，眾人只見一位道士打扮的老人緩緩步入城內，攜一漆畫的木箱子，從樓下走過，所到之處竟然萬民跪拜，還一口一個老神仙！

孫策正打算問一問身邊這些人，一回頭卻發現所有人都下樓去見于

吉了。

孫策當場就怒了，二話不說，直接把于吉關了起來。

眾人想勸孫策，可此刻的孫策火氣正盛，有幾個腦子快的趕忙跑進城裡通風報信給孫策的母親，請她出面協調，不料這更激怒了孫策。

《搜神記》中說，那年江東大旱，于吉被捕之後被孫策勒令祈雨。于吉神色如常，不悲不喜，從始至終沒說過一句話，當即起身作法。須臾之間，原本萬里無雲的天空竟然烏雲密布，裹挾著電閃雷鳴。不一會兒，傾盆大雨兜頭澆下來，淋透了土地。

城中萬民跪拜，就在眾人以為于吉可以活命時，孫策卻冷著臉處死于吉。

于吉在順帝時已經開始在各地傳道，至建安五年（西元 200 年）被殺，死時九十多歲。殺于吉這事在當時是很不得人心的，所以孫策死後，就產生了于吉索命的傳說，還說于吉的屍體半夜就不見了云云。

于吉是個傳教的道士，但是張角沒有跟他同走一條路，《太平經》傳到張角手裡後，重新煥發了生機。

《太平經》為張角開啟了人生的另一扇大門，他將《太平經》視為寶書，主張自食其力，宣揚周窮救急的思想，聚攏了一大批信徒。

張角傳道之時，正是大規模瘟疫流行之際。據《後漢書》的記載，僅桓靈之際，帝國就暴發了七次大規模的瘟疫：

桓帝元嘉元年（西元 151 年）正月，京都大疫；二月，九江、廬江又疫。

延熹四年（西元 161 年）正月，大疫。

靈帝建寧四年（西元 171 年）三月，大疫。

熹平二年（西元 173 年）正月，大疫。

光和二年（西元 179 年）春，大疫。

第八章　黃巾起義

光和五年（西元182年）二月，大疫。

瘟疫與人類社會的發展如影隨形，自夏商開始，歷朝歷代都有對瘟疫的記載。東漢末年疫病橫行，由於當時醫療條件的制約，加上百姓因為貧困看不起病，死於瘟疫的百姓不可勝數。

建安九年至建安二十四年（西元204年至西元219年），瘟疫流行達到高峰。當時著名的醫學家張仲景曾悲痛地回憶道，他的家族本來人口眾多，有兩百餘人，但是在瘟疫流行期間，竟有三分之二的人口病死，而其中又有七成是死於傷寒。在東漢王朝的首都洛陽地區，瘟疫竟奪去了一大半人的生命。曹植在〈說疫氣〉中這樣描述：「建安二十二年，癘氣流行，家家有殭屍之痛，室室有號泣之哀。或闔門而殪，或覆族而喪。」

面對可怕的疫病，當時的人們幾乎是束手無策。每次大疫之後，村村聞哭聲，家家見燒紙，那種滿目瘡痍的慘象讓張角刻骨銘心。

張角手持九節杖，穿街走巷，一邊傳道，一邊治病救人。他會點醫術，更重要的是，他懂得心理療法，收了大量弟子，代他行醫行善。每次為人治病時，他要病人先下跪懺悔，然後讓他們喝下自己調製的符水。

信徒越聚越多，張角仍覺得不夠，他派出弟子八人，到全國各地拓展業務。八大弟子不辱使命，打出張角和「太平道」的旗號，取得了卓有成效的業績。

名聲越做越大，影響越來越大，張角成了貧苦百姓眼中的「救世主」。

「救世主」之名不脛而走，一傳十，十傳百。起初張角只是在老家鉅鹿一帶活動，經過十餘年的經營，他的信徒已經達到數十萬人之多，廣布於青州、徐州、幽州、冀州、荊州、揚州、兗州、豫州。

張角自稱「大賢良師」，作為教主，他在信徒中獲得了神一般的地位，很多人甚至變賣自己的家產，千里奔波前來投奔張角。前往鉅鹿的道路水

洩不通，幾萬人還沒見到自己的精神導師，就死在半路上。

張角的影響力這麼大，官府難道毫不知情嗎？

當然不是。

儘管太平道已風靡天下，教眾人數達數十萬，但是直到此時，還僅是活動於民間的宗教團體，對外沒有流露出任何政治跡象。

無論是地方還是朝廷，對張角的存在都十分清楚，但是大家都沒有察覺出張角的野心，反而對他讚譽有加。官員們覺得張角的所作所為有助於勸善教化，因此，全力支持他。他的信徒不只流浪的平民，還包括豪強大姓，乃至中央和地方官員，這其中還包括宮裡的宦官。

由此可見，張角及其宗教的滲透力有多強。

可是地方官府低估了張角。

當一個人從人變成神，他又怎能受世俗規則的約束呢？

還是有人意識到了問題的嚴重性。

司徒楊賜對太平道勢力的擴張憂心忡忡，他與掾屬劉陶，也就是那個領導第一次學生運動的劉陶，進行了一次私下的談話。

楊賜：「張角等人逢大赦不思悔悟，反而變本加厲，如今若是下令州郡逮捕，恐怕會引起更大的騷亂，反而加速變亂。我打算嚴厲要求各地刺史、兩千石大員，查出流民，將他們送還本土，藉機削弱其黨羽，然後誅其首領，可不費力平定，你看如何？」

劉陶深表贊同：「這就是孫子所說的不戰而屈人之兵。」

見得到劉陶的首肯，楊賜便將他的主張整理成文上報皇帝，認為應當遣散太平道教徒，讓他們回到鄉里種田。

然而，未等劉宏答覆，楊賜已被宦官集團排擠出去，奏議留中不發。

第八章　黃巾起義

楊賜雖然被撤職了，但是劉陶隨後上了措辭更激烈的奏議：

「張角等人非常猖獗，各地傳來消息說，張角等人偷偷派人潛入京師，偷窺朝廷的動向。州郡官員也害怕得罪他們，只是口頭彙報情況，不願書面上報。朝廷應當頒布詔書，懸賞捉拿張角等人，膽敢推諉躲避者與張角同罪。」

劉陶的建議到劉宏的跟前卻成了耳邊風。令他哭笑不得的是，因他本人精通《春秋》，劉宏索性讓他去編《春秋條例》。

有一次，劉宏移居南宮，才看到楊賜的奏疏。想了半天，他下詔封楊賜為臨晉侯，食邑一千五百戶。

至於建議嗎，自然是置之不理，在他看來，一夥無業遊民能有什麼威脅，自己哪裡有心思來管這等閒事。

誰也沒有意識到天下大變已經近在眼前。

但事實是，楊賜真的猜對了，張角就是在搞事情。

楊賜等人的奏摺被晾在一旁時，張角已在加速暴動的步伐。

張角創立太平道的目標十分明確，即借用宗教旗幟爭取民心，組織群眾，推翻腐敗的東漢王朝。因此，當太平道發展壯大後，起義只是時機問題了。

他把全國分為三十六個區，稱為三十六方，大方有萬餘人，小方有六七千人，每方都設立一個負責人，稱為渠帥，相當於將軍。

不過在起義之前，必須要先做好政治宣傳，替諸位教徒洗洗腦。很快，中原大地突然流傳起一句讖語：「蒼天已死，黃天當立，歲在甲子，天下大吉。」

與此同時，京城各辦事官署衙門的大門口上，先後出現了用白灰寫的兩個大字：甲子。

> 蒼天已死，黃天當立

大變在即，所有人都隱隱察覺到了異樣的氣氛，感覺有大事要發生。洛陽城內外的茶坊酒肆中，百姓都在議論此事，有人說這是太平道散布的，他們在密謀一樁大事。然而，當官府四處查訪時，卻是查無實據。

造勢完成後，張角將起義的日子定在了第二年，也就是靈帝中平元年（西元184年）三月五日，正好是甲子年甲子日。

太平道的總部在鉅鹿，經過周密部署，張角將起義的第一棒交到了大方首領馬元義手上。

馬元義是張角最為信任和倚重的骨幹，他的地盤在鄴城，離鉅鹿有些距離。接到任務後，馬元義祕密調遣了數萬人集結待命，隨後派人攜鉅款前往京城，祕密賄賂中常侍封諝、徐奉，拉攏這兩位宦官做內應。只要教徒攻打京城，他們就在皇宮內發動政變，配合外面的太平道教眾推翻東漢朝廷。

準備工作已經就緒，張角與眾人約定，在三月五日這一天正式豎起反旗。

一切看上去都很完美，起義萬事俱備，所有人都在翹首以盼。

然而，就在日子臨近時，中途卻出了問題，準確來說，是出現了一個叛徒。

一個叫唐周的人向朝廷告密，揭發了太平道準備造反的計畫。

劉宏驚出了一身冷汗，原來真有人敢造反！他先是驚訝，繼而是憤怒，下令立即逮捕馬元義。

離起義時間只有一個月了，此時的馬元義正在洛陽城中四處聯繫，做最後的準備工作。正當他沉浸在自己的宏大計畫中時，卻遭到了致命的背叛，他被關進深牢大獄之中，幾天後被五馬分屍。

這是一個訊號，朝廷終於反應過來，準備對太平道痛下殺手。

根據劉宏的指示，三公和司隸校尉立即在洛陽城展開了一場大排查，

第八章　黃巾起義

從朝廷到民間，全面清查信仰太平道的人員。不查不知道，一查嚇一跳，竟然有一千多人與太平道有密切關聯。

皇帝一揮手，這些人無須審訊，通通拉出去砍了！

劊子手的屠刀高高舉起，一顆顆頭顱四處滾動，刑場很快被血水淹沒，血腥氣瀰漫在洛陽城上空。

與此同時，一匹快馬帶著朝廷的詔令，日夜兼程趕往冀州，勒令地方官員火速把太平道首領張角捉拿歸案。

地方官手忙腳亂開始布置抓捕事宜，而此時，張角已經透過自己的眼線得知了起義計畫洩漏的消息，官軍正在來抓捕自己的路上。

情況緊急，必須馬上起義！

張角釋出起義令，派人送達全國三十六方，要求各地立即動員起來，將起義時間提前到二月。

為了避免和官軍弄混，張角下令起義軍的標誌是頭裹黃巾。

這場暴動由於起義軍均頭裹黃巾，因而在歷史上被稱為「黃巾起義」。

遍地豪傑戴黃巾

張角對起義密謀已久，雖然由於消息提前洩漏，起義計畫為朝廷所知悉，但是他仍然能掌控局勢，果斷發動全國武裝起義。張角舉行了誓師大會，斬了貪官汙吏的頭祭旗，隨後自稱「天公將軍」，他的兩個弟弟，張寶稱「地公將軍」，張梁稱「人公將軍」。

黃巾軍一路掃蕩，所到之處焚燒官府衙門，劫掠州郡，地方官員自知不是對手，紛紛逃亡。這些地方官大多是權貴子弟或買來的官，盤剝欺壓

百姓有一套，一聽說有人造反了，一個個跑得比兔子都快。黃巾軍攻城略地，所到之處攻必取、戰必勝，如入無人之境，不到一個月的時間，已控制了許多州郡，生擒安平王劉續、甘陵王劉忠。

一時之間，全國各地烽煙四起，洛陽城岌岌可危。這下子，連皇帝劉宏也有些慌了，趕緊召集群臣商議，要大夥兒替他想辦法。

群臣各抒己見，然而大多是些廢話，只有北地太守皇甫嵩說了點有用的話。他認為，如今黃巾軍猖獗，值此危機四伏之際，朝廷必須立即解除黨錮，釋放被捕的清流黨人，防止清流黨人與黃巾起義軍合流；皇帝也應該拿出私房錢，賞賜給出征的將士，激發他們的鬥志，如此黃巾之亂必平。

皇甫嵩，安定郡朝那縣人，叔叔皇甫規是東漢名將、涼州三明之一，父親皇甫節曾任雁門郡守，久為邊將。皇甫嵩出身將門世家，少年時便有文武之志，好詩書，熟悉弓馬。當初涼州的地方官推薦他為孝廉和茂才，太尉陳蕃、大將軍竇武接連徵辟，他都沒有應徵。

靈帝也對他有所耳聞，專門派一輛公車前往涼州迎接他到京城任職。這就是所謂的「公車徵召」。皇甫嵩到洛陽後，初為侍郎，此後遷任北地郡太守。

皇甫嵩雖是武將，但是他對當時的形勢有著清醒的認知，一眼就看出問題的核心在於朝廷太腐敗，不只是百姓，連士大夫的心都籠絡不住。兩次黨錮之禍，延續了十六年，無數士人菁英被屠戮，剩下的被免官禁錮，終生不得做官。可以這麼說，經過這次事件，士人集團與皇權徹底決裂。

黨人雖然被發配原籍，但是他們大多是地方豪族，在當地依然有著不可估量的影響力。一旦他們和黃巾起義軍合流，局勢必將失控！

黨錮一案是皇帝的逆鱗，朝堂之上已經很久沒人敢提了。聽到皇甫嵩的這個建議，束手無策的劉宏本打算和十常侍商量，但是當他看到群臣的

第八章　黃巾起義

不滿和憤怒後，轉而找了和十常侍不對付的宦官呂強。

面對皇帝急切的詢問，呂強開門見山道：

「黨錮久積，人情怨憤，若再不寬赦，這些人必將與張角合謀，為患滋甚，後悔無及！今請先誅貪懲濁，然後大赦黨人，察量兩千石刺史能否撥亂反正，則盜賊必平無疑！」

懲治腐敗，是為了挽回民心；大赦黨人，是為了讓政權恢復生機。

在皇甫嵩和呂強的積極爭取下，清流黨人總算重獲自由，被陰霾遮蔽的大漢天空總算透出了一絲光亮。

十常侍是何等精明之人，他們主動向劉宏申請，要求皇帝准許他們退出政壇，召回了在地方上任職的親屬，騰出位子以便讓皇帝安排。

劉宏大為高興，對十常侍青睞有加，而以退為進的十常侍隨後採取行動，對呂強進行了瘋狂報復。

中常侍趙忠、夏惲羅織了呂強的兩條罪行：一是呂強經常讀《漢書・霍光傳》，與黨人共同非議朝政；二是呂強的兄弟、親屬在地方上貪汙腐敗。

劉宏感覺自己受到了欺騙，憤怒的他立即命人去捉拿呂強。呂強知道自己必死無疑，怒不可遏地說：「我死後，大亂將起，大丈夫欲盡忠國家，豈能與獄吏相對！」遂自殺。

呂強死後，趙忠、夏惲仍不放過他，在劉宏面前添油加醋地說：「呂強被皇帝召見，尚不知所問何事，就尋了短見，其姦情自明。」

呂強的宗親被打入大牢，財產被沒收。

朝堂又陷入了一片沉默中。

宦官胡作非為，一些有正義感的大臣看不下去了。侍中向栩給劉宏上書，揭發張讓等人的惡行，並對其挖苦諷刺。張讓等人馬上反擊，還賊喊捉賊，硬說向栩勾結張角是內鬼。但是劉宏偏偏只信任這些宦官，不久之

後向栩被關進黃門北寺獄，死於獄中，死因不明。

很快，又有個不怕死的人走了出來，向十常侍發難。官居郎中的張鈞向皇帝上書：「竊以為張角能興兵作亂，萬眾樂附，其根源是十常侍多放父兄、子弟、婚親、賓客把持州郡，強奪財利，侵掠百姓。百姓之冤無處申訴，故圖謀不軌，聚為盜賊。今宜斬十常侍，懸頭於南郊，向百姓謝罪，遣使者布告天下，可不須部隊出征，大寇自消。」

劉宏看過後，沒作任何批示，轉給了十常侍。

十常侍看完嚇壞了，皆免冠徒跣頓首，乞求自往洛陽詔獄待罪，並願出家財以助軍費。

見十常侍如此，劉宏又有些不忍心了，讓他們戴好帽子穿起鞋，繼續上班。

十常侍走後，劉宏轉而把怒氣撒向了張鈞：「你也太狂了，十常侍中難道就沒有一個好人嗎？」

張鈞不依不饒，繼續上書，卻沒了下文。

劉宏下詔，讓廷尉、侍御史追查反賊的同黨。各級官員打著皇帝的旗號，私下卻依著中常侍張讓的意思，誣陷張鈞是太平道的信徒，將他抓進大牢，活活打死。

與此同時，中常侍封諝、徐奉與馬元義私下來往一事案發，二人被誅。

自己身邊的人都跟反賊來往密切，這還得了？劉宏怒斥十常侍：「你們常說黨人欲圖謀不軌，或是禁錮，或是伏誅。如今黨人重新起用，你們卻和反賊張角私下來往，你們自己說說，是不是該殺？」

十常侍連忙叩頭求饒，推卸罪責：「這是故中常侍王甫、侯覽所為，與我等無干，我等一直都是忠心陛下，為陛下效力的，請陛下明鑑！」

看著跪了一地、磕頭如搗蒜的宦官們，劉宏又心軟了，沒再追究。

第八章　黃巾起義

　　朝堂之上亂成了一團，而此時的黃巾軍正在逼近洛陽。慌亂之下，劉宏趕緊任命何進（何皇后的哥哥）為大將軍，屯兵都亭，鎮守京師，並在策略要地函谷、太谷、廣成、伊闕、旋門、孟津、小平津、轘轅等八大關口屯兵固守。

　　緊接著，劉宏調發天下精兵，拜盧植為北中郎將，命護烏桓中郎將宗員任其副手，率領北軍五校的將士，北上冀州討伐張角；左中郎將皇甫嵩、右中郎將朱儁揮師南下，討伐潁川的黃巾軍。

　　北中郎將盧植是海內大儒，文武全才，左中郎將皇甫嵩是將門之後，同樣文武全才，而右中郎將朱儁則來自社會底層。

　　朱儁，會稽郡上虞縣人，年少喪父，母親以販賣繒織品養家。朱儁因孝養母親而遠近聞名，其人好義輕財，很得鄉里敬重。

　　當時同郡人周規被朝廷徵召，曾向公府借錢百萬以整飭衣冠。後來周規家貧無力償還，朱儁於是以母親的繒帛去為周規還債。母親責備他，朱儁解釋道：「小小損失會獲得大的利益，先貧後富，這是必然的道理。」

　　在當地縣長的推薦下，朱儁在郡中謀了個職位，繼任的太守尹端任用他為主簿。後來有一次，尹端征剿失利，被州刺史彈劾，按律當斬。朱儁悄悄到京師，花費數百金，買通了主持章奏的官員，將刺史的奏章做了個小小的改動，減輕了尹端的罪責。尹端見罪過減輕，大喜，但是不知為何得減罪責，朱儁也從沒對人提起過此事。

　　此後，朱儁被舉為孝廉，任蘭陵令，頗有治績，再升任交州刺史，以家兵五千大破叛軍，平定了交州。戰後朱儁以功封都亭侯，食邑一千五百戶，入朝為諫議大夫。

　　黃巾起義爆發後，朝中公卿紛紛推薦朱儁，這才有了與皇甫嵩共同出征一事。

　　隨著朝廷一聲令下，漢帝國這架破舊的機器不得不超負荷運轉，各地

菁英部隊集結，大批糧草運往前線，各地郡守也可以自行招募士兵平叛。

這次行動中，皇甫嵩的表現最為搶眼。

皇甫嵩、朱儁共有四萬多人，到達潁川後，兵分兩路，皇甫嵩、朱儁各領一軍，遙相呼應，對黃巾軍實施合圍。然而，計畫趕不上變化，此時的潁川遍地都是頭裹黃巾的起義軍，人潮洶湧。朱儁這一路人馬遭到了黃巾軍將領波才的伏擊，剛出發就吃了一個大敗仗，不得不退出戰鬥。

黃巾軍得手後，仗著人多勢眾，轉而進攻皇甫嵩，把皇甫嵩軍包圍在一個名為長社的地方。

官軍被黃巾軍層層包圍，人心浮動。這種時候正是考驗一名將領的時候，身為主將的皇甫嵩一刻也不敢懈怠，帶著親信日夜在城上巡視，時不時替手下士兵們鼓勁打氣。在他的激勵下，城內士兵人心漸漸安定。

但是此時的形勢依然很嚴峻，皇甫嵩登上城頭觀察敵情，只見城外猶如一片黃色的海洋，黃巾軍萬頭鑽動，他們白天在城外耀武揚威，到了晚上也不消停，人喊馬嘶，亂哄哄一片。

皇甫嵩瞇著眼觀察著，很快他就發現了黃巾軍一個致命的弱點：依草結營。

他心生一計，召集將士們開會，並說出了自己的計畫：

「黃巾軍雖然人數眾多，但是不懂戰陣，依草結營犯了兵家大忌。這是天助我也，只要我們使用火攻，放火燒營，黃巾軍必定不戰自亂，到那時我軍趁勢掩殺四面合圍，定能將敵人一舉殲滅！」

眾人紛紛贊同，隨後各自去做準備。

夜晚時分，皇甫嵩讓守城士兵每人帶著一捆乾草，悄悄摸到敵營後放火，同時拚命吶喊製造聲勢。夜風很大，火借風勢，很快燃遍了整座大營，黃巾軍是一群烏合之眾，根本沒有多少臨陣經驗，遇此情況大亂。

第八章　黃巾起義

城上的皇甫嵩見偷襲得手，命令手下士兵也在城上點起火，又派出一支精壯士兵突襲敵營。

黃巾軍既要滅火，又要抵擋皇甫嵩的進攻，顧此失彼，狼狽不堪。就在這時，一支奇兵從黃巾軍背後殺來，加入了這場混戰。

黃巾軍四處逃竄，潰不成軍。

英雄不問出身

來者正是我們三國故事的主角之一曹操。

曹操為何會出現在這裡？我們還得從他此前的經歷說起。

熹平三年（西元174年），二十歲的曹操被舉為孝廉，初入仕途。他先是入京都洛陽為郎，不久遷為洛陽北部尉。洛陽城乃是天子腳下，公卿多如狗，權貴遍地走，大街上隨便拉出一個人可能都或多或少點背景，不好管理。

曹操一上任就申明禁令，嚴肅法紀，造五色大棒十餘根，懸於衙門左右，有犯禁者，皆棒殺之。皇帝寵幸的宦官蹇碩的叔父蹇圖違禁夜行，曹操毫不留情，用五色棒打死蹇圖，權貴們嚇得再不敢違禁。

曹操也因此得罪了一些當朝權貴，但是礙於其父曹嵩的關係，明升暗降，被調任頓丘令。

此後，曹操的仕途幾經波折，年輕的他有理想有抱負，也曾上書力挺竇武等人，但終究是無可奈何。

中平元年（西元184年），黃巾起義爆發，曹操被拜為騎都尉，他敏銳地意識到這是個機會，當即拉起了一支隊伍，協助清剿潁川的黃巾軍，趕

上了這一場大戰。

長社解圍後，朱儁率著殘兵敗將來與皇甫嵩、曹操會合。三人會合後，對黃巾軍窮追猛打，黃巾軍大敗，前後被殺數萬人之多。

接著，皇甫嵩又和朱儁一起鎮壓汝南、陳國地區的黃巾軍，追擊波才、進攻彭脫，連連取勝，平定了三郡之地。皇甫嵩上表朝廷，推功於朱儁。

這是黃巾起義以來，官軍所取得的第一場大勝仗。

劉宏聞訊，龍顏大悅，封朱儁為西鄉侯，遷鎮賊中郎將。

戰爭仍在繼續。

正當皇甫嵩與朱儁大破黃巾軍時，北中郎將盧植也在河北取得了重大勝利。

盧植與張角幾度交鋒，張角屢戰屢敗，被斬殺、俘虜一萬餘人。為了避開盧植的鋒芒，張角率軍退守廣宗縣，據城死守。盧植尾隨而來，將廣宗縣城圍了個水洩不通。

盧植之所以能在戰場上屢戰屢勝，不僅是他指揮得當，還因為他帶來的是真正的精銳主力部隊──北軍五校。

北軍五校包括屯騎、越騎、步兵、長水、射聲五營，設北軍中侯一人，以監其軍。北軍五校不僅有衛戍京師、侍從車駕之職責，還有外出征戰的任務，相當於中央直屬作戰部隊的王牌軍。

廣宗縣城雖然不大，但是城高池深，要想拿下絕非易事。盧植命人在外圍深挖壕溝，製造攻城器械，準備攻城。

可就在此時，劉宏派了小黃門左豐到盧植軍中視察工作。

左豐根本不懂軍事，只把這差事當作發財的良機。有人勸盧植送點禮給左豐，盧植拒絕，如今大敵當前，自己的軍費捉襟見肘，哪還有多餘的錢行賄？

第八章　黃巾起義

　　左豐沒撈到好處，懷恨在心，回到洛陽後就向劉宏打小報告：「我看廣宗縣城很容易攻破，盧植卻按兵不動，難道他是想等老天來誅殺張角嗎？」

　　劉宏一心想剿滅黃巾軍，輕信了左豐的謊言，龍顏大怒，下詔免除盧植的職務，用囚車押回洛陽，判處死緩。

　　隨後，劉宏改派董卓為東中郎將，接替盧植在冀州平定黃巾軍。

　　董卓是東漢末年的一個猛人，他身強力壯，性格粗野，勇猛好鬥。董卓成長於涼州，好結交羌人，曾到羌人部落遊玩，與很多羌人首領交情很好。後來董卓回了老家，幾個羌人首領來看他，董卓熱情邀請他們到自己家做客，殺掉自家耕牛款待眾人。羌人首領們非常感動，回去後湊了上千頭牲畜送給董卓。

　　董卓長大後，在隴西郡負責地方治安。當時匈奴人經常騷擾邊境、劫掠百姓，董卓領兵大破匈奴，斬獲千計。鮮卑人入塞，與叛亂的羌人聯合對抗漢帝國，朝廷拜張奐為護匈奴中郎將，負責平定幽、並、涼三州叛亂。董卓時任軍司馬，他在戰場上表現相當出色，取得了斬俘萬人的重大勝利。

　　這一次，董卓一上任，就對黃巾軍發起猛烈進攻，結果卻一敗塗地。

　　劉宏聽到董卓的敗績，氣得拍了桌子，立即將董卓撤職。

　　左思右想，劉宏覺得還是皇甫嵩打仗可靠，隨後他下詔，由皇甫嵩接替董卓，負責圍剿張角。

　　與此同時，張角把弟弟張梁的軍隊也拉回廣宗，加強守備力量。

　　皇甫嵩火速趕往廣宗，他仔細觀察廣宗的城防情況，在比較了盧植和董卓的打法後，決定圍而不攻。而此時，官軍也得知了一個情況：

　　自從起事以來，張角殫精竭慮，在自己的大本營苦撐危局，最終病死在了廣宗。

英雄不問出身

張角的死亡，為黃巾軍的心理造成了巨大衝擊，對信徒們而言，張角就是他們崇拜的偶像，是精神導師。

信徒們無法相信，那個走街串巷用符水救人的郎中，那個點化世人勸人向善的教主，那個在萬人中登高一呼的偶像，會真的與世長辭。由此看來，張角也只是凡人一個，並無超出常人之處。

天地豈無情乎，以萬物為芻狗？即使是最為尊貴的張角，也只能落得這樣的下場，那對凡庸的芸芸眾生而言，還有什麼希望？

城內守軍的信仰崩塌了，意志也不再堅定。

大哥死後，守衛廣宗的重任落在了張梁身上。

城外的官軍得知這個消息後，備受鼓舞，紛紛請戰，但是被皇甫嵩阻止了。

沒了帶頭大哥，黃巾軍的信心發生了動搖，他們不斷出城叫陣，想速戰速決，但是皇甫嵩就是不肯迎戰。看這架勢，官軍是打算長期圍困廣宗城，不打算硬拚了。

這倒讓張梁有些安心，也讓城內的黃巾軍產生了懈怠。

秋去冬來，凜冽的寒風吹得廣宗城上的軍旗獵獵作響，守城的黃巾軍一個個凍得瑟瑟發抖。夜幕降臨，巡邏的士兵更少了，根本沒有人留意城外的動靜。

守軍正是懈怠之際，此時不攻，更待何時？

皇甫嵩當即下令：「全體將士披甲待命，準備進攻！」

一架架雲梯架到城頭，官兵們如潮水般湧了上去，黃巾軍大多還在睡夢之中，迷迷糊糊被人叫醒，還沒緩過神來，就見官軍已然提著刀殺了過來。這些黃巾軍只是一群烏合之眾，沒有經過專門的軍事訓練，如今猝然遇襲，根本來不及反應就被收了人頭。

第八章　黃巾起義

　　黃巾軍頂不住了，開始往城外潰逃。

　　皇甫嵩趁勢掩殺過去，張梁在混戰中身亡，三萬名黃巾軍或戰死或被俘，五萬人在渡河時淹死。皇甫嵩大獲全勝，進入廣宗城後，他開啟張角的棺材，砍下腦袋，火速送往洛陽。

　　太平道的三個領袖死了兩人，只剩地公將軍張寶。

　　此時的張寶正在鉅鹿郡最北邊的下曲陽駐守。自從廣宗城丟失後，下曲陽就成了河北黃巾軍的中心，拿下這裡，對全國戰局的發展至關重要。

　　十一月的北方天寒地凍，萬物蕭瑟，放眼望去，北方大地一片蒼茫。皇甫嵩沒有休息，他帶著大軍再次出征，一個月後在下曲陽再次譜寫不敗的神話，大勝黃巾軍，陣斬張寶，殲滅和俘虜十餘萬人。

　　至此，張角兄弟全部死亡，皇甫嵩消滅了河北的黃巾軍，名震天下。

　　劉宏隨後下詔，拜皇甫嵩為左車騎將軍領冀州牧，封槐里侯。

　　當皇甫嵩在燕趙之地大殺四方時，朱儁也在中原腹地浴血奮戰。

　　他接到的任務是對付南陽黃巾軍。

　　南陽郡黃巾首領張曼成起兵，自稱「神上使」，擁眾數萬，殺郡守褚貢，屯駐宛城百餘日。新任命的太守秦頡陣斬張曼成，重創南陽黃巾軍。

　　然而黃巾軍餘眾死灰復燃，又推舉趙弘為帥，聚集了十幾萬人。朱儁、荊州刺史徐璆和秦頡合兵一萬八千人，進擊趙弘，結果雙方硬碰硬了三個月，官軍始終不能取勝。

　　朝堂之上，有人建議召朱儁回京，司空張溫上疏勸阻：「當年秦用白起，燕任樂毅，都是曠年持久，才能克敵。朱儁率部討伐潁川黃巾軍已經取得了顯著效果，如今計畫已定，臨陣換將乃是兵家大忌，不如給他一點時間，我相信朱儁定能消滅黃巾餘黨！」

　　幸虧張溫勸阻，劉宏才沒有調動。

朱儁沒有辜負張溫的信任，他重新調整部署，揮兵急攻宛城。終於，宛城被破，趙弘戰死。

　　一般說來，城門失守，基本上敗局已定，但是黃巾軍餘眾並不甘心，他們在韓忠的率領下展開了巷戰，最終逆襲成功，又一次奪回了宛城。

　　朱儁很無奈，自己在城外硬碰硬數月，好不容易攻入城內，結果被對方撐了出來。將士們已十分疲憊，如果再度強攻，恐怕也不會有太大的效果。怎麼辦？

　　思慮再三，他決定聲東擊西。

　　朱儁派出一部分兵力在宛城西南角發動佯攻，擂鼓大造聲勢，吸引黃巾軍主力，自己則親率精兵五千，悄悄繞到東北角發動突襲。

　　守軍果然中計，東北角城防空虛，被官軍突入城內。正在西南角苦戰的韓忠得知外城已破，不敢戀戰，只得退入內城。他知道宛城陷落是遲早的事，只得派人與朱儁談判，請求獻城投降。

　　如此好事，朱儁的部下求之不得，可是朱儁不做，他說：「兵有形同而勢異者。昔日秦、項之際，民無定主，所以常用賞附來勸降。如今海內一統，只有黃巾軍造反，納降他們不能使人向善，討伐他們足以懲惡。現在如果接受他們的投降，就是放虎歸山，亂賊走投無路了就想投降，一有機會還會叛變。今天我們要是同意，豈不是放縱他們長期作亂嗎？此非良計也，不如一鼓作氣討平亂賊。」

　　其他人只得遵命，繼續硬碰硬內城守軍。

　　黃巾餘眾見投降無望，反倒生出了拚死一搏的決心，繼續與外城的官軍硬碰硬。

　　官軍屢攻不下，朱儁心裡也很焦急，他登上城外一座山丘，遠眺內城的防守情況。看了半天，他忽然想到了什麼，對一旁的張超說道：「賊人

第八章　黃巾起義

外圍堅固，內營逼急，不能求降，也不能出城，所以他們才會殊死戰鬥。萬人一心，尚且不可擋，何況是十萬呢！要瓦解黃巾軍的鬥志，必須讓出一條活路！」

他下令撤去對宛城的包圍，退師數里。

果不其然，黃巾軍見官軍解圍，紛紛出城，準備殺出一條血路。朱儁早有準備，調集官軍追擊十餘里，斬殺一萬餘人。韓忠下馬投降，被南陽太守秦頡一刀斬了，剩餘的黃巾軍眼看無力衝出重圍，又擁立孫夏為帥，躲進了宛城。

朱儁再一次包圍宛城，這一次他沒有給對方喘息的機會，而是發動了猛烈進攻。

戰鬥異常激烈，官軍抬著趕造的雲梯，鼓譟進攻，梯頭有抓鉤，可以牢牢鉤在城牆上。官軍身披重甲，扛著蒙皮的盾牌，順著竹梯向城頭攀爬。城上的黃巾軍也殺紅了眼，不斷澆下開水，砸落木石磚塊，近距離施放箭矢，幾乎每一瞬息，都有先登甲士中招跌落下來。

朱儁親自督戰，他死死盯著城頭，城下的官軍也彎弓反擊，趁著城頭的反擊停頓的片刻，只見一名大漢竟身先士卒，攀緣雲梯，銜劍而上，動作異常迅速。

守軍一時沒有緩過神來，大漢幾步就躍上了城頭。他叱吒呼喝，左旋右斬，以刃擊敵。城下的官軍也被鼓舞，相繼上了城堞，與黃巾軍混戰在一塊。

宛城終於攻克。

而這名先登者，正是我們三國故事的另一名主角孫堅，此時正在皇甫嵩麾下任軍司馬一職。

烽火連天

史載孫堅出生前，孫氏祖墳有一團五色雲氣，上連於天，蔓延數里。附近的人都去湊熱鬧，大夥兒都說：「這不是一般景象，孫家恐怕要強盛起來了。」孫堅的母親懷他時，曾夢見腸子從腹中拖出，環繞吳郡閶門，醒來後很害怕，告訴了鄰居老太太。老太太安慰她：「說不定還是吉兆呢！」

這種開局我們早已見怪不怪，史家為人臉上貼金，似乎他們生來便是要成就偉大事業似的。

孫堅出生於官宦之家，但只是地方上的小公務員，沒有什麼特殊的家族背景。後來孫氏立國，稱其祖上乃是春秋時的軍事家孫武，至於真相是不是這樣，我們也無從考證，只能任由老孫家的人吹牛了。

孫堅年少時為縣吏，性闊達，好奇節。他十七歲那年，跟隨父親乘船去錢塘，途中碰上海盜胡玉等人搶掠商人財物，在岸上分贓。商旅行人見此情此景，都止步不前，過往船隻也不敢向前行駛。孫堅見狀，對父親說：「此賊可擊，請討之。」

孫堅提著刀大步踏向岸邊，一面用手向東向西指揮著，裝出在調兵遣將的架勢。海盜們被這突如其來的陣仗唬住了，以為是官府大隊人馬來緝捕他們，驚慌失措，扔掉財貨，四散奔逃。

他們絕對想不到，這只是一個硬核少年的放手一搏。

孫堅追擊，殺了一個海盜而回，其父親大驚。這一戰的風光時刻讓孫堅名聲大噪，郡府召他代理校尉之職。

不久後，吳郡爆發了一起大規模暴動，有個叫許昌的在句章興兵作亂，自稱陽明皇帝，與其子許韶一起四處煽動諸縣，聚集起同夥數以萬計。孫堅以郡司馬的身分招募精良勇敢的壯士千餘人，會同州郡官兵合力

第八章　黃巾起義

討伐，**擊潰了這股勢力**。

刺史臧旻向朝廷呈報了孫堅的功勞，孫堅被任命為鹽瀆縣丞，此後一路提拔。

黃巾起義爆發後，以勇猛出名的孫堅被朱儁賞識，奏請朝廷委任孫堅為其麾下佐軍司馬。孫堅將他的家眷留在九江郡壽春縣，在淮、泗一帶招募了一些士兵，加上跟隨他在下邳縣當差的同鄉少年，共得精兵一千人。此後，孫堅帶著這一千多士兵開啟了自己的征戰生涯。

孫堅作戰勇猛，常將生死置之度外。有一次，他單騎追敵，結果受了傷從馬上摔下來掉進草叢中。當時部隊分散，沒有人發現他，幸好後來孫堅的坐騎跑回營地，何騰認出了孫堅的戰馬，率將士隨馬而來，在草叢裡找到了孫堅，將他抬回營地養傷。等傷勢好轉後，孫堅又奔赴沙場。

宛城之戰中，猛人孫堅奮勇衝鋒，率先登城，成為奪取最後勝利的功臣，被朝廷封為別部司馬。

宛城城破後，孫夏率殘部逃了出去，朱儁緊追不捨，一路追擊到西鄂精山，再一次大破黃巾軍，殺一萬多人。孫夏不知下落，其餘黃巾軍四散奔逃。

次年，朝廷任朱儁為右車騎將軍。朱儁回京後任光祿大夫，增加食邑五千戶，改封錢塘侯，加位特進。

至此，歷經十個月、規模空前的黃巾起義終於告一段落。不過，黃巾軍並沒有完全被消滅，在後來十幾年裡，黃巾餘黨死灰復燃，不斷騷擾各地。

黃巾之亂平定後，皇甫嵩獲得了空前的威望，其功績和威勢達到了巔峰。他懇請劉宏免了自己地盤一年的田租，救濟饑民，百姓為他編了一首歌謠：「天下大亂兮市為墟，母不保子兮妻失夫，賴得皇甫兮復安居。」

在百姓眼裡，皇甫嵩就是人民的大救星。

然而，一個人登上巔峰之時，也往往是他最危險的時刻。

面對皇帝昏庸、朝政腐敗不堪的局面，皇甫嵩真就沒有清君側、匡扶天下的想法嗎？

這其實壓根不用自己去想，早已有人替他想好了。

有個叫閻忠的鼓動他造反稱帝：「難得而易失者，時也；時至不後退者，機也。故聖人順時而動，智者因機而發。如今將軍遇難得之運，蹈易駭之機，卻據運不行，臨機不發，何以保全聲名？」

任誰都能聽出來，這是要勸自己造反了。皇甫嵩心中立刻一沉，故意問他：「什麼意思？」

閻忠先是對著皇甫嵩拍了一頓馬屁，吹捧皇甫嵩大半年就滅了黃巾軍，兵動若神，謀行必成，敗強敵猶如摧枯拉朽，消堅陣好似潑湯融雪，旬月之間神兵電掃，積賊屍為京觀，刻碑石以紀功，勝利而歸，威德震動本朝，聲名馳於海外，即便是湯、武，也比不過將軍。

接著，閻忠話鋒一轉，開始坦陳自己真正的想法：「如今您功蓋天下，德行出眾，而北面臣事庸主，何以求得安寧？」

皇甫嵩繼續裝傻充愣：「我夙夜在公，心不忘忠，何故不安？」

閻忠繼續勸道：「不然。昔日韓信猶豫不決，放棄三分天下，一心幫助漢王滅了項羽，直至利劍抵到喉嚨上才悔不當初。今主上弱於劉、項，將軍權重於淮陰，手下全是精兵強將，如果不造反，遲早落得個韓信一般的下場。不如舉大軍入帝都、清君側、殺宦官、正朝綱、匡扶天下。待功業已就，天下歸順，然後南面稱制，自己當皇帝，這是最佳時機！」

他還將東漢朝廷比作朽木，要雕琢朽木，就好像逆著斜坡滾彈丸，逆風操櫓，哪那麼容易？況且如今朝中奸人弄權，作惡之人如同市集上的人

第八章　黃巾起義

流源源不絕。上命不行，權力歸於近臣，主上昏庸，難以久居，無可封賞的大功勞，又讓人眼饞側目。這樣的情況，若不及早謀劃，後悔莫及！

皇甫嵩沉吟半晌，答道：「非常之謀，得逢非常之時，創圖大功不是庸才能做到的。黃巾之亂不過是小小的禍患，非秦王、項羽可比，烏合之眾，難成大業。當前漢朝雖然傾頹，但是天下人心尚未散去，所謂人心向漢，而上天也不可能保佑叛逆，所以此事終究成不了。」

皇甫嵩斷然拒絕閻忠，也打破了閻忠的幻想。閻忠只能灰溜溜逃到涼州，後來被韓遂、馬騰脅迫做了叛軍首領，他不願做傀儡，最終在憂憤中病逝。

黃巾起義雖然以失敗告終，但是這場波及全國的大動亂對漢帝國產生了深遠影響，最大的影響便是地方武裝的興起，東漢的兵力部署主要集中在洛陽及邊疆一帶，中原內地的地方武裝規模很小。為了鎮壓此起彼伏的叛軍，各地紛紛招募部隊以求自保，這就使得地方豪強們的私兵武裝迅速壯大，拉開了三國亂世的序幕。

黃巾軍終於被鎮壓下去了，為了討個吉利，這一年（西元184年）的十二月，劉宏大赦天下，改元中平。

劉宏想要天下太平，好做個太平天子，他能如願嗎？

就在這年年底，黃巾軍戰敗後，豫州刺史王允和左中郎將皇甫嵩、右中郎將朱儁共同受降數十萬黃巾起義軍。從繳獲的檔案中，他發現了張讓跟黃巾軍勾結的文書，王允不敢怠慢，立即把資料上報中央。

劉宏看完，怒不可遏，立即召張讓進宮，怒氣沖沖地指責張讓，要他老實交代。張讓見到王允的奏章後嚇得半死，急忙叩頭謝罪，各種狡辯，劉宏被張讓的花言巧語迷惑，不再追究。

張讓脫罪後，對王允心懷憤恨，一心想報復王允，第二年，張讓終於

找到一個藉口，將王允逮捕下獄。不想趕上朝廷大赦，王允免罪釋放，官復刺史原職。

然而，睚眥必報的張讓豈能善罷甘休？王允出獄後屁股都沒坐熱，就被抓了回去，再度入獄。好在大將軍何進、楊賜、袁隗等朝廷重臣向劉宏求情，王允這才撿回一條命。

這位老兄不能死，因為他的大戲還在後頭。

黃巾軍被平定後，朝廷論功行賞，大封功臣。誰的功勞最大呢？不是皇甫嵩，也不是朱儁，更不是盧植，而是張讓。

是的，你沒有看錯，張讓沒帶過一天兵，也沒殺過一個黃巾軍，還吃裡爬外勾結黃巾軍當內應，事情敗露什麼事都沒有，反而成了剿滅黃巾軍的首席功臣。

有這樣的混帳皇帝，國家不亡實在沒天理。

張讓等十二個「功臣」被封了侯，而真正出力的皇甫嵩不僅沒升官，反而還被降了職。

這又是怎麼回事？

當初皇甫嵩征討張角時，路過鄴城時看到一座富麗堂皇的宮殿拔地而起，就進去轉了一圈。一打聽才知道，這是中常侍趙忠的豪宅。

這還得了？眼裡容不得沙子的皇甫嵩當即向皇帝報告，沒收了趙忠的宅子，兩人從此結下了梁子。

沒過多久，皇甫嵩又得罪了另一個中常侍張讓。

皇甫嵩打了勝仗歸來後，中常侍張讓向他索賄五千萬錢，皇甫嵩斷然拒絕。張讓於是和趙忠聯起手來，劾奏皇甫嵩連戰無功，耗費錢糧。劉宏聽信讒言，召回皇甫嵩，收回他的左車騎將軍印綬，削奪封戶六千，改封都鄉侯，食邑兩千戶。

第八章　黃巾起義

　　黃巾起義還有一個意外後果，朝廷的威信一落千丈，被民眾蔑視。當這股黃色的洪流席捲天下時，各地的造反者也乘勢而起，或占山為王，或攻擊官府，都想在這亂局中分一杯羹。

　　這些造反者可謂五花八門，能數得上名號的有黑山、黃龍、白波、左校、郭大賢、於氐根、青牛角、張白騎、劉石、左髭丈八、平漢、大計、司隸、掾哉、雷公、浮雲、褚飛燕、白雀、楊鳳、于毒、五鹿、李大目、白繞、畦固、苦哂等，名目繁多，大的有兩三萬人，小的也有七八千人。

　　這其中，聲勢最大的兩股是博陵的張牛角、常山的褚飛燕。

　　張牛角與褚飛燕合併，褚飛燕推舉張牛角為首領，哥倆一起攻打慶陶縣，張牛角不幸中箭，傷重而死，臨死前將軍隊託付給褚飛燕。褚飛燕特意改姓張，叫張燕，因為他動作矯捷，身輕如燕，軍中號稱飛燕。

　　張燕當了帶頭大哥後，繼續壯大隊伍，附近的大小山賊草寇都來投奔，常山、趙郡、中山、上黨、河內等地叛匪紛紛來投，隊伍如同滾雪球一般越滾越大，很快就達到上百萬人，因部隊以河北黑山為大本營，故號稱「黑山軍」。每次出征，黑山軍如同密密麻麻的蝗蟲一般，在河北各地肆意擄掠，官軍只能望風而逃。

　　搞定黃巾軍後，官軍終於有了精力征剿黑山軍，張燕見沒了屏障，主動派使者到洛陽，上書朝廷請求歸降。

　　朝廷很快回覆，同意請降，任張燕為平難中郎將，領河北山谷事，凡是河北山谷裡的那點事都歸他管。山大王張燕搖身一變，成了朝廷命官。

　　朝廷甘願失些面子也要招安張燕，還有一個重要原因：涼州也出事了。

第九章
多事之秋

第九章　多事之秋

涼州叛亂

就在中原內亂時，原先被段熲平定的先零羌又重操舊業，他們與枹罕、河關地區的羌人聯合，推舉湟中義從胡北宮伯玉、李文侯為老大，殺護羌校尉舉兵造反。

金城人邊章、韓遂在西北羌人中很有威信，羌人將這二人也劫了過來，威逼利誘入夥，隨後殺金城太守陳懿，在涼州各地燒殺劫掠。

當時武威郡太守仗著在朝廷中有權貴撐腰，在當地胡作非為，涼州從事蘇正和看不過，準備彈劾此人。涼州刺史梁鵠害怕得罪權貴，想除掉蘇正和，但是又拿不定主意，就去問漢陽長史蓋勳，因為蓋勳與蘇正和有仇已經是公開的祕密。

孰料這一次，蓋勳堅決拒絕：「因為公事殺害良臣，是不忠！乘人之危，是不義！」

他接著勸梁鵠：「餵養鷹鳶就是為了捕獵，因為捕獵而殺害鷹鳶，那以後用什麼捕獵？」

梁鵠只得放下這個念頭。

蘇正和得知蓋勳為其解圍，大喜，特意拜訪蓋勳表示感謝。但是蓋勳閉門不見，派人傳話：「我是為梁使君謀劃，不是為你！」

沒過多久，梁鵠因為犯了別的事被免職，新來的涼州刺史叫左昌，他最大的愛好就是貪汙，連軍糧都敢貪，趁著徵兵時截留了軍費數千萬中飽私囊。

屬下蓋勳得知後力勸左昌：「軍需物資如果出了問題，那可是要殺頭的，這種火中取栗的事萬萬不能做啊！」

左昌不聽，反而對蓋勳懷恨在心。正好羌人叛亂，左昌找了個機會讓蓋勳與從事辛曾、孔常屯兵漢陽郡阿陽縣，那裡是叛軍經常出沒的地方。

左昌想借刀殺人，沒想到蓋勳卻在前線表現出眾，頂住了叛軍一輪又一輪的進攻，左昌簡直要氣瘋了。

叛軍見阿陽縣無法攻破，轉而攻打金城郡，蓋勳請求左昌派兵救援金城郡，左昌不肯，不久就傳來了金城被攻破、陳懿戰死的消息。

打下金城後，北宮伯玉兵不卸甲，直奔左昌的冀縣殺來。左昌慌了，只得向蓋勳求援。

辛曾和孔常都不想去救左昌，蓋勳怒道：「以前莊賈失期，司馬穰苴將其斬首，今天你們兩個小小從事，難道還比古代的監軍地位高？」

辛曾、孔常這才同意出兵救援。

冀縣城外，蓋勳斥責邊章等人背叛朝廷，邊章、韓遂回應道：「左昌當初要是早聽您的話，派兵來救援金城郡，或許我們還能改過自新，如今罪孽深重，想回頭也晚了。」

說罷，退兵而去。

沒過多久，左昌因貪汙軍糧事發被免職，朝廷派宋梟接任涼州刺史。

宋梟到任後，面對涼州四處起火的狀況，提出了一個解決方案：

「據我所知，涼州這地方之所以總打仗，老百姓愛造反，根源就在於沒文化。只有讓大家多讀書，知道禮義廉恥，才能安分守己。我有一計，不如讓涼州人每家每戶都來抄寫《孝經》，寫著寫著自然就會受到感化，以後就不會造反了。」

蓋勳聽完，眼珠子都快掉出來了，勸阻道：「當初齊國崔杼弒君，魯國慶父篡位，此二國難道沒有讀書人嗎？現在您不趕緊想辦法撲滅起義軍，卻去做一些非常之事，這不僅會讓涼州人怨恨，還會讓朝廷取笑，我實在

第九章　多事之秋

無法理解！」

宋梟不聽，將自己這個腦洞大開的方案報給朝廷，毫無意外，他被撤了職。

護羌校尉夏育被羌族叛軍包圍，新任涼州刺史楊雍派蓋勳前往救援，蓋勳率軍行至狐盤，遇上了羌族叛軍。經過一場混戰，蓋勳的兵被打散，只剩下了一百多人。蓋勳集合這百餘人，做最後的抗爭。

羌人精騎發動衝鋒，官軍死傷慘重，蓋勳也身負三處創傷，指著身旁的一棵樹對士兵說：「我若戰死，就將我埋葬於此樹下！」

羌人首領滇吾素來敬重蓋勳，他攔住羌人士兵說道：「蓋長史是賢人，殺他是要遭報應的！」

蓋勳仰頭大罵：「不要囉唆，快來殺我！」

其他叛軍見上司發話了，沒有動手，滇吾牽過一匹馬讓蓋勳走，蓋勳堅決不走，甘願被俘。好在羌人敬佩蓋勳的忠義勇敢，不敢加害於他，此後派人將其送回漢陽郡，楊雍表奏蓋勳為漢陽郡太守。

北宮伯玉等人在隴右鬧騰了一圈，又向三輔進犯，朝廷沒辦法，只好重新起用皇甫嵩，調集大軍前往平叛。

皇甫嵩雖然在打黃巾軍時遊刃有餘，在面對西北的羌人時卻有些力不從心。

要知道，黃巾軍大多是無業流民和活不下去的貧苦百姓，談不上什麼戰鬥資質，只能靠人海戰術往前衝；羌人卻不一樣，他們常年在邊境搶掠活動，就打仗而言，人家是專業的。

戰事陷入了僵持狀態，而打仗是最燒錢的，十幾萬大軍吃喝拉撒還有軍餉，數目相當可觀。時間一長，朝廷那邊有些頂不住了。

司徒崔烈見劉宏因為西北戰事憂心忡忡，提了個建議：「陛下，西北

戰事曠日持久勞民傷財，不如放棄涼州，退保關中。」

崔烈的話還沒說完，議郎傅燮大聲道：「將司徒斬首，天下才會安定！」

尚書郎楊贊站出來，彈劾傅燮在朝堂之上侮辱大臣。

劉宏問傅燮為何這麼說，傅燮慷慨陳詞：「當年匈奴單于冒頓忤逆呂太后，上將軍樊噲誇口說『願得十萬眾，橫行匈奴中』，如此忠君愛國，季布仍然說樊噲可斬。涼州乃天下要衝，國家藩衛，當年高祖皇帝與酈商平定隴右地區，漢武帝開拓涼州，設立四郡，當時人都認為這樣如同斬斷匈奴右臂。如今涼州治理混亂，出現叛逆，天下為此騷動，陛下為此寢食難安。崔烈以宰臣地位，不能為國分憂，卻要割棄萬里疆土，我對此感到不解。若讓異族得到涼州，則會發動更強大的攻勢，這是最大的惡果！如果崔烈不知道這道理，那就是愚昧；如果他明知而為，那麼他就是對陛下不忠，所以臣說司徒可斬！」

劉宏也覺得傅燮說的話有理，打消了放棄涼州的打算。

但是涼州前線戰事僵持，也不能總這麼耗著，既然皇甫嵩不行，那就換人。朝廷改派司空張溫為車騎將軍，以執金吾袁滂為副手，破虜將軍董卓與蕩寇將軍周慎隨軍出征。

張溫徵集了諸郡兵馬步騎十餘萬人，屯兵美陽，邊章、韓遂隨後也來到美陽。幾仗打下來，張溫吃了敗仗，堅守不出。

十一月，一場突如其來的流星雨砸向了叛軍大營，從天而降的流星照亮軍營，驢馬受驚，滿營亂跑。韓遂、邊章的部隊都認為這是不祥之兆，準備退回金城，董卓聽說後大喜，與右扶風鮑鴻發動進攻，大破韓遂、邊章軍，斬首數千級，韓遂敗走榆中。

此戰得勝後，張溫兵分兩路追擊叛軍：周慎率軍三萬攻榆中，董卓率軍三萬追擊湟中義從胡。

第九章　多事之秋

周慎出發後，參軍事孫堅為他出了個主意：「叛軍城裡沒多少糧食，城裡吃糧全靠外邊往裡運，屬下請率一萬人切斷叛軍的糧道，將軍您率大軍為後援，叛軍畏懼您的大軍不敢出戰，城裡沒糧又守不下去，叛軍只能逃進羌人的部落，到那時我們合兵進討，涼州一舉可定。」

建議不錯，可惜周慎聽不進去，堅持圍城，反而被邊章、韓遂切斷了糧道，只得拋棄輜重撤退。

再說董卓這邊，他出發沒多久就被叛軍包圍，糧食即將耗盡。好在董卓腦子比較活，他在河上築堤壩，假裝要捕魚蝦，暗中卻祕密率軍渡河得以逃脫。等到羌人發覺追擊時，董卓早將堤堰決開，河水已深，羌人只能目送董卓大搖大擺離開。

此次出征，朝廷派出的六路大軍中，只有董卓全軍而還，其名氣直線上升。

董卓雖然逃了回來，但是畢竟打了敗仗，主帥張溫召董卓到中軍議事，董卓卻找各種藉口，就是不來，後來實在拖不下去了才磨磨蹭蹭來到張溫的大營。

董卓知道張溫缺乏魄力，不敢拿他怎麼樣。

果不其然，見董卓姍姍來遲，張溫只是象徵性地口頭責備了幾句，董卓卻當場頂撞張溫。

董卓的傲慢激怒了張溫身邊的孫堅，看著董卓大搖大擺地離去，孫堅上前附在張溫的耳邊悄聲說道：「董卓打了敗仗不謝罪，還出言不遜頂撞您，您叫他來，他卻姍姍來遲，按軍法，就他犯的這些事，足夠殺頭的了。請按律將他斬首以肅軍紀！」

張溫卻搖了搖頭，道：「董卓在關隴涼州一帶素來很有威望，殺了他，靠誰打羌人呢？」

孫堅對這個上司很無語：「將軍奉詔討賊，統率十餘萬大軍西征，威震天下，何必依賴於董卓！觀董卓言談舉止，對您不尊重，輕視長官，舉止無禮，是第一條罪狀；邊章、韓遂叛亂一年多，應及時征討，而董卓卻說不可，動搖軍心，是第二條罪狀；董卓接受委派，無功而回，長官徵召時又遲遲不到，而且態度倨傲自大，是第三條罪狀。古代的名將受命統軍出征，沒有不靠果決的殺伐獲得成功的。如果將軍對董卓假意拉攏，不立即誅殺，那麼損害統帥威嚴和軍中法規的過失，就會落在您身上。」

張溫還是下不了決心：「你先回去，時間一長，董卓會起疑心的。」

孫堅知道留在這也沒用，索性回洛陽去了。

轉眼到了中平三年（西元186年）。

這一年，劉宏又做了一件出人意表的事，他任命中常侍趙忠為車騎將軍。

此事一出，朝野內外一片譁然，文武大臣議論紛紛，漢朝開國近四百年，還從來沒有過太監當將軍的先例。

緊接著，劉宏讓趙忠負責評定討伐黃巾軍的有功之臣。執金吾甄舉等人向趙忠說：「傅燮之前隨皇甫嵩出征東郡，有戰功卻未封侯，天下人為此憤憤不平。如今輪到您來評定討伐黃巾軍的功勞，應該賞賜傅燮，順從眾人的期望。」

趙忠採納，派弟弟城門校尉趙延去拜訪傅燮，以示交好。

趙延對傅燮說：「只要你以後少管中常侍的事，就算是萬戶侯也不難封。」

傅燮卻嚴詞拒絕：「我沒封侯不過是命運不濟，但是我絕不會私下求官！」

趙延悻悻而歸，趙忠聞言，愈加憤恨，但是又畏懼其聲望而不便加害，於是將傅燮外調出京，遷為涼州漢陽太守。

第九章　多事之秋

新任涼州刺史是耿鄙，特別信任涼州治中程球，可程球偏偏為人奸詐貪婪，名聲極差。漢陽太守傅燮幾次勸耿鄙程球這人不能用，可耿鄙根本聽不進去。

西園八校尉

中平四年（西元187年），朝廷得到一個消息，叛軍窩裡鬥，韓遂殺了邊章、北宮伯玉、李文侯等人，擁兵十餘萬，進軍包圍隴西。

耿鄙打算親率隴右六郡兵馬征討，傅燮竭力勸阻：「使君您才到涼州不久，百姓還沒有得到訓練。孔子說，帶著沒有訓練的百姓去作戰，是糟蹋人的生命。您帶著新兵去翻越大山，太危險了。叛軍聽說官軍將至，必定萬眾一心，這些邊塞士兵一貫勇猛，勢不可當，而我們都是從各地徵集的新兵，將領和士兵都沒融合，萬一有什麼閃失，後果不堪設想，不如罷兵休整，抓緊訓練。叛軍見我們不出，一定以為是我們膽怯，必然又會為了爭權奪利再次發生內訌，到時我們帶著訓練有素的官軍去討伐叛軍，必定一戰而勝！」

然而，耿鄙根本不聽，親自率軍到了狄道，結果叛軍的影子還沒見到，內部就有人反叛，有人帶頭造反響應叛軍，先殺程球，再殺耿鄙，軍隊譁然而散。軍司馬馬騰及王國率軍投奔了韓遂叛軍，王國自稱「合眾將軍」，韓遂和馬騰擁戴其為叛軍首領，率軍圍攻漢陽郡冀縣城。

此時防守冀縣的是傅燮，眼看城中兵少糧盡，傅燮仍是堅守不出。

當時城外有北地郡的匈奴騎兵數千人，為了報恩，他們在城外叩頭，請求傅燮出城投降，並且保證將傅燮平安送回家鄉。

傅燮之子傅幹，這一年只有十三歲，也在官舍之中。他知道父親性格剛烈，仰慕古人高風亮節，恐怕不會接納匈奴人的建議，於是勸說父親：「皇帝昏庸，宦官當道，父親都不能被朝廷所容。如今涼州已經被叛軍控制，我們無法抵擋，不如接納匈奴人的建議，暫時先返鄉，再徵募勇士，等有道之人出世，我們再來拯救天下。」

話未說完，傅燮嘆氣道：「你可知我今天必須死在這裡嗎？正所謂聖達節，次守節，商紂這樣殘暴的君王，都有伯夷為他絕食而死，孔子稱讚伯夷是賢人。如今皇帝還沒有商紂王那樣殘暴，我的品德豈能超過伯夷？亂世不能培養出浩然正氣的人，既食君祿，今天只有戰死在這裡。你年紀還小，將來必成大器，主簿楊會就是我的程嬰。」

左右聞之，無不淚流滿面。

王國派前任酒泉太守黃衍進城勸降，傅燮手按寶劍斥責黃衍：「虧你曾是朝廷命官，反而為逆賊做說客！」

黃衍訕訕而退，傅燮率僅有的士兵出城迎戰，全部戰死！

傅燮的死訊傳回洛陽，劉宏極為哀痛憐惜，下詔追封傅燮為壯節侯。

到了中平五年（西元188年），皇帝還是很混蛋，天下還是照樣亂。

從年初開始，中原黃巾餘部紛紛起事。二月，郭太在西河白波谷起事，攻略太原郡、河東郡等地。四月，汝南郡葛陂黃巾軍再起，攻郡縣。六月，益州馬相、趙祇在綿竹起兵，自稱黃巾，殺益州刺史郗儉，進攻巴郡、犍為郡。一月之間，攻略三郡，馬相自稱天子，有兵數萬人。

眼看黃巾軍死灰復燃，十一月，朝廷派下軍校尉鮑鴻進討聲勢最大的葛陂黃巾軍。

雙方大戰於葛陂，鮑鴻軍敗，次年二月以征戰無功被下獄處死。黃巾各部此伏彼起，聲勢復盛。

第九章　多事之秋

所有人都看出來了，漢帝國氣數已盡，天下即將大亂。

太常卿宗室劉焉見劉氏衰微，上書皇帝：「天下兵寇不息，是因為刺史權力不夠，無力討伐，建議改刺史（秩六百石）為州牧（秩兩千石），由宗室、重臣擔任，以集中全部力量平定各地叛亂。」

在東漢的行政體制裡，刺史相當於地方的檢察官，本沒有領兵的權力，軍權一般都掌握在當地的太守和都尉手裡。劉焉的建議一方面是讓地方政府集權來控制政局，另一方面是為自己打算。

劉宏遂從劉焉之議，改刺史為州牧，並選派列卿、尚書出任州牧。

帝國分裂的危險從此埋下。

與此同時，劉焉開始為自己尋找退身之路，他知道中原遲早大亂，最好趁早遠離這塊是非之地，先找個偏遠的州郡保命要緊。

去哪裡呢？劉焉在地圖上看了半天，決定去交州。

在東漢亂局中，交州是世外桃源一樣的存在，這不得不提到一個人——士燮。

士燮出生於交州廣信，他是官宦子弟，父親士賜曾於桓帝時期出任日南太守一職。中平四年（西元187年），士燮被朝廷任命為交阯太守，此後長期割據嶺南，士氏的親族多出任交州的要職，如士燮的三個弟弟士壹、士䵋、士武，分別擔任合浦太守、九真太守和南海太守。交州遠離中原，基本不受戰亂影響，而士燮對當地民眾也頗為優待，所以當時有大量士人百姓到這裡避難。

正當劉焉收拾行李時，底下人悄悄告訴他：「京師將亂，益州分野有天子氣。」

劉焉心中無法淡定了，思慮再三，改向朝廷申請到益州任職。在得到皇帝的准許後，劉焉跑去巴蜀當土皇帝去了。

眼見天下一團糟，很多朝廷大員將責任歸咎到了皇帝身上，希望換一位老闆，比如冀州刺史王芬。

王芬見當時的天象不利於宦官，準備將其盡誅，廢掉劉宏，改立漢宗室合肥侯為帝。

這裡有一個問題，王芬是冀州刺史，而皇帝遠在洛陽，怎麼才能發動政變廢掉皇帝？難不成帶一隊人馬從冀州殺向洛陽嗎？

並非如此。

王芬之所以有這個心思，是因為他打探到一個消息，皇帝打算前往河間國巡視。

王芬跟前太傅陳蕃的兒子陳逸、術士襄楷密謀，準備趁著黑山賊造反的機會，以圍剿黑山賊為名起兵，趁劉宏到河間巡視的機會廢了劉宏。

計畫有了，但是這事僅憑他們三個人遠遠不夠，還得找幫手。

王芬第一個想到的，是頂著議郎虛銜，在老家譙縣蟄伏的曹操。

王芬能想到曹操，絕非心血來潮。此時的曹操雖然在老家不問世事，看似悠閒，但是他從來沒有間斷過對天下大勢的關注。他此前在政壇上嶄露頭角，不畏權勢的形象，早已在眾人心中留下深刻印象。

接到王芬的書信後，曹操當即回了一封信：

「廢立君主，為天下最不祥之事。古人行此事，必權成敗、計輕重，如伊尹和霍光。伊尹、霍光皆懷至忠之誠，據宰輔之勢，以秉政之權，合乎眾人之念想，故能做成此事。今諸君只見往者之易，無視當今之難，而欲作非常之舉，期望成功，實履險地危境！」

曹操告誡他們，廢立這種事不是一般人能做的，時機未到，不可輕舉妄動。

王芬見曹操不願入夥，轉而尋找其他幫手。

第九章　多事之秋

很快,王芬又看中了青州平原的名士華歆、陶丘洪。

陶丘洪自以為對天下大勢瞭如指掌,很看好王芬的計畫,接到通知後當即收拾行囊準備出發。華歆則有不同的看法,他拒絕了王芬的拉攏,還勸陶丘洪也不要去,理由是:

「廢立大事,即便是伊尹、霍光也很難處理,王芬性格粗疏,根本不懂軍事,他的計畫必定會失敗,牽連自己家族,千萬不要去!」

陶丘洪還算有理智,聽了華歆的意見,沒去冀州。

雖然接連碰了壁,但是王芬的興致依然很高,又拉攏了南陽人許攸、沛國人周旌等人,擴大了造反隊伍。

按照計畫,接下來就是調動軍隊了,他們向朝廷提出申請,稱黑山賊攻劫郡縣,希望能授予王芬軍權。劉宏根本沒想太多,批了准奏兩個字。

就在王芬緊急調兵之時,天象又跟王芬等人開了個玩笑,朝廷的太史見天象有異,當即向皇帝報告:「北方有赤氣亙天,夜半愈盛,橫貫東西。」

赤氣主兵,這話的意思是:「北方有陰謀,不宜出行。」

劉宏擦了把汗,當即決定取消北上巡視,要求王芬等人停止調動軍隊,並召他入京。

王芬糊塗了,難不成朝廷已經發覺了自己的計畫?

團隊成員也以為政變陰謀敗露,大勢已去,紛紛跑路。王芬也拋下官印,拔腿就跑。可天地茫茫,能逃到哪呢?他最終心灰意冷,選擇了自殺。

劉宏雖然荒淫任性又貪財,但是這個人並不笨,他明白地方威權日重就是地方割據的前奏,為了加強洛陽防衛,應付突發狀況,他在洛陽組建了一支近衛親軍——西園八校尉。

此八校尉分別為:上軍校尉蹇碩、中軍校尉袁紹、下軍校尉鮑鴻、典軍校尉曹操、助軍左校尉趙融、助軍右校尉馮芳、左校尉夏牟、右校尉淳

于瓊。

劉宏讓自己的親信蹇碩總管各軍，直接聽命於皇帝，連大將軍何進也要受其節制。蹇碩是靈帝身邊的宦官，而且雄壯有武力，能帶兵，用著放心，至於那七位爺聽不聽他的，就是另外一回事了。

天下英雄，竟然聽令於一個宦官，讓人心寒，也可見劉宏對宦官有多麼信任。

這年冬天，青州和徐州的黃巾軍又開始露頭搞事情，入侵各郡縣。

當時，望氣的人認為洛陽將會有大型兵亂，兩宮會有血光之災。劉宏聽了有點害怕，於是大舉徵發四方兵力，在平樂觀操練軍隊。

為此，宮中建造了高大的祭壇，上面建了十二層五彩壇蓋，高十丈。大壇的東北是小壇，也造了九層的五色壇，高九丈，數萬人的步騎方陣在此紮營集結。

十月十六日，劉宏親自檢閱軍隊，大將軍何進陪同。劉宏披上了甲冑，為戰馬也披上了甲，稱為「無上將軍」，巡視軍隊，然後把兵權交給了何進。

事後，劉宏特意詢問討虜校尉蓋勳：「天下為何有那麼多的叛亂？」

蓋勳答：「還不是陛下寵信之人的子弟做的好事！」

當時上軍校尉蹇碩也在座，劉宏轉身問蹇碩，蹇碩恐懼，不知道如何回答，因此怨恨蓋勳。

劉宏又問蓋勳：「我在平樂觀閱兵，還散發給士兵們西園的財物，你覺得怎麼樣？」

蓋勳答：「臣聽說以前的皇帝只誇耀德政而不看兵力多少，如今叛軍在遠處，陛下卻在眼前閱兵，不能顯示陛下果斷剛毅，而有窮兵黷武之嫌。」

劉宏非但沒生氣，反而稱讚蓋勳：「你說得對，你我相見恨晚，其他人都沒有和我講過這種話。」

第九章　多事之秋

蓋勳後來對宗正劉虞和佐軍校尉袁紹說：「陛下其實非常聰明，只不過被左右寵信的宦官矇蔽了。如果我們合力清除這些奸邪之徒，然後徵拔英俊，以興漢室，功成身退，豈不是一件快意的事？」

劉虞、袁紹紛紛表態支持，開始謀劃此事。但是蹇碩顯然容不下蓋勳，他攛掇司隸校尉張溫上表舉薦蓋勳為京兆尹，最終蓋勳只得離開洛陽。

就在劉宏檢閱完部隊時，西北又出事了。

靈帝的煩惱

新當選的叛軍首領王國一路劫掠，將戰火燒到了陳倉。

陳倉是隴右通向關中長安的大門，一旦叛軍攻進陳倉，長安就危險了。劉宏聽到消息後坐不住了，只得起用老將皇甫嵩為左將軍，帶著董卓等軍共四萬兵馬征討王國。

董卓很著急，他提出迅速進赴陳倉：「智者不失時機，勇者毫不遲疑。速救則城全，不救則城滅，全滅之勢，就在此時！」

皇甫嵩搖了搖頭：「百戰百勝，不如不戰而屈人之兵。兵法上說：先為不可勝，以待敵之可勝。不可勝在我，可勝在彼。陳倉雖小，但是城池堅固，守備很強，不容易攻陷。王國的兵力雖強，卻難以有所斬獲。現在王國已經陷入泥潭之中，我們且按兵不動，等到敵人精疲力竭之時，必可收全勝之功，何必急著去救援呢？」

皇甫嵩有自己的想法：「陳倉城雖小但是城池堅固，守上幾個月絕對沒問題，就讓王國、韓遂他們慢慢去啃骨頭吧，等他們打得精疲力竭的時候，我們再出擊，必定可以輕鬆解決對手。」

靈帝的煩惱

在皇甫嵩的要求下，部隊每天只走十幾里。一旁的董卓卻是著急上火，恨不得飛到前線去衝殺一番。

皇甫嵩不愧是名將，上兵伐謀，仗未開打，早已算定勝局。王國等人從年底開始圍城一直打到次年開春，連著啃了八十多天的骨頭，愣是沒啃下來，城下到處都是叛軍的屍體。

王國等人絕望了，他們在涼州大殺四方，所到之處官軍不是聞風而逃，就是獻城投降，一路順風順水，想不到在小小的陳倉城遇上了硬骨頭，怎麼也啃不下。

「算算日子，來陳倉城已經八十多天了，糧草也快要耗盡了，還是打道回府吧！」

望著叛軍撤退的背影，皇甫嵩當即下令：「全軍出擊！」

不料，董卓第一個跳起來反對：「兵法上說，窮寇勿追，歸眾勿迫。現在若貿然追擊，犯了兵家大忌，正所謂困獸猶鬥，蜜蜂急了還會蜇人，何況是人呢？」

看著眼前這個班門弄斧的大老粗，皇甫嵩耐心解釋道：「以前我不出擊，是避敵鋒銳；如今全線追擊，是待敵衰疲。現在敵人只是疲憊之師，毫無鬥志可言，我以逸擊勞，以完整之師擊疲亂之師，這與兵法書上所說的窮寇勿追是不一樣的。」

董卓還是不服氣，態度消極。

皇甫嵩只得自己帶著兩萬人先出發追擊馬騰、韓遂，董卓帶著剩下的兩萬人慢吞吞在後面跟著。

皇甫嵩不愧是沙場老將，連戰連捷，大破叛軍，斬殺一萬多人。王國僥倖逃回，韓遂大為惱怒，廢了王國。

皇甫嵩打了勝仗，全軍無不振奮，唯獨董卓的臉拉得老長。他感覺自

第九章　多事之秋

己有點沒面子，愈加忌恨皇甫嵩。

對於董卓的不服管教，朝廷顯然也有所耳聞。就在這一年（西元188年），朝廷徵董卓為少府，讓他進京做官。

董卓不肯受命，上書推辭：「我下屬的湟中義從胡、匈奴士兵都來攔住我的車，苦求我不要拋棄他們，我制止不了他們，只能留下來寬慰他們，如果情況有變我再向朝廷彙報。」

中平六年（西元189年），天子劉宏病重，準備修理一下這個大老粗，下詔將他調任并州刺史，將部隊交給皇甫嵩統領，想將董卓和其軍隊分離。

董卓在官場混了這麼久，當然知道其中的陰謀，根本不上當。他上書劉宏：「臣既無老謀，又無壯事，誤加天恩，掌軍十年。部下士卒與自己相處十年，感情深厚，他們都願意跟隨自己去并州，繼續效力邊陲。」

董卓很清楚，亂世將至，有兵就有話語權，所以他一直死死握著兵權不放。

皇甫嵩的姪兒皇甫酈認為董卓逆命懷奸，罪在不赦，力勸皇甫嵩興兵討伐：「本朝失政，天下倒懸，能安危定傾者，唯大人與董卓耳。如今您二人早已結了梁子，勢不兩立，董卓接到調任通知，卻一再上書拒絕，此逆命也。況且朝廷昏亂，董卓躊躇不進，必定圖謀不軌。董卓為人凶戾無親，將士不附，大人今為元帥，杖國威以討之，上顯忠義，下除凶害，此桓文之事也。」

皇甫嵩卻搖搖頭，道：「董卓雖然抗命有罪，但是我也無權將其誅殺，不如上報朝廷，讓皇帝處理此事。」

皇甫嵩如果多一點魄力，的確可以除掉董卓，最起碼可以最大程度消耗董卓的兵力，可是他還是想用正常程序解決問題。

他將此事上奏，讓朝廷處理，可眼下的朝廷內憂外患不斷，根本沒精

力處理董卓，只得口頭責備一下了事。

那麼董卓呢？

也不知道是不是第六感，董卓既沒去并州赴任，也不交出兵權，而是帶了五千人駐兵河東，以觀時變。

河東距離洛陽很近，董卓似乎已經感覺到了，天下將有大變。

董卓的第六感很準，就在他屯兵觀望時，玩了一輩子的劉宏病入膏肓，眼看著就要不行了。可他的心裡還有一件大事未了：皇位的繼承人問題。

劉宏的第一任皇后是宋皇后，執金吾宋酆之女。

宋皇后不會長袖善舞收買人心，也不會討皇帝的歡心，只是憑藉政治關係登上了皇后之位。在那個爾虞我詐的後宮之中，缺乏自衛能力的她很快就成了眾矢之的，而宦官首領王甫又在背後捅了她一刀。

王甫曾彈劾另一大宦官鄭颯，舉報他和桓帝的弟弟勃海王劉悝勾結，準備廢除劉宏，迎立劉悝。真相尚未查清，劉悝一家就被滅了。

劉悝的妻子宋氏是宋皇后的姑姑。王甫辦完案後，擔心宋皇后會為她姑姑報仇，索性與太中大夫程阿共同向劉宏檢舉，說宋皇后挾左道詛咒皇帝。

這可是大逆不道的罪行，劉宏本就對宋皇后無好感，藉此廢了宋皇后，其家人全部被處以極刑。宋皇后在憂懼交加中去世。

宋皇后死後，劉宏有一次做夢，夢見桓帝斥責自己：「宋皇后有什麼罪過，你聽信奸邪之徒之言，使其死於非命？勃海王劉悝已經自行貶降，卻又受誅殺。今日宋氏和劉悝到天上自訴冤屈，天帝動怒，你罪責難逃！」

劉宏驚出一身冷汗，醒來後問羽林左監許永：「此夢到底是什麼意思？可以消除不祥嗎？」

許永答：「宋皇后與陛下一同繼承皇位，以母儀親臨天下，歷年已久，四海之內都蒙受她的教化，從來沒有聽說有什麼過失和惡聲。陛下偏聽偏

第九章　多事之秋

信，使她蒙受無辜之罪，身遭誅戮，禍連家族，所有人都為之惋惜。勃海王劉悝是桓帝同母弟，處理封國之事和作為藩屬事奉朝廷，未嘗有過，陛下沒有審理就降罪誅殺。從前晉侯夢見大厲鬼披髮及地，是因晉侯殺了厲鬼的祖先。天道明察，鬼神難誣，應當一併改葬，以安冤魂。不如召回宋皇后被流放的親族，恢復勃海王的封爵，消除罪惡。」

可惜，劉宏沒有採納他的建議。

劉宏的第二任皇后是何皇后。

何皇后出身低微，只是一個屠戶家的女兒，上面有兩個哥哥：何進和何苗。

這樣的出身，一般來說與皇家是無緣的。

何氏之所以得寵，除了會哄劉宏，肚子也很爭氣。劉宏之前接連夭折了好幾個皇子，盼兒子的心情相當迫切，何氏入宮沒多久，就為劉宏生了一個兒子，取名劉辯。

因為擔心宮裡養不好孩子，劉辯被寄養在史道人家中，人稱史侯。母憑子貴，何氏也因此被封為貴人。

靠著何貴人的關係，何氏一家驟得富貴，何進扔了屠刀，離開砧板，昂首邁入了宮門。他先是被任命為郎中，很快被提拔為虎賁中郎將，接著出任潁川太守，成為帝國的封疆大吏。

自從當了貴人後，何氏的本性開始暴露，她開始想方設法阻止其他女人與皇帝親近。她像鷹隼一樣盯著宮內的女人，一旦發現誰懷了孕，立刻置其於死地。如此一來，嚇得其他女人不敢懷孕，有不小心懷了的也只能偷偷吃墮胎藥。

這一切，劉宏全被矇在鼓裡。

千防萬防，不料還是出了紕漏，後宮有個王美人懷了孕。為了逃脫何

貴人的魔掌，王美人吃了墮胎藥，可胎兒卻安然無恙。夜裡做夢，她總夢見自己背負太陽而行，抱著僥倖心理，她偷偷摸摸生下了這個孩子，取名劉協。

此時的何貴人已升為何皇后，聽到嬰兒呱呱墜地，她怒火中燒，找了個機會在王美人的食物中下毒。王美人沒能逃過這一劫，丟下剛出生的孩子，七竅流血而死。

消息傳來，劉宏怒不可遏。

憤怒的劉宏當即下詔，準備廢黜何皇后。

對於這個結果，朝中大臣倒是沒什麼意見，反倒是身邊的宦官們一個個跪在他腳下，請皇帝息怒：「陛下已經廢黜一個皇后了，如果再廢一個，對陛下的聲名有損！」

在宦官們的勸阻下，劉宏最終還是平息了怒火，收回成命。

直到此時，劉宏才念起王美人的種種好來，他親自撰寫了〈追德賦〉、〈令儀頌〉。

為了保護這個孩子不再受到迫害，劉協由董太后親自撫養，人稱董侯。

史侯劉辯，董侯劉協，一個背景是皇后，一個背景是太后。年幼的他倆全然不知，日後的朝堂上百官會為他們掀起多大的風波。

經此一事，何皇后剷除了自己的潛在對手，雖然招致了皇帝的厭惡，但是自己的地位安然無損，還坐穩了後宮的第一把交椅，再也無人敢挑戰她的地位。在河南府辦公的何進得知妹妹安然無恙，也鬆了一口氣。

此後的黃巾起義，何氏家族的地位進一步得到提升，何進被任命為大將軍，負責拱衛京師。靠著挖出在洛陽準備起事的黃巾骨幹馬元義，何進封了侯，名曰慎侯。

三年之後，何進的弟弟何苗也為何家再添新功，當時滎陽有數千人暴

第九章 多事之秋

動，攻打焚燒郡縣，殺中牟縣縣長。劉宏詔命何進的弟弟何苗為河南尹，帶兵鎮壓。何苗不負使命，擊敗群賊凱旋。劉宏派出使者至成皋迎接，提拔何苗為車騎將軍，封濟陽侯。

何氏一門兩侯一后，權勢如日中天。然而放眼望去，帝國內部叛亂四起，各地的造反者如韭菜一般，割了一叢還有一叢。

中平五年（西元188年），青、徐二州黃巾軍復起，天下形勢更為混亂。望氣者根據他們對天象的觀察，認為洛陽會有兵事，兩宮將發生流血事件。

消息傳到大將軍何進這裡，何進坐不住了，他立即組織部下召開會議討論此事，然而眾人商量了半天，卻是毫無頭緒。

何進手下的司馬許涼、假司馬伍宕搬出古書說：「《太公六韜》有云，天子舉行兵事，可以威震四方。」

何進對軍事一竅不通，也只能死馬當活馬醫，入宮向劉宏彙報此事。劉宏同意照辦，此後才有了平樂觀閱兵一事。

閱完兵沒多久，劉宏病重，一病不起。

劉宏十二歲即位，塵世間該玩的也都玩了，該享的福也享了，無論他有多留戀這個世界，都到了該離開的時候了。此時此刻，他心心念念的只有一件事：立太子。

按劉宏自己的心思，他比較喜歡劉協，因為此子聰明，舉止有度。反觀劉辯，為人輕佻，缺乏威儀。

可問題在於，劉辯是長子，而且還是何皇后所生。經過這些年的奮鬥，何皇后已經有了一大批親信追隨，她不是一個人在戰鬥，在她的周圍已經形成了勢力龐大的後黨，特別是何皇后的哥哥何進，因為妹妹的關係當上了大將軍，兵權在握。萬一鋌而走險，那可不是鬧著玩的。

靈帝的煩惱

考慮到何氏兄妹的勢力，劉宏遲遲下不了決心，就在他臥病在床的日子裡，大將軍何進和大宦官蹇碩在宮外較勁。

這兩人八竿子打不著，怎麼會鬧矛盾呢？

很簡單，因為兵權。

何大將軍屯駐京師，掌握著天下的精銳部隊，而蹇碩掌握著西園八校尉，當了元帥，這讓何進很是不滿。

蹇碩也瞧不起何進：「我們家伺候皇帝多少年了，你何進算個什麼東西？」

兩個人都在心裡鄙視對方，但是這種事不能明著來，只能暗著來。蹇碩向十常侍作了彙報，一夥人商量了半天，商量出一個辦法：以涼州邊章、韓遂作亂為由，讓何進帶兵西征，解除他對京師的控制，然後再伺機奪取他的兵權。

蹇碩的申請得到了劉宏的批准。

何進一眼就看出這是個陰謀，迅速做出了對策：他以平定徐、兗二州復起的黃巾軍為幌子，先讓袁紹帶兵前往鎮壓，然後告訴皇帝，涼州叛亂肯定是要處理的，但是主力已被袁紹帶走，等袁紹班師回朝，再去涼州平叛。

這個理由無可辯駁，蹇碩和劉宏都很無奈。

雙方就這麼僵持起來，劉宏病情日漸加重，眼看著就要不行了。

彌留之際，劉宏終於做出決定，把劉協託付給自己最信任的蹇碩。

史料對此沒有更多記載，但是這個舉動的意義不言而明：以劉協為皇位繼承人。

中平六年（西元189年）農曆四月十一，劉宏於南宮嘉德殿駕崩，諡稱漢孝靈皇帝。

第九章　多事之秋

「靈」在諡號裡絕對是惡諡，《諡法》中說：「亂而不損曰靈，不勤成名曰靈，死而志成曰靈，死見神能曰靈，好祭鬼怪曰靈，極知鬼神曰靈。」

這個諡號對劉宏來說恰如其分。

滿朝文武穿上了白衣，但是他們的心中其實並無太多的悲痛，而是在關注一個問題：誰是下一任天子？

外戚 vs 宦官

手中攥著遺詔的蹇碩當即去找自己的後臺十常侍，眾人擬訂了一個計畫：宮中埋伏好刀斧手，只要何進一入宮，就關閉宮門，當場格殺，然後扶立劉協為皇帝。

為什麼不敢先公布遺詔？很簡單，怕何進興師問罪。只有先解決了何進，劉協這皇位才能坐得安穩。

蹇碩設了一個局，請大將軍何進立即入宮商討大事。

一切準備就緒，就等何進入網。

何進接到通知，沒有起疑心，從大將軍府直奔皇宮。蹇碩埋伏在宮門內，看著何進逐漸走進羅網。

何進毫無察覺，就在即將跨入宮門時，他遇到了一個人。

這個人叫潘隱，是何進的熟人，他沒有熱情迎接，而是目光直視著何進，眼神中大有深意。

四目相對，何進猛然一驚，他似乎察覺到了什麼，再定睛一瞧，只見宮門內外的衛士手執戈戟，神色嚴峻，如臨大敵。

外戚 vs 宦官

敞開的皇宮大門，殺機四伏！

「這是個圈套！」

想到這裡，何進冷汗直流，立刻轉身狂奔，飛快地跳上馬車。他不敢走大路，馳入七拐八繞的小路，出了皇宮後沒有回家，而是直奔軍營而去。

到了軍營，何進來不及喘口氣，立即調動軍隊進入洛陽城，屯駐百郡邸。

百郡邸是各郡國在京城的官邸，相當於駐京辦事處。做完這一切，何進上書聲稱自己病了，無法入朝。

那麼問題來了，潘隱是誰？他為什麼會提醒何進？

潘隱是蹇碩的司馬，與何進是早年故交，與何進私交甚厚。他得知蹇碩的計畫後，心裡十分焦急，可是又無法通風報信，只得到宮門外巡視。等何進到來時，潘隱沒有說一句話，只用眼神示意。好在何進夠機警，立即明白了潘隱的提示，這才僥倖逃過一劫。

蹇碩輸了，滿盤皆輸，何進的大軍就在城外，只要他一聲令下，自己和十常侍只能束手就擒。

立長不立幼，立嫡不立庶是皇位繼承的原則，在何皇后的主持下，大兒子劉辯順利即位，史稱少帝。

這一年，劉辯十四歲，依著大人們的吩咐，宣布改元為光熹。

而那份先帝遺詔，蹇碩根本不敢拿出來。

皇帝年幼，無法親政，何皇后臨朝主政，改稱太后。除此之外還提拔了兩名輔政大臣，一個是何太后的哥哥大將軍何進，一個是太傅袁隗，兩人共同主持大局。

何進與袁隗聯手，象徵著外戚和門閥走向合作。

為什麼這麼說？因為袁隗的家族背景相當深厚，值得好好挖一下。

第九章 多事之秋

袁隗出身汝南袁氏，這是東漢時期最著名的門閥世族。

袁氏家族第一個在史冊中留下名字的是袁良。

袁良生活在西漢末期，精研《孟氏易》，平帝時任廣陵太守。

袁良的孫子是袁安，自幼承襲家學，研習《孟氏易》，舉孝廉步入仕途。他御下極嚴，恩威並用，所到之處官民對他又敬又愛。明帝時，他遷為楚郡太守，負責審理楚王劉英謀反案，頂著巨大的風險向朝廷陳請，釋放了被牽連的四百多戶平民，被當地百姓稱頌。

和帝時，竇太后臨朝，外戚竇憲兄弟掌權，民怨沸騰。袁安不畏權貴，守正不移，多次直言上書，彈劾竇氏的種種不法行為，為竇太后忌恨。在是否出擊北匈奴的辯論中，袁安與司空任隗力主懷柔，反對勞師遠征，為此甚至免冠上朝力爭達十餘次。

袁安任河南尹時，政令嚴明，但是他從來沒有因賄賂為人治罪。他常常說：「但凡做官的人，高一些就希望擔任宰相，低一些也希望能擔任州牧太守，在聖明之世禁錮人才，這是我不忍心去做的事。」眾人聞之，無不感慨。

章帝即位後，袁安被拜為司徒。袁安在袁氏家族中第一個榮登三公之位，此後連續四代有五人出任三公，前後共有七位。如此盛況，在漢朝歷史上絕無僅有，號稱「四世三公」。

史稱汝南袁氏門生故吏遍天下，有大批故吏、弟子、門生出於其門。東漢時期選士只看門閥出身，所以世家大族的子弟都可以在察舉、徵辟中優先得到機會。

儘管袁氏家族勢傾天下，但是袁家五代人卻一直以公義、廉正、博愛、禮賢下士聞名，在整個東漢朝廷享有美名。即使像梁冀這樣的權奸之臣，也不敢輕易撼動他們。

外戚 vs 宦官

　　深厚的家族背景、無與倫比的資歷使袁隗成了朝廷中最有威望的大臣。靈帝去世後，袁隗與大將軍何進一起成為輔政大臣。

　　靈帝死後，宦官失去了保護傘，何進掌握了大權，準備找宦官算總帳。正好這個時候，袁紹派了自己的親信張津找上門，勸何進利用這個機會把宦官一網打盡：「黃門常侍權重已久，又與董太后專通姦利，將軍身為朝廷棟梁，理應整頓官場，選拔賢良，為國家除害！」

　　袁紹是袁逢的長子，雖然出身超級名門，但是在家中地位並不高，因為他只是個庶出。袁逢的次子袁術是嫡長子，他瞧不起袁紹，在後來的軍閥混戰中，袁術曾很鬱悶地說：「天下的名士怎麼回事，不來投靠我，卻偏偏去支持袁紹這麼個『奴家子』？」

　　雖然袁紹出身比不上弟弟袁術，但是他生得英俊瀟灑、器宇軒昂，其才幹和氣度遠在袁術之上。當袁術還在和一幫官二代飛鷹走狗的時候，袁紹已經在濮陽令的職位上做出了名聲，為時人所稱道。

　　靈帝組建西園八校尉時，袁紹任中軍校尉，在八校中排名第二，地位僅次於上軍校尉蹇碩。但是他對宦官極其厭惡，見何進掌了權，他立即向何進建議誅滅宦官。

　　親信的話讓何進吃了一顆定心丸：「有了袁氏家族的協助，何愁大事不成？」

　　為了進一步拉攏袁氏兄弟，何進不惜財力，不惜官位，跟二人打成了一片。

　　為了擴充自己的智囊團，何進廣泛徵召智謀之士，逢紀、何顒、荀攸等人相繼聚攏在他身邊。

　　何進在擴充自己的隊伍時，蹇碩也沒有閒著，他也在緊張地謀劃對策。

　　蹇碩是靈帝親自挑中的託孤大臣，又是西園八校尉的元帥。能坐到這

第九章　多事之秋

個位子上的，絕對不是一般人，蹇碩在宮中多年，對政治鬥爭可謂是得心應手，他知道自己與何進已成水火之勢，不是你死就是我亡，雙方必有一戰。

更讓蹇碩深感不安的是他與十常侍的關係。

儘管大家都是宦官，但是蹇碩並沒有被十常侍的圈子所接納。在他們看來，蹇碩只不過是個小卒，根本沒有資格與他們平起平坐，他能有今天，全靠靈帝的提攜。而如今，蹇碩手握禁軍成為元帥，這讓十常侍心裡很不是滋味。

蹇碩不確定十常侍是否會站在自己這邊，他雖然執掌西園八校尉，但是他很清楚，那幾位和自己根本不是一條心，要想調動禁軍為自己所用，沒那麼容易。

蹇碩孤立無援，他必須爭取十常侍的支持，他寫了一封信給中常侍趙忠等人，請求十常侍同意立即採取行動，誅滅何進集團：

「大將軍兄弟執政專權，與天下黨人謀劃誅殺先帝左右，消滅我們這些人，只因我統領禁兵，所以暫時猶豫不決。今宜共同合力，關閉宮門，急捕殺之。」

對於蹇碩的提議，十常侍並沒有立即做出回應。如今何進手握天下精銳，兵強馬壯，自己根本惹不起。再者，何進雖然與蹇碩不對付，但是跟宦官集團並沒有產生過矛盾，一旦幫助蹇碩，勢必會激怒對方，到時候大軍一到，豈不是偷雞不成蝕把米？

然而，蹇碩畢竟是宦官集團中的一員，如果不幫他，誰能保證何進接下來不會對自己動手？

這是一個兩難的選擇，宦官集團開了個內部會議，商議此事。

眾人各執己見，爭論不休。就在這時，一個叫郭勝的人站出來說了一

番話，說服了眾人。

郭勝也是宦官，但是他同時還是何進的老鄉，當年何進兄妹能被靈帝信任，郭勝在其中出了不少力。他在十常侍和何進集團之間遊刃有餘，兩邊都不得罪，從他的立場出發，他希望雙方能保持目前的平衡狀態。

郭勝的一番話說服了趙忠，十常侍最終沒有答應蹇碩的請求，保持了中立。

開完會，郭勝祕密出了宮，將蹇碩的書信交給了何進。

得知十常侍沒有幫蹇碩，何進笑了，他當即起草了一份檔案，命宮內的黃門令誅殺蹇碩，隨後全盤接收了禁軍。

蹇碩死了，但是何進的壓力並沒有減輕。

他很清楚，蹇碩只是宦官集團中的一個小角色，自己之所以能順利將其誅殺，是因為十常侍拋棄了蹇碩，宦官集團的根基依然深厚。雙方雖然達成了暫時的平衡，但是並不能改變外戚與宦官對立的狀態，雙方遲早還會發生一場爭鬥。

袁紹對眼下的局勢看得很清楚，他幾次勸說何進一舉打掉宦官集團，可何進猶豫不決，他在擔心另一個人：董太后。

確切地說，應該叫董皇后，靈帝的親生母親。

當年桓帝駕崩後，十二歲的靈帝被盛大的隊伍迎去了洛陽，事後追尊父親為孝仁皇，其陵為慎陵，母親董氏為慎園貴人。

陳蕃、竇武相繼身亡後，靈帝將董氏接到了洛陽，上尊號為孝仁皇后。按理說，皇帝的母親應該是太后，董氏只得了皇后的名頭，顯得有些不倫不類。但是無論如何，她入宮了。

董皇后住在南宮嘉德殿，宮稱永樂宮，所以她也被稱為永樂后。

在將母親接到洛陽的同時，靈帝還將董皇后的哥哥，也就是自己的舅

第九章　多事之秋

舅董寵一併接到洛陽，封為執金吾。

在執金吾的位子上，董寵很是風光了一陣，然而僅僅過了一年，董寵就因私自冒用董皇后的名義行請託之事，被下獄處死。

董寵死後，兒子董重被封為五官中郎將，此後在軍界一路提升，最後混了個驃騎將軍的頭銜。

驃騎將軍在軍隊中的地位僅次於大將軍何進，手下有一千多精銳部隊。仗著姪子的身分，董皇后在後宮囂張跋扈，甚至干預外朝政事，與何太后鬧得不可開交。

有一次，兩人又爆發衝突，董皇后對著身邊親信罵何太后：「她這麼囂張，不就是仗著有個哥哥嗎？信不信我讓驃騎將軍將何進的頭割來？」

很快，這話就傳到了何太后耳中，她立即將此事告訴了何進。

次日上朝，何進聯合弟弟車騎將軍何苗上了一道奏疏：

「孝仁皇后唆使前中常侍夏惲、永樂太僕封諝等人，違反宮規，勾結地方，當沒收清點其所得珍寶，交歸國庫。按照舊例，以諸侯之母為皇后者，不得留於京師，請永樂後遷宮返回河間本國。」

奏疏雖然是呈給小皇帝的，但是主政的是何太后，在得到她的准許後，何進迅速包圍了驃騎將軍府，將董重收捕入獄，免去一切官職，將其賜死。

董重死後，董皇后沒了倚靠，隨後暴斃而亡。

靈帝死後的兩個月內，何進先後誅殺了蹇碩、董重及董皇后，掃清了宦官在後宮中的依靠。接下來，就該輪到臭名昭彰的十常侍了。

十常侍不比蹇碩，他們在宮中數十年，其勢力滲透到了朝野內外各個要害部門，絕對不容小覷。如果貿然動手，反而會傷及自己，當年竇武、陳蕃誅宦官不成，被宦官反殺的教訓可謂深刻。

第十章
權傾天下

第十章　權傾天下

引狼入室

何進一直猶豫不決，一旁的袁紹卻一直在催促他及早動手：「昔日竇武想誅殺內寵，功敗垂成，反為所害，一是言語洩漏，二是五營士兵皆畏懼宦官。如今大將軍您手握兵權，手下一幫人都是當世豪傑，樂於盡力報命，機會難得！將軍當誅滅宦官，為天下人除害，以名垂後世，萬不可失！」

當時，靈帝的棺槨還停留在宮內，為了避免被宦官集團先下手，袁紹還叮囑何進：

「如今先帝的靈柩還在前殿，將軍受詔統率禁兵，不宜隨便出入宮廷。」

在袁紹的反覆勸說下，何進終於下定決心，他整日待在軍營，託病沒入宮陪喪，皇帝下葬也沒去送。

按理說，何進身為大將軍，手握重兵，剷除幾個宦官只是手到擒來之事。可惜何大將軍魄力不足，不敢獨斷專行，他認為宦官隸屬於皇宮，這事還得由自己的妹妹何太后做主。

他把自己的計畫告訴了何太后，不料何太后聽完，反問了一句：「宦官統領禁省，這是漢家規矩，不可廢。況且先帝剛逝世，如果誅殺宦官，我怎麼與士人共事？」

這一番反駁，讓何進啞口無言。

消息很快傳到了宦官那裡，何太后的態度讓十常侍很是欣慰，為了進一步拉攏這個靠山，宦官集團決定從太后的母親舞陽君和哥哥何苗處著手，辦法很簡單：行賄。

很快，舞陽君和何苗就被宦官的誘惑攻陷了，他們不斷在何太后面前為宦官說好話，甚至不惜攻擊何進有不臣之心：「大將軍專殺左右，擅權

以弱社稷。」

謊言重複一千遍就變成了真理，在母親和哥哥的反覆洗腦下，何太后對自己的大哥逐漸失去了信任，甚至開始心存戒心。在她固有的印象裡，宦官是不能殺的，他們是自己臨朝聽政的重要幫手，反倒是自己的大哥執意要誅殺宦官，不得不防。

另一邊，被妹妹拒絕後，何進又陷入了糾結之中。理智告訴他，宦官集團是禍害，必須剷除，可一到具體的操作層面，他又遲遲無法做出決定。

何進的猶豫，急壞了一旁的袁紹。

袁紹是個聰明人，他已經看出何進這個大將軍盛名之下其實難副，做事猶豫不決，怕擔風險，怕出意外，不敢將計畫付諸實際行動。

「怎麼辦？難道就這樣耗下去？」

袁紹急得團團轉，左思右想，他為何進出了個主意：「既然太后不同意，那我們索性就來個逼宮，從京城外調一支軍隊進城，以壯聲勢，到時不怕太后不同意。」

這實在是個餿主意，有多餿？後面你就知道了。

何進一聽這計策，眼前一亮，當即同意。一旁的心腹，主管文書的主簿陳琳卻是憂心忡忡，他勸道：「《周易》稱『鹿放走了，就抓不到了』，俗話也說『蒙著眼睛捕雀』，微小的東西尚且不能用欺騙的手段獲得，何況國家大事，豈可用詐？如今將軍總領皇威，掌握兵權，龍驤虎步，上下盡得人心。以此誅殺宦官，好比燒著火爐子燎毛髮，有何難度？當速發雷霆，當機立斷，必天人順應。若棄利器不用，尋找外援，一旦大兵集結，強者為雄，將軍當處倒持干戈、授人以柄的境地，非但難建大功，還將成為禍根。」

陳琳強烈反對調兵進京，但是何進如同著了迷一般，根本聽不進去，

第十章　權傾天下

加上袁紹這個豬隊友的極力鼓動，他已經打定了主意。

消息很快傳開，有人支持，有人反對。典軍校尉曹操得知此事，冷笑道：「宦官自古以來就有，只是國君不應過於寵幸，賦予太多權力，使他們跋扈到這種地步。如果要治他們的罪，只要誅殺元凶就行了，一名獄吏就足夠了，何必召外將入京？若想把宦官趕盡殺絕，消息必然走漏，我可以預見他們會失敗。」

對於外界的聲音，何進充耳不聞，他開始盤點哪些兵可以調動。左思右想，他在紙上寫下了兩個名字：一個是并州牧董卓；一個是東郡太守橋瑁。

何進拿著這份名單和他的智囊團討論，侍御史鄭泰強烈反對。

鄭泰年輕時已有才略，他老早就認定天下將會大亂，暗中廣疏資財，結交天下豪傑。他家境富裕，有四百頃田，由於開支太大，最後弄得家無隔夜之糧。

後來鄭泰獲舉孝廉，三府辟命並由公車徵召，但是鄭泰一律婉拒。直至靈帝駕崩，大將軍何進輔政，鄭泰認定何進是個能成大事之人，才出山任尚書侍郎，遷侍御史。

鄭泰強烈反對召地方將領領兵入京，尤其是董卓，他說：「董卓強暴殘忍，野心勃勃，若倚重他授之以大事，必定會放縱他的凶暴和野心，危害朝廷。大將軍身為外戚，有輔政大權，應當堅持由自己決斷，誅除有罪之人，不宜以董卓為外援。事不宜遲，遲則生變，竇武的例子就是前車之鑑，望大將軍早作決斷！」

可何進根本聽不進去，鄭泰於是棄官離去，臨走前和荀攸說：「何公不宜輔佐。」

鄭泰之後，又有一人挺身而出，阻止何進召董卓進京，此人正是平定黃巾起義的大功臣盧植。

引狼入室

　　為了說服何進，盧植逮著機會就跟他講其中利弊，可何進固執得就像一塊鐵板，針插不透，水潑不進。

　　何進為何如此青睞董卓？除了袁紹的推薦，還因為董卓的弟弟董旻此時正在洛陽擔任奉車都尉，而且與何進的部曲吳匡、張璋等人關係密切。

　　何進不顧眾多反對意見，執意要召地方部隊進京，他命令西部的董卓兵團向首都洛陽出發，又派王匡、鮑信到泰山郡招兵買馬，令東郡太守橋瑁駐紮於成皋，武猛都尉丁原率數千人放火燒了孟津渡口，對著火焰高聲呼喊：「誅除閹豎，為國清賊！」

　　當時的董卓透過連年對西羌作戰，已經徵募和組織起一支以湟中義從胡等彪悍羌胡戰士為主的西涼大軍，並用十年時間將其打造成只忠誠於自己的私人武裝。靈帝臨死前幾次下旨，要將董卓調離，但是始終未能如願。

　　何進一定不知道，此時的他即將開啟那個邪惡的潘朵拉魔盒，將漢帝國拖入血與火的深淵。

　　再說董卓，接到何進的書信後，他沒有耽擱，立即帶著大部隊向洛陽出發，同時上了一道奏書給朝廷：

　　「中常侍張讓等竊幸承寵，濁亂海內。臣聞揚湯止沸，莫若撤薪，發癰雖痛，勝於內潰。昔趙鞅興晉陽之甲，以逐君側之惡人。今臣敲鳴鐘鼓到洛陽，討伐宦官張讓等，以清奸穢！」

　　與此同時，橋瑁、王匡、鮑信等人也發出了誅除宦官的聲音。

　　搞這麼多花樣，就是想逼何太后下定決心，剷除宦官集團。

　　何進在等待，等何太后的反應。

　　面對四方的呼聲，何太后會不會轉變心意呢？

　　很遺憾，何進低估了妹妹的決心，她仍然拒絕何進的要求。

　　何進慌了，他已沒了主意，而此時，弟弟何苗來了，他帶來了何家人

273

第十章　權傾天下

的意見：「我們何家從南陽來，俱以貧賤依靠宦官而得富貴。國家大事，談何容易？俗話說覆水難收，宜深思，當與宦官言和。」

何進依然猶豫不決，而此時的董卓卻進展神速，他帶著大部隊馬不停蹄地趕路，等消息再次傳到洛陽時，他已到了澠池，離洛陽不到一百公里。

何進聞訊，開始慌了，他意識到自己似乎犯了個錯，當即以朝廷的名義發了一道詔令，派諫議大夫种劭前往澠池，命董卓止步。

种劭是前司徒种暠之孫，當年涼州羌人發生騷亂，朝廷命种暠為涼州刺史，很得百姓擁戴。种暠後來被徵召升遷，官吏百姓都到朝廷請求留下种暠，梁太后嘆道：「從未聽聞刺史得人心如此。」

种暠由此得以再留一年，後來任漢陽太守，當地各民族百姓前呼後擁送到漢陽地界。种暠雖再三勸說，但是仍擋不住眾人的熱情，以至於步行了千里沒法乘車。

南匈奴侵犯并、涼二州，桓帝以种暠為度遼將軍。种暠到軍營後，宣講恩德信義，誘降諸胡，不得已才進行征討，羌虜的人質也被打發回去。在他的治理下，邊疆很快安定下來。

董卓的部隊以并、涼州勁卒為主，何進派种劭去阻攔董卓，顯然是想借种暠的威望說服眾人。

可惜，董卓打定了主意，說什麼也不肯撤兵，反而繼續向曾為西周王城的河南城出發。

种劭再次攔在了部隊面前，以替朝廷慰問軍隊的名義勸將士們回去，董卓如何肯答應？他指使士卒去嚇唬种劭。面對殺氣騰騰的涼州士卒，种劭沒有被嚇倒，反而拿出詔書大聲喝斥，逼退了圍上來的士卒。

种劭大步走到董卓面前，質問他不遵朝廷詔令，意欲何為？董卓理屈詞窮，只得退往河南城西的夕陽亭。

> 引狼入室

弟弟何苗不肯支持，地方將領董卓不遵號令，這讓何進內心很是慌張，他再一次有了退縮的念頭。袁紹敏銳察覺到了何進的心思，他再一次找到何進，催促道：

「我等與十常侍的衝突已成，且情形已露，遲則生變。大將軍還在等什麼，為何還不做出決斷？」

袁紹的提醒給了何進一點信心，他深吸一口氣，作了兩項決定：將反宦官急先鋒袁紹提拔為司隸校尉，並授予象徵權力的符節；將曾被宦官迫害的王允提拔為河南尹，幫助控住京城。

袁紹離開了大將軍營帳，走向自己的新職位。他看明白了，何進此人雖是主角，但是完全沒有主角的魄力與手腕，再這樣拖下去，這齣戲非要搞砸了不可。既然何進當不了這個主角，那就換自己上！

他做了兩件事。首先，挑選一些靠得住的京城武官，讓他們從即日起嚴密監視宮中宦官，掌握其動向；其次，暗中派人到夕陽亭，催促董卓進兵，向平樂觀靠近，繼續向何太后施加壓力。

董卓接到消息，大喜，當即帶著大部隊繼續向洛陽城出發。

朝野內外都知道董卓不是善類，袁紹為何執意要推薦董卓進京？

道理很簡單，因為袁紹跟董卓關係很好。

董卓曾在袁隗身邊擔任佐官，是在袁家的幫助下才走上仕途的，算得上是袁氏的門生故吏。如果我們仔細分析即將參與政變的隊伍，他們大都是何進的親信和下屬，袁氏家族只有袁紹的私兵及袁術的虎賁軍，袁氏家族需要一個自己人參與進來，好為自己家族在政變中謀取利益。

曾經在袁隗司徒府中工作過的董卓，無疑是袁氏拉攏的最佳人選。

消息傳到宮中，何太后慌了，如果董卓帶兵進京，自己勢必無法保全。慌亂中，何太后終於做出決定，罷退所有的中常侍及小黃門，讓他們回到宮

第十章　權傾天下

外的里舍，只留何進平素親近的宦官，負責宮內的日常事務。

十常侍慌了，他們帶著所有宦官到百郡邸，集體向何進請罪，說聽憑何大將軍的處置。

看著往日威風八面的十常侍跪伏在自己腳下，何進笑了，對他們說道：「天下紛紛擾擾，正是諸君為害啊！如今董卓大兵將至，諸君為何不早日返回各自的封地呢？」

十常侍唯唯諾諾，不敢反駁，被帶下去休息。袁紹得知此事，當即來見何進，極力勸他趁此機會，將宦官全部誅殺。

何進搖搖頭，說自己已決定將宦官遣回封地，何必非要趕盡殺絕？

袁紹道：「這些宦官老奸巨猾，可不能被他們所騙，必須立即將他們誅殺！」

何進就是不肯答應。

袁紹只得返回，他知道自己勸不動何進，索性再冒一次險，假傳何進的意思，要各地逮捕宦官的親屬。

在力主誅殺宦官的大臣中，袁紹是最堅決的一個。

袁紹為何如此厭惡宦官，非要將其全部誅殺？

宮廷喋血

要回答這個問題，我們需要了解袁紹此前的經歷。

眾所周知，袁紹出身於汝南袁氏，其家族乃是四世三公，顯赫一時。由於長得英俊，袁紹甚得時任司空的生父袁逢、時任司徒的叔父袁隗喜愛。

有這樣的家世及高級別長輩的照應，袁紹不到二十歲就當了濮陽縣令，並以「清正能幹」聞名。

由於看不慣宦官專權，袁紹在服完父親和母親的喪期後，拒絕了朝廷辟召，在洛陽閒居。

當時正逢「黨錮之禍」，黨人領袖竇武、陳蕃、李膺等人相繼被殺，沒死的黨人也被剝奪政治權利。在這種白色恐怖的政治環境下，袁紹仍然暗地裡與黨人和一些俠義之士相往來。

袁紹不但與張邈、許攸、陳蕃、李膺等黨人關係密切，同為官二代的曹操也成了他的密友，這批年輕人聚集在一起，準備做一番大事：剷除宦官集團。

當時黨人中有一個重要人物叫何顒，「黨錮之禍」發生時被宦官集團追殺，只能隱姓埋名，藏在汝南一帶。而汝南恰恰又是袁紹的老家，故而袁紹冒著巨大的風險，在非常時期不斷幫助何顒。何顒經常潛入洛陽城內，與袁紹一起商量援救其他黨人，在兩人的努力下，許多黨人得以保全性命。

作為豪門公子，袁紹身上有股任俠之氣，身邊聚攏了一大批人。他的所作所為很快引起了宦官們的提防與不滿，趙忠就曾對袁隗說：「袁本初（袁紹的字）沽名釣譽，又豢養一幫死士，這小子到底想做什麼？」

袁隗自然知道這話的厲害，回去就罵了袁紹一頓，並安排他到大將軍何進手下做官歷練。

即便到了何進手下，袁紹也不改其志，他的本意是斬斷何進的退路，將他逼向宦官集團的對立面。

宦官們震驚了，何進這是要將自己斬盡殺絕啊！怎麼辦？

眾人商量了半天，一致認為，要想翻盤，關鍵還在何太后身上，只要爭取到她的同情和支持，或許還會有一線生機。

第十章 權傾天下

具體怎麼做？眾人把目光投向了張讓，他是宦官集團的首腦，養子娶的太太不是別人，正是何太后的妹妹。

張讓知道這個時候自己絕不能推託，只得放下架子去見兒媳婦。一見面，張讓先拜了下去，老淚縱橫：「老臣得罪了大將軍，當與新婦一起返歸私門。只是久受聖恩，今當遠離宮殿，戀戀難捨，想最後進一次宮，得暫奉望太后、陛下顏色，然後退就溝壑，死也無憾了！」

看著跪在自己腳下無比悽慘的公公，兒媳婦被打動了，她趕緊扶起公公，去找母親舞陽君，懇請母親救救他們。

舞陽君自然不會對小女兒一家見死不救，她聽完事情的經過，當即入宮面見何太后，轉述了張讓的話，希望大女兒能網開一面。

何太后聽完，柳眉倒豎，她早就對哥哥何進不滿了，在董卓大軍兵臨城下的情況下，她才不得已同意將宦官逐出宮。不料何進得寸進尺，還牽連到了自己的妹妹，是可忍孰不可忍！

她當即發出詔書，讓十常侍回宮。

事情再次出現了變化，眼看著宦官重新入宮，何進知道自己再沒有了轉圜的機會，終於下定決心：徹底消滅宦官！

八月，何進離開了百郡邸，跨入了久違的長樂宮，請何太后同意誅殺諸常侍以下宦官，選三署郎入守宦官的廬舍。

看著何進匆匆入宮，宦官們議論紛紛：「大將軍託病不居喪，也不送葬，現在突然到宮中來，意欲何為？是想再行竇氏之事嗎？」

何進擺事實講道理，可何太后總是下不了決心。

兩人談了很久，卻不知隔牆有耳，兄妹二人的談話被宦官聽得一清二楚。

張讓召集十常侍開了個碰頭會，眾人很快達成一致意見，趁著何進入宮的機會，將其一舉誅殺！

說做就做，宦官首領張讓親自出馬，帶著段珪、畢嵐等幾十人，手持兵刃，悄悄埋伏在宮中。

緊接著，張讓假稱太后有事相商，讓何進再度入宮。

何進此時正在宮外閒晃，接到太后詔書，以為是妹妹想通了，沒有多想，再度入宮，進入了嘉德殿。

一進去，何進才發現有些不對勁，何太后並不在這裡，只有十常侍和一群宦官。他預感到有些不妙，但是此時身後的殿門已經關閉，只得裝作很自然地坐了下來。

剛坐下，張讓尖細的聲音飄了過來：「天下大亂，也不僅僅是我們的罪。先帝與太后不和，差點廢了太后，是我等痛哭流涕為太后求情，拿出千萬家財取悅先帝，才得以轉危為安，我們沒有其他野心，只想依託你何氏的門戶而已。將軍非但不念舊情，還打算殺了我們，豈不是欺人太甚！將軍說宮中汙穢骯髒，我問你，公卿以下有幾個是忠誠廉潔之人？」

何進對此作了辯解，但是十常侍根本不聽，張讓不需要何進回答，他只想為自己和宦官出一口積壓在胸中已久的悶氣。

何進見解釋無用，起身就要走。

可是已經晚了，埋伏在四周的宦官衝了過來，舉刀砍向何進。何進大驚，一個箭步衝出了殿門，然後他就看到宦官尚方監渠穆提著一把刀，冷冷注視著他。

長刀揚起，鮮血四濺，何進倒在血泊中。

張讓等人得手後，為了防止何進集團反撲，立即開始布局，他們矯詔命親附自己的前太尉樊陵為司隸校尉，少府許相為河南尹，分別替換袁紹和王允，掌握對洛陽城的控制權。

小黃門帶著矯詔走進了尚書台，請尚書台批准。尚書見此詔書，心存

第十章　權傾天下

疑竇，說：「請大將軍出來共議！」

小黃門陰森森地一笑，一抖手中的包袱，一顆血淋淋的人頭滾落下來，嚇了眾人一跳。

「何進謀反，已被誅殺！」

張讓和十常侍殺了何進，迅速替換了司隸校尉和河南尹，本以為就此可以掌控洛陽城和宮廷了，卻不知，自己鑄成了大錯。

何進執掌軍權多年，靠的不僅僅是一紙詔令，還包括在軍中多年累積的聲望。

何進被殺的消息傳到軍營後，將士們群情激憤，大呼要為大將軍報仇，其中以吳匡和張璋的反應最為激烈。他們都是何進一手提拔上來的，如今主公被閹人所害，自己豈能無動於衷？擦乾眼淚，眾人一窩蜂衝向了宮門，誓將宦官全部誅殺！

一場好戲即將開演。

宮門緊閉，宦官們早有準備，他們帶著禁軍在宮門各處把守，吳匡和張璋攻了半天，毫無進展，即便有了虎賁中郎將袁術的助攻，也是無能為力。

暮色降臨，袁術見強攻無效，索性下令在宮中放了一把火。火光熊熊，照亮了大半個天空，東西兩宮及南宮九龍門都被包裹在火海中。

張讓等人看著滾滾濃煙翻騰上升，慌得六神無主，他們知道，宮門肯定是守不住的，大軍殺入只在須臾之間。如今唯一的辦法就是劫持何太后和小皇帝，為自己爭取一線生機。

眾人立即前往長樂宮，對何太后說外面的部隊譁變謀反，正在瘋狂燒宮，很快就會攻進來，請太后等人避一避。說完，也不等何太后有何反應，帶著她及小皇帝、陳留王劉協等人，從複道匆匆逃往北宮。

途中遇到了尚書盧植，他手執長戈，攔住眾人去路，痛斥段珪等人大

逆不道。眾人怕耽擱太久，放了何太后，裹挾著少帝等人強行進入北宮。

宮內宦官亂作一團，宮門口雙方還在對峙，此時的袁紹在做什麼？

他在觀察局勢。

對於何進的死，袁紹有些無奈，他曾無數次勸何進早作決斷，但是何進遲遲猶疑不決，一拖再拖，最終被宦官集團搶先動手。如果何進聽了自己的話，怎麼會有今日的下場？

而如今，宦官集團與何進集團終於撕破了臉皮，那就兵戎相見吧！

在叔父袁隗的支持下，袁紹矯詔召樊陵、許相前來議事。二人不知有詐，應約前來，結果一進門就被砍了腦袋。

由此，袁紹重新奪回了京城的控制權。

緊接著，袁紹會同何苗列兵朱雀闕下，從外向內掃蕩宦官及其勢力。宦官趙忠當時就在附近，結果被袁紹的大軍逮捕斬首。

此時此刻，心情最為複雜的要數何苗，他是何進的弟弟，卻與大哥意見相左，甚至幾次阻攔大哥誅殺宦官。而如今，大哥遇害，軍中將領反攻宮門，自己能得到眾人的諒解嗎？

前來接應的吳匡等人對何苗沒好感，還懷疑他與宦官私下來往，當即對部下說道：「殺大將軍者，就是車騎將軍何苗，將士們能為他報仇嗎？」

身後將士們聞聽此言，紛紛高呼：「願致死！」

得到將士們的響應後，吳匡在董卓的弟弟奉車都尉董旻的配合下，立即向何苗發出了挑戰。

何苗根本不是對手，被吳匡刺死，屍體被扔到皇苑中。

大軍攻破宮門，湧了進去，袁紹下令，嚴守各處宮門，全城搜捕宦官，不論老少，格殺勿論。士兵們殺得興起，也不作區分，看到沒鬍子的男人就殺，不少人為了活命，一見官兵前來，主動脫下褲子證明自己不是

第十章　權傾天下

太監,才得以活命。

兩千多人被殺,洛陽城內血流成河。

士兵四處搜查,宮中翻了個底兒朝天,就是沒找到小皇帝劉辯。

劉辯去哪兒了?

他已經出了宮。

張讓、段珪等人挾持著小皇帝,趁亂從北門逃出。

天子被宦官挾持逃離後,百官公卿無動於衷,唯有兩個人例外,一個是尚書盧植,一個是河南中部掾閔貢。

兩人一路緊追不捨,宦官們聽聞身後有人追來,卻早已是筋疲力盡,再也跑不動了。閔貢趕上隊伍後,拔出長劍,指向宦官道:「要麼自己動手,要麼我助你們一臂之力!」

張讓等人苦苦哀求,閔貢揮劍斬殺了數人。

見此情景,張讓知道自己已經走到了末路,轉而向小皇帝拜了拜,叩頭道:「臣等死後,天下必亂,望陛下保重!」

一轉身,躍入了滔滔河水中。

段珪等人向小皇帝一拜,隨後也一起投了河。

東漢朝廷最強的兩股力量 —— 外戚和宦官集團在歷經九十多年的鬥爭後同歸於盡,東漢的政治格局在這一刻悄然發生轉變。

正如張讓所說,一個真正的亂世即將到來。

盧植、閔貢兩個人扶著小皇帝劉辯、陳留王劉協,往洛陽城的方向走。盧植、閔貢二人也不說話,緊緊攥著劉辯和劉協的手,靠著螢火蟲微弱的光,跌跌撞撞前行。走了約數里,方才看到有一戶人家,眾人找了一輛板車,讓小皇帝坐上去,大家在後面推。

一路顛簸，一路搖晃，小皇帝感覺自己的身子都快散架了，閔貢不知從什麼地方弄到了兩匹馬，讓小皇帝騎一匹，自己與劉協騎另一匹，幾人繼續前行。

慢慢地，陸續有一些官員聞訊趕來迎駕，看到小皇帝安然無恙，眾人總算鬆了一口氣。

行至北邙山下時，天色已然大亮，前方傳來一陣急促的馬蹄聲，一隊騎兵呼嘯而來。

眾人仔細一看，只見一個人下馬走了過來，正是董卓。

權力遊戲

董卓為何會出現在這裡？

前面說過，董卓被召到洛陽，就駐紮在離洛陽不遠的夕陽亭。接到袁紹的消息後，董卓當即帶著大軍開拔，遠遠就望見洛陽城內火光和濃煙四起，他知道朝中有變，趕緊帶著大軍加速前進。一路上，他問明瞭城內的大致狀況，得知小皇帝被十常侍挾持，往北面而去，董卓當即催馬疾馳，在北邙山下遇到了小皇帝一行人。

小皇帝看見一大群氣勢洶洶的涼州兵，又看見一個滿臉橫肉的赳赳武夫大踏步向自己走來，當場就嚇哭了。

太尉崔烈挺身而出，喝斥董卓迴避，董卓反罵道：「我日夜兼程跑了三百里路，你現在跟我說迴避？信不信我砍了你的腦袋！」

崔烈不敢再言語，董卓走向小皇帝劉辯，訓斥道：「陛下縱容宦官作亂到如此地步，以取禍敗，責任不小！」

第十章　權傾天下

群臣算是看明白了，召董卓進京誅殺宦官，無疑是前門拒狼，後門進虎，如果不能驅逐董卓，朝堂必將永無寧日！

眾人經過緊急商議，編造了一個理由，替小皇帝向董卓宣詔：「天子有詔，讓你退兵！」

董卓反詰道：「諸位公卿身為朝廷重臣，卻不能匡扶皇室，致使國家動盪，天子流落在外，哪有讓我退兵的道理？」

群臣一個個低著頭，不敢吭聲，董卓大大咧咧地向小皇帝請安，劉辯驚魂未定，半晌說不出話。反倒是劉協不慌不忙，娓娓道來，把整件事情的經過講得一清二楚。

十四歲的劉辯如此草包無能，遇事驚慌失措，反倒是九歲的劉協頭腦清晰、臨危不亂，這讓董卓頗為欣賞。

董卓知道劉協是董太后撫養長大的，董卓又自認為與董太后同族，於是心生歡喜，暗自生了廢立之意。

想到這裡，董卓也不多作停留，帶著小皇帝及滿朝文武回了洛陽城。

靈帝末期，京城傳唱著一首歌謠：「侯非侯，王非王，千乘萬騎上北邙。」

而此時，這首歌謠已全部應驗。

一行人回了洛陽城，在經歷戰火的洗劫後，宮廷早已淪為一片廢墟，大量珍寶器物丟失，最關鍵的是，傳國玉璽也不見了。

代表皇權的玉璽共有六枚，其中最重要的是那枚傳國玉璽。

自秦朝以來，傳國玉璽便是天下共傳之寶，國之重器，得到它的帝王便可以心安理得坐江山，以為天命所歸，沒有得到它的帝王則多少感覺自己像個偷偷摸摸的小妾，未經明媒正娶。

當年劉邦進入咸陽，從秦王子嬰那裡接過了傳國玉璽，此後世代相傳。王莽代漢後，逼王老太太交出此璽，憤怒的王政君將玉璽高高舉起，

然後重重扔了下去，結果磕壞了一角，王莽只得用黃金鑲嵌補上。

劉秀起兵後，又從赤眉軍那裡獲得了此璽，此後代代相傳，一直傳到了劉辯這裡。很不幸，玉璽在他手裡失蹤了。

沒了玉璽，王朝也就沒了靈魂。

把皇帝送回洛陽後，董卓就賴著不走了。

這場動亂中，袁紹的心態最為複雜，何進一死，他就是洛陽城的實際掌控者，可是偏偏董卓來了，還帶著大軍。袁紹瞧不起董卓，從門第、資歷、聲望來講，自己都遠遠甩開董卓十八條街，可偏偏董卓是帶著大軍來的，這就不能不讓袁紹有所忌憚。

何進的部將、騎都尉鮑信認為董卓大張旗鼓進京，必有異志，對袁紹說：「董卓手握強兵，必定有所圖謀。如果不除掉他，日後必定會被他控制，不如趁他初來乍到，先下手為強，把他抓起來。」

話雖如此，可袁紹遲疑不決，不敢動手。

鮑信深知董卓為人，怔遭他毒手，索性帶著自己的隊伍返回了泰山，自謀出路。

除了袁紹，洛陽城中還有一支武裝力量，那就是丁原的并州兵團。丁原武藝高強，作戰勇猛，被授予武猛都尉，他所帶來的并州兵團是一支生力軍，有數千人之多。最關鍵的是，他麾下有一員虎將，被稱為三國第一猛將，有萬夫不當之勇，想必你已經猜到了，這個人的名字叫呂布。

呂布，并州五原郡九原人，從小在邊境長大，見慣了打打殺殺，弓馬嫻熟、驍勇尚武。這樣的人是天生的軍人，同樣是武將的丁原對他很是賞識，將他納入了自己麾下。

丁原進京時，自然也把愛將呂布帶上了，沒想到，這個舉動卻為自己挖了個大坑。

第十章　權傾天下

　　洛陽城中有袁紹和丁原坐鎮，可董卓顯然不會就此認命，他的政治野心要大得多。

　　所有人都以為董卓帶著一支生力軍，可人數具體有多少呢？

　　只有三千。

　　三千人顯然是嚇不倒袁紹和丁原的，為了製造假象，董卓擺了一個迷魂陣，每隔幾天，他就讓幾千人悄悄出城，在城外蹓躂一圈，然後再耀武揚威地進城。

　　所有人都以為，董卓的涼州兵正在源源不斷地趕來，袁紹、丁原更是信以為真，如此一來，更不敢對董卓動手了。

　　董卓靠著這種手段鎮住了袁、丁二人，同時不露聲色地吞併了大將軍何進及何苗的舊部，從而掙脫均衡的局面，贏得了優勢。

　　緊接著，董卓把矛頭對準丁原。

　　雖然此時董卓的實力已經超過了丁原，但是他仍不敢正面硬拚，因為并州兵團的戰鬥力並不比涼州兵團弱。

　　既然如此，怎麼才能殺掉丁原呢？

　　董卓把目光投向了丁原身邊的呂布。

　　呂布這個人的戰鬥力無人敢質疑，可唯獨有一個特點：唯利是圖，做人沒有原則。

　　董卓私下裡派人與呂布聯繫，將利害關係向他講明，呂布果然動了心，刺死丁原，投向了董卓。

　　丁原死後，董卓收攏了丁原的兵馬。

　　要說董卓這一招實在是厲害，不僅吞併了并州軍，還收了個戰力值爆棚的呂布。董卓也兌現了對呂布的承諾，事後他任命呂布為騎都尉，與他父子相稱，對他十分信任。呂布擅長騎射，膂力過人，被稱為「飛將」，

不久又被董卓提拔為中郎將，封都亭侯。

只是可惜了丁原，被最信任的呂布出賣，人頭落地。

除掉了對手，有了強兵，董卓總算真正控制了洛陽。他找了個藉口，迫使司空劉弘辭職，自己擔任司空。

滿朝大臣無力反抗，袁紹也無動於衷，眼睜睜看著董卓登堂入室，位居三公之列。

雖然身後有雄兵支撐，自己也做了司空，但是董卓在朝中並不踏實。董卓雖然是一介武夫，但是他很清楚，自己出去打仗砍人是把好手，但是要想在朝堂上混下去，光靠打打殺殺可不行，得拉攏士大夫，跟他們合作。他需要贏得名士們的信任，讓士人們承認自己的政治地位。

問題在於，朝野內外大名士這麼多，該找誰？

董卓看著名單，最後挑中了一個人：蔡邕。

蔡邕，陳留郡圉縣人。六世祖蔡勳，喜好黃老之術，漢平帝時曾任郿縣令。父親蔡稜性格孤直，有清白操行，死後稱貞定公。

蔡邕性孝，母親臥病在床三年，蔡邕不論寒暑，衣不解帶在床前服侍。母親去世後，他在墓旁蓋一草廬守制，與叔父、叔伯兄弟同居，三代沒有分家，被鄉里人盛讚。

除了至孝，蔡邕還博學，師從太傅胡廣。他喜歡文學、數術、天文，還對音律情有獨鍾，彈得一手好琴。

《後漢書》中記載了一個故事：蔡邕遊歷吳中時，遇有人用桐木燒飯。蔡邕聽到木材在火中的爆裂之聲，認為是造琴的良材，不顧火勢猛烈，伸手將一段已經塞進灶膛的桐木搶了出來，製成了一張琴。

蔡邕初奏此琴，便覺得它與眾不同，太古遺音躍然於指尖，因琴尾還留著焦痕，故取名為焦尾琴。他親手製作的焦尾琴與齊桓公的號鍾、楚莊

第十章　權傾天下

王的繞梁、司馬相如的綠綺並稱為中國古代四大名琴。

有一次，蔡邕去朋友家做客，走到門口時聽到有琴聲傳出，隱隱透出一股殺氣，他對前來迎接的僕人說：「以音樂召我而有殺心，豈能入內？」說完轉身離去。

僕人趕緊告訴主人：「蔡君剛來，但是到門口又回去了。」

主人趕緊追出門，再三向他道歉。蔡邕直言不諱地說出了原因，主人拉著蔡邕去見彈琴者，結果對方解釋道：「我在鼓弦時，見一隻螳螂對著鳴蟬，蟬將去還沒起飛，螳螂忽前忽退。我心驚肉跳，唯恐螳螂捕不到蟬，這難道就是所謂的殺心形於聲嗎？」

蔡邕大笑：「必是如此了！」

桓帝時，中常侍徐璜、左悺等五侯擅權不法，聽說蔡邕的琴彈得是一絕，便慫恿桓帝降旨，命蔡邕進京獻藝。蔡邕不得已，走到偃師，假稱生病，返回家中。

靈帝登基後，起用賢良，讓蔡邕做了郎中，此後數年宦海浮沉。蔡邕為避禍端，遠走他鄉，在吳地隱居了十二年。

董卓任司空後，為了裝點門面，徵召蔡邕進京。蔡邕不想去，推說身體不好，董卓憤然罵道：「我握有滅人三族的權力，就算他蔡邕再高傲，殺他也是易如反掌。」

蔡邕沒辦法，只得啟程。董卓聽說蔡邕來了，非常高興，好歹拉來一個名人，當即封他為太常博士祭酒，歷任侍御史、治書侍御史、尚書，三日之內，遍歷三臺。

董卓對蔡邕特別器重，許多要事都問計於蔡邕。蔡邕是少數勇於直諫董卓的人，當董卓僭越，乘金華青蓋車駕，蔡邕提出抗議。董卓的黨羽想讓朝廷尊其為尚父，與姜太公相提並論，蔡邕又跳出來說不行。

有了蔡邕這個大才子為自己站臺，董卓頓時覺得自己的腰板硬了許多，此時的他開始醞釀一件大事，一件足以引發軒然大波的大事：廢立天子！

他連人選都定了，廢劉辯，另立劉協。

董卓為何要這麼做？

用董卓的話來說，是因為劉辯遇事不知所措，只知道痛哭流涕，缺乏做皇帝的氣質與威嚴。反觀陳留王劉協，雖然才九歲，但是心智比哥哥成熟，能擔當皇帝的大任。

這個理由雖然看似很合理，但是稍微有點常識的人都不會信，董卓不就是想掌控朝廷嗎？一個懦弱的小皇帝，豈不是更適合當臺前的傀儡？何必非要換一個智商和情商都明顯高於劉辯的孩子？

不合理，很不合理。

如果仔細分析，不難發現，這個舉動背後大有文章。

如果劉辯繼續在位，何太后作為他的第一監護人，自然可以凌駕於董卓之上，朝中眾人也會透過支持何太后制約董卓。不論董卓在朝中取得多高的職位和地位，從法理上也比何太后低。

而廢立皇帝的結果，顯然是讓小皇帝的監護權落到了董卓的手裡，因為劉協的監護人（蹇碩、董太后）早已被何進集團除掉了。這樣做的好處是，帝國的權力將會換一種分配方式，董卓將在權力這塊蛋糕中分到一大塊。

換句話說，董卓需要透過廢立皇帝來樹立自己的權威。

要辦成這事，必須要找袁紹商量，袁紹是司隸校尉，又是名門望族。如果能得到他的支持，洛陽城內再無障礙，至於那些公卿百官，董卓根本沒把他們放在眼裡。

此時此刻，引狼入室的袁紹又作何感想呢？

第十章　權傾天下

皇帝廢立

史料沒有記載袁紹的想法，但是兩人很快有了一次會面。

董卓傲慢地說道：「天子應是賢明之人，每每念及靈帝昏聵，不由讓人憤恨。董侯（陳留王劉協）看著不錯，我打算改立他為皇帝，應該比現在這個皇帝強吧。不過他還只是個小孩子，究竟是有大智慧還是隻有小聰明，還不好說。要是連他都不行，我看劉氏江山也到此為止了。」

這種廢立皇帝的話，在一般人聽來簡直就是大逆不道，可董卓根本不在乎。

袁紹聽完，內心咯噔一下，他現在有點後悔沒聽鮑信的話了。「這董卓果然野心不小！」

然而，面對咄咄逼人的董卓，袁紹有些底氣不足，不敢與他正面碰撞，只得耐著性子說道：「漢家君臨天下已有四百餘年，恩德深厚，萬民擁戴。如今皇上年齡尚幼，並沒有什麼過失，你想廢嫡立庶，恐怕沒人會贊同吧？」

董卓勃然大怒，手按劍柄，厲聲道：「豎子膽敢如此放肆！天下大事，難道不都是由我決定嗎？我想這樣做，誰敢不從？你以為我董卓的劍不夠快嗎？」

董卓拔劍，是想給對方一種強大的壓迫感。卻不料，袁紹根本不怕，憤然道：「天下的英雄豪傑難道就只有你董公一個？天下的刀劍，就只有你董公的快？」

說罷，把腰間的佩刀也拔了出來。

對董卓來說，拔劍是威懾；對袁紹來說，拔刀是不示弱。

雙方都拔出了刀劍，針鋒相對，可誰也不敢砍下去。董卓有強大的西涼兵，袁紹、袁術都有兵權在手，誰都不敢輕易出手。

袁紹冷冷掃視全場，作了一個長揖，大步流星邁出大門。

他知道自己無法阻止董卓為所欲為，兩人已經決裂，洛陽怕是待不下去了。回到家後，他匆匆收拾細軟，出了洛陽東門，把司隸校尉的印綬掛在城門上，直奔冀州而去。

袁紹一走，洛陽城內再無可約束董卓的人了，董卓隨後召集公卿百官開會，宣布道：「大者天地，其次君臣，所以為政。皇帝闇弱，不奉宗廟安社稷，得換個人。我欲效仿伊尹、霍光，廢立皇帝，改立陳留王劉協為皇帝，大家以為如何？」

這話一出，百官駭然，大夥兒你看看我，我看看你，誰都不敢吭聲。唯獨有一個人不怕董卓的淫威，站了出來，正是尚書盧植。

盧植表示反對：「根據《尚書》所言，昔日太甲立為君主無賢明之，伊尹放之桐宮；昌邑王立二十七日，罪過千餘，故霍光廢之。當今陛下富於春秋，行為毫無失德之處，非前事可比。」

盧植說出了眾人的心聲，捍衛了皇權的威嚴。董卓怒了，但是他不敢當場對盧植動手，因為盧植是海內知名的大儒，威望立於朝中，如果貿然動手，勢必引發眾怒。

惱怒的董卓只得草草宣布會議結束。

回到府中的董卓依然氣憤難消，如果就此放過盧植，必定是個巨大的障礙，必須將其剷除！

而此時，蔡邕來到司空府，為盧植求情。且不說盧植是國家棟梁，當年蔡邕被流放時，百官無人吭聲，唯有盧植上書為他求情。就憑這份情誼，他也不能看著好友慘遭毒手。

第十章　權傾天下

蔡邕對董卓說：「盧尚書是海內大儒，士人之望，今若殺他，天下震怖。」

除了蔡邕，議郎彭伯也力勸董卓不可殺盧植。

董卓只得暫時壓下怒氣，但是罷了盧植的官。

盧植被罷官後，知道自己無法阻止董卓，只得收拾包裹準備回鄉，他怕被董卓追殺，出城後選了一條小路。果然不出所料，董卓雖然明面上放過了盧植，但是隨後就派出了殺手，好在盧植選的是小路，殺手沒找到盧植，只得返回。

逃脫追殺後的盧植不敢回鄉，隱居上谷，斷絕了與外界的一切聯繫。

趕走了礙事的盧植後，董卓改變策略，開始向何太后施加壓力，要求她下詔廢黜劉辯，改立劉協為皇帝。

何太后知道自己只能任由董卓擺布，只得含淚答應。

緊接著，董卓再次召集文武官員上朝議事，會上對眾人說道：「太后逼迫永樂太后（即董太后），令其憂死，逆婦姑之禮，無孝順之節。天子幼質，軟弱不君。昔日伊尹放太甲，霍光廢昌邑，著在典籍，人以為善。今太后宜如太甲，皇帝宜如昌邑。陳留王仁孝，宜即皇帝位。」

董卓以何太后的名義廢立皇帝，讓群臣無可辯駁。

按照事先安排，何太后泣不成聲地宣讀了人生中最後一道懿旨：「皇帝在先皇喪期，無人子悲傷之心，威儀舉止不像人君，今廢為弘農王，立陳留王劉協為帝！」

朝堂之上一片寂靜。

董卓冷冷掃視著群臣，志得意滿。他似乎已經看到，一條康莊大道正鋪在自己面前。

見無人再提出異議，尚書丁宮宣讀了在董卓授意下擬定的正式檔案：

皇帝廢立

「孝靈皇帝不究高宗眉壽之祚，早棄臣子。皇帝承紹，海內側望，而帝天資輕佻，威儀不恪，在喪慢惰，衰如故焉；凶德既彰，淫穢發聞，損辱神器，讓宗廟蒙羞。

皇太后教無母儀，統政荒亂。永樂太后暴崩，眾論惑焉。三綱之道，天地之紀，而乃有闕，罪之大者！

陳留王協，聖德偉懋，規矩邈然，豐下兌上，有堯圖之表；君喪哀戚，言不及邪，岐嶷之性，有周成之懿。休聲美稱，天下所聞，宜承洪業，為萬世統，可以承宗廟。」

緊接著，董卓讓尚書宣讀策文，彈劾何太后害死董太后的罪責，將其罷免，遷入永安宮。

群臣依然鴉雀無聲，董卓揮了揮手，親信將劉辯扶下了殿，解除玉璽印綬轉交給劉協，然後將劉協扶了上去。

九歲的劉協坐上了龍椅，是為漢獻帝。按照慣例，群臣該山呼萬歲，可是此時，面對這劇變，群臣竟然無動於衷。

見此情景，丁宮急忙引導道：「天禍漢室，喪亂弘多，今大臣量宜為社稷計，誠合天人，請稱萬歲！」

這話一出，群臣只得不情願地跪伏在地上，直呼萬歲、萬歲、萬萬歲。

何太后輸了，輸得一敗塗地。

想當初，一個偶然的機會讓她從社會最底層的屠夫女兒一步登天，直至成為太后。入宮後的她一向以強悍著稱，她毒殺王美人，與宦官蹇碩爭奪皇位繼承人，而在宦官問題上，兄妹二人產生了分歧。

何進不得已，徵調西涼董卓進京，逼得張讓等人鋌而走險，殺了何進，局面徹底失去了控制，宦官集團被清洗，董卓趁機霸占了京師。這一切，何太后都沒有料到。

第十章　權傾天下

　　在絕對的實力面前，一向強悍的何太后也不得不低下高傲的頭顱，被打入冷宮。

　　現在兒子被廢，何進、何苗都死了，十常侍也被殺光了，茫然四顧，何太后發現身邊一個幫手都沒有。

　　就在劉協登基的第三天，何太后被毒殺身亡。

　　董卓不允許朝廷為何太后舉辦喪禮，而是讓劉協到洛陽城內奉常亭哀悼，公卿大臣們穿白衣上朝三天。

　　對於董卓的隨心所欲，洛陽城的所有官員熟視無睹。廢少帝，群臣無動於衷；殺太后，群臣緘默無言。

　　就在董卓得意之時，一封書信從長安送到了洛陽，擺在董卓面前。

　　董卓展開一看，眉頭立刻皺了起來，書信內容不長，只有一句話：「昔日伊尹、霍光有那麼大的功勞，結局仍然令人寒心，你不過是個小丑，以為自己的下場會比他們好嗎？祝賀的人在門外，弔喪的人已經在墳前排隊了，你最好小心一點！」

　　再一看後面的落款，是京兆尹蓋勳。

　　董卓太了解這個人了，蓋勳是自己的同鄉，也是涼州人。關於他的事蹟，前面已經寫過，總而言之，這是一個包青天式的人物，眼裡容不得沙子。

　　董卓知道，如果殺了蓋勳，將會遭到涼州人的非議，影響自己的名聲，可如果放任不管，憑藉蓋勳的威望和號召力，必定會帶給自己麻煩。左思右想，董卓決定把他召到洛陽，放在自己的眼皮子底下。

　　隨後，董卓發去一份調令給蓋勳，任命他為議郎，到洛陽報到。

　　接下來，就該輪到自己重新洗牌了。

　　董卓看重的是握有軍權的太尉一職，可此時的太尉是宗室劉虞，不好

強行撤掉。這倒難不倒董卓，他給劉虞來了個明升暗降，任命他為大司馬，為了給他點補償，董卓又封他為襄賁侯。

騰出了位子，董卓自己由司空改任太尉，兼領前將軍，並加了一系列軍界權威的象徵物——加節、賜斧鉞、虎賁，更封郿侯。

為了補齊三公，董卓提拔太中大夫楊彪任司空，又將豫州牧黃琬調入京中任司徒。

自此，漢帝國的最高權力層人員全部到位：太傅袁隗、大司馬劉虞；太尉董卓、司徒黃琬、司空楊彪。此時劉虞遠在幽州，楊彪和黃琬是後輩，名望還不夠格，袁隗束手旁觀，朝中由董卓一人說了算。

董卓在洛陽沒有政治基礎，沒有死黨故吏，沒有政治聯盟，這是他最大的短板。東漢後期的朝堂上只有三股力量——外戚、宦官和士人，三方你爭我奪，鬧得不可開交，而如今，外戚和宦官已經淡出朝堂，只剩士人這一股力量了。

黨錮之禍中，士人菁英雖然遭受了空前摧殘，地位一落千丈，但是其影響並未衰落，且在朝中占據了絕大部分職位。為了拉攏士人，董卓自導自演了一場政治秀，滿足了士人集團近二十年來的期盼。

董卓聯合司徒黃琬、司空楊彪一同攜帶刑具到朝堂上書，要求為黨錮之禍中被迫害誣陷致死的陳蕃、竇武等黨人平反。不僅如此，董卓還希望朝廷可以恢復黨人們的爵位，遣使祭拜他們的祠堂，重用他們的子孫。

黨錮之禍是朝廷的一塊心病，也是士人的一塊心病。如今宦官集團被清掃乾淨，董卓認為，如果自己能為黨人翻案，為他們沉冤昭雪，不僅可以一掃帝國上空的陰霾，還能為自己的形象加分不少。

劉協准奏，恢復了陳蕃等人的爵位，並提拔他們的子孫為官。

這場政治秀結束後，朝廷開始徵辟名士入朝為官，為有功之臣加官晉

第十章 權傾天下

爵。董卓提拔了兩個人：一個是周毖，官居尚書；一個是伍瓊，官居城門校尉。

這兩個人，一個參與國家政務處理，一個負責京城治安，二人也為董卓提了不少建議，希望董卓革除弊政，選拔任用天下名士，如此可收攬人心。

出洛陽記

董卓也想在政治上有所作為，虛心接受，隨後命二人會同尚書鄭泰、長史何顒立即著手落實，裁撤貪官汙吏，選拔各地的名士為官。

很快，第一批名單報了上來，上面有四個人：荀爽、陳紀、韓融、申屠蟠。

荀爽出身潁川荀氏，在宦官專權時為躲避黨錮之禍，在漢水之濱隱居十餘年。董卓徵召後，僅用九十三天就將其從一介布衣升為司空，位列三公，升遷速度堪比坐火箭。

陳紀是潁川許縣人，陳寔之子，與弟弟陳諶俱以至德稱，父子三人在當時並稱為「三君」。黨錮之禍中，陳紀在家隱居，屢次徵召皆不應。接到董卓的調令後，陳紀入洛陽，任五官中郎將。

韓融是潁川舞陽人，朝廷屢次徵召，韓融皆不應。董卓下發徵召令後，韓融入京為大鴻臚。

四人之中，唯獨申屠蟠拒絕應命，無論別人怎麼勸，申屠蟠總是笑而不答。直到後來應命者一個個下場悽慘，眾人才明白他的遠見。

無論如何，就當時而言，董卓徵召大量各地名士入朝，委以要職，雖

然這其中有作秀的成分，但還是贏得了朝中眾人的信賴，也讓他在朝中站穩了腳跟。

董卓也充分重視這些名士，讓他們出任各地長官，以尚書韓馥為冀州牧，侍中劉岱為兗州刺史，陳留人孔伷為豫州刺史，東平人張邈為陳留太守，穎川人張諮為南陽太守。

自入洛陽以來，董卓的人生可謂一帆風順。

董卓已經控制了最高權力，野心再膨脹下去，那就只能是當皇帝了。

當皇帝，董卓是不敢的，但是在仕途上更進一步不是難事，他升任相國，凌駕於三公之上，成為一人之下萬人之上的人。至於他上面的皇帝，不過是自己的傀儡而已。

相國這個名稱最早出現在戰國，是戰國、秦及漢朝廷臣的最高職務，戰國時代稱為相邦。秦國的第一個相邦是樛斿，最後一個相邦是呂不韋。呂不韋被免職後，嬴政認為相邦權力過大，暫時廢除了相邦職務。劉邦即漢王位後，又重新設立相邦職位，後代為避諱改稱相邦為相國。從呂后到東漢，相國廢置，直到東漢末年董卓就任相國。

成為相國，有什麼特權？

當然有，董卓有三個特權：贊拜不名，入朝不趨，劍履上殿。贊拜不名，就是拜見皇帝時，禮官只呼其官職，不直呼姓名，以示尊崇；入朝不趨，就是上朝時，不必像其他官員小步快走，可以慢慢走；劍履上殿，就是可以佩劍穿鞋上殿。

自此，董相國在朝中的權勢已是如日中天。

董卓當了相國後，對三公重新作了調整，以司徒黃琬為太尉、司空楊彪為司徒、光祿勳荀爽為司空。

緊接著，董卓以皇帝的名義廢除了光熹、昭寧、永漢三個年號，將本

第十章　權傾天下

年稱中平六年。這個舉動意義重大，因為這三個年號都是少帝劉辯所用的年號，董卓將其廢除，是從正統上否定了少帝一朝。

董卓能順利當上相國，離不開士人的支持，而董卓也沒有虧待士人，給予了他們應有的地位。士人意氣風發，他們本以為董卓會按照自己預想的道路繼續走下去，殊不知，他們被騙了。

在利用士人坐穩了相國的位子後，董卓撕下了面具，露出了凶橫殘暴的本來面目。既然心願達成，那就沒必要再偽裝了，他在大會賓客時說了一句話：「我為相國，至貴無上！」

有一次，侍御史擾龍宗有事向董卓稟報，進去的時候忘了解下佩劍。董卓勃然大怒，當場擊殺擾龍宗。事情傳出去後，所有人唏噓不已，也更加膽顫心驚。

殺擾龍宗，只是董卓立威的開始，很快，他就放縱手下士兵洗劫洛陽城。

洛陽城作為京師，城中權貴富商一家挨著一家，家家戶戶都屯有大量的金帛財貨。在董卓的縱容默許下，手下士卒在洛陽城中大肆燒殺搶掠，闖入民宅搶劫財物，甚至淫掠婦女，士兵們稱之為「搜牢」。

整個洛陽城人心惶恐，民眾朝不保夕。

潁川郡陽城報有賊情，董卓派出軍隊前去征剿，恰逢當地人們集社活動。士兵們不去剿賊，卻將無辜百姓全部斬首，把首級掛在搶來的車上，載著擄掠來的婦女返回洛陽。入城後，將士們連喊帶吆喝，跟打了勝仗一樣，董卓下令把人頭一把火燒了，把婦女分給士兵們做奴婢，任由他們肆意姦淫。

如此行徑，簡直令人髮指！

涼州兵的野蠻習性暴露無遺，而董卓不加以管束，他本人更是如同禽

獸。何太后死後，董卓挖開靈帝的陵墓，將其中的珍寶全部取出據為己有。他還直接住進了宮裡，肆意姦淫公主，公主玩夠了又去玩弄宮女。凡是違背自己意願的人，通通治罪，睚眥必報，朝廷百官也不能自保。

皇甫規有個年輕的後妻，知書達理，董卓對她垂涎已久。董卓任相國後，派人去皇甫規家迎娶這位美女，美女不敢得罪董卓，親自到董相國府門口跪拜，請求解除婚約。董卓不肯，讓家奴們持刀上前威脅，美女見事情沒有轉機，抱著寧為玉碎不為瓦全的決心，最終被活活打死。

對於這些，董卓根本不關心，他現在只關心袁紹。

對於袁紹的出逃，董卓很憂慮，他知道，袁紹可不是一般人，留在洛陽，他還能監視袁紹，可是一旦出了京城，猶如蛟龍入海。憑藉袁紹的家世和背景，只要登高一呼，必定會群起響應，無論如何，都得想辦法把他抓回來，以絕後患。

董卓準備下令，在全國範圍內通緝袁紹。

周毖和伍瓊得知此事，趕忙過來阻止：「廢立大事，不是一般人能做的。袁紹不識大體，恐懼逃跑，絕非有異志，如果通緝他太急，勢必激起事變。袁氏四代廣布恩德，門生故吏遍布天下，如果他招集豪傑，拉起隊伍，群雄都會乘勢而起，到那時，關東恐怕就不是明公所能控制的了。不如赦免他，讓他當郡守，袁紹慶幸免罪，也就不會招惹事端了。」

這話聽起來有點道理，董卓便改了主意，任命袁紹為勃海太守，同時任命袁術為後將軍。

除了袁紹兄弟，董卓還看中了一個人：曹操。

董卓踏入京師時，曹操任西園軍典軍校尉，八校尉中排行第四。在當時眾多的校尉將領中，曹操只能算是後起之秀，並不顯眼。然而，貌似粗漢的董卓經過一番觀察，他發覺這個人與眾不同。

第十章　權傾天下

　　這個人能文能武，並且有治理一方的經驗，深知地方民情，對局勢有著冷靜的判斷。如果能將他拉攏過來，必定可以成為自己的左膀右臂。為此，董卓將曹操封為驍騎校尉。

　　然而，出乎意料的是，接到董卓的委任狀後，袁術跑了，曹操也棄職而逃。

　　在曹操眼裡，董卓就是個暴發戶，尤其是在親眼看到西涼軍洗劫洛陽城後，他就知道，這種人不得民心，遲早會完蛋。如果跟他混下去，只能陪葬自己的大好前程，他必須要逃離，逃得越遠越好。

　　曹操出了東門，一路向東逃，到成皋時，決定去自己的老朋友呂伯奢那裡借宿一晚。卻不料，這一去竟留下了一樁千古難解的疑案：呂伯奢全家被殺，殺人者正是曹操。此後還流傳開來一句話：「寧我負人，毋人負我。」而在羅貫中筆下，這句話又演變成一句俗語：「寧教我負天下人，休教天下人負我！」

　　從呂伯奢家中出來後，曹操繼續踏上逃亡之路，而此時，洛陽的董卓也已發現曹操潛逃，大怒之下，立即向各地官府和關隘發文，通緝曹操。

　　曹操一路奔波，就在他進入中牟時，一個亭長見他形跡可疑，不由分說將他抓了起來。還好，中牟縣中曹操有熟人，透過黑箱作業，請縣令釋放曹操。

　　縣令拿著通緝令，又仔細觀察眼前這個流浪漢，總覺得有些拿不準。一旁的功曹從氣質上就已猜到眼前這人正是曹操，他悄悄對縣令說道：「眼下世道已亂，不宜為董卓拘捕天下豪傑，放了他，對自己和國家都有好處。」

　　縣令一聽，心領神會，當即說道：「這麼一個流浪漢抓來有何用？還不趕緊趕出縣衙！」

曹操逃過一劫，繼續奔向陳留。在這裡，他做出了一個決定，他要拉起一支隊伍，討伐董卓！

革命需要本錢，曹操捎信給家人，讓族人帶著家產來陳留會合，這部分家財變賣後就成了招募義軍的啟動資金。

那年頭，只要肯花錢，要招募一支部隊並不難，連年的災害戰亂已讓無數人窮困潦倒，參加革命隊伍至少還有一碗飯可吃，總比餓死強。

對於帶兵，曹操很有心得，他帶過不少部隊，但都是朝廷的部隊，唯獨這支部隊是他親自招募的，可以看作是他的私人部隊。到臘月時，隊伍已經擴充到了五千人之多，至此，曹操正式亮出了討伐董卓的旗號，走上了時代的前沿。

與此同時，各地的義旗如雨後春筍般紛紛破土而出，雖然大夥兒都有各自的目的，但是他們的目標很一致，那就是董卓！

第十章　權傾天下

第十一章
群雄討董

第十一章　群雄討董

群雄並起

率先發難的人是東郡太守橋瑁。

他偽造了一份三公的文書，分發到全國各地。在這份文書中，橋瑁揭露了董卓的罪惡行徑，說他逼迫天子、逼迫三公、逼迫百官，罪大惡極，並號召各州郡興義兵討伐董卓，解國患難。

橋瑁有反董之心，可他沒有威望，不能服眾，他希望各地郡守收到文書後，能有一個有威望的帶頭大哥站出來，帶領大家豎起反董的旗幟。

果不其然，一個叫臧洪的人首先做出了回應。

臧洪是典型的官二代，父親臧旻是漢末名將，曾拜揚州刺史，與董卓、盧植、朱儁等人齊名，臧旻曾任使匈奴中郎將，在職期間除了做好本職工作，還記錄了西域諸國的風土人情，較前輩班固也毫不遜色。

當然，臧旻一生最讓人津津樂道的事蹟，是在擔任揚州刺史期間，重用並提拔了年僅十七歲的孫堅。

臧洪十五歲時，因其父的功績被拜為童子郎，在太學裡頗有名氣。臧洪體貌魁梧，格外優秀，二十多歲時被舉孝廉而為郎，步入仕途。然而此時，帝國內部早已弊病叢生，宦官、外戚、士人三方鬥得你死我活。臧洪索性辭了官，後被廣陵太守張超聘為功曹。

當時正值董卓在洛陽城內胡作非為，臧洪預感到天下將大亂，於是勸張超道：「明公祖上世代受國恩，兄弟倆都掌握著一方大郡，如今王室將危，賊臣虎視，這正是天下義士報恩效命之時。眼下廣陵郡比較安定，郡內富裕，如果動員一下至少可以徵得兩萬人，以此來誅除國賊，為天下人做個榜樣，不亦宜乎！」

兩人一拍即合，但是以一郡之兵去對付董卓，顯然不現實，即使有橋

瑁的東郡之兵，也遠遠不夠。兩人商量一番，決定說服陳留太守張邈，共同起事。

兄弟倆一見面，張邈就問張超：「你身為郡守，我卻聽說你把政務都交給了臧洪，臧洪是何許人也？」

張超也不遮掩，答道：「臧洪是海內奇士，才略遠超於我。」

在張超的引薦下，張邈見到了臧洪，經過一番討論，張邈同意入夥。

為了建立反對董卓的統一戰線，張邈又提到了兩個人：一個是兗州刺史劉岱；一個是豫州刺史孔伷。

在臧洪的積極聯繫下，兗州刺史劉岱、豫州刺史孔伷、陳留太守張邈、東郡太守橋瑁、廣陵太守張超等人組成了史上著名的關東聯軍，點燃了全國反對董卓專權的烽火。

初平元年（西元190年）正月，五位大哥齊會於陳留的酸棗，議定反董聯盟方針。會議結束，眾人走向預先布置好的壇場，登壇盟誓。

既然是盟誓，就需要一個人來主持，宣讀誓詞，這個人其實就是盟主。然而，五位大哥相互謙讓，誰都不肯先登。盟主雖然看著風光無限，但是風險也是最大的，一旦失敗，盟主就是朝廷的頭號通緝對象。

推來推去，最後推出了臧洪。

臧洪也不客氣，他登上壇場，歃血為盟，然後朗聲宣讀誓詞：

「漢室不幸，皇綱失統，賊臣董卓，乘釁縱害，禍加至尊，虐流百姓。大懼淪喪社稷，剪覆四海。兗州刺史劉岱、豫州刺史孔伷、陳留太守張邈、東郡太守橋瑁、廣陵太守張超等，糾合義兵，並赴國難。凡我同盟，齊心勠力，以致臣節，殞首喪元，必無二志。有渝此盟，俾墜其命，無克遺育。皇天后土，祖宗明靈，實皆鑑之。」

臧洪宣讀時辭氣慷慨，眾人聽得熱血沸騰，恨不得立刻殺向洛陽城，

第十一章　群雄討董

將董卓碎屍萬段。

會盟很成功，然而在接下來的軍事會議上，眾人激昂的熱血漸漸冷卻下來，開始有了畏難情緒。誰都不想當這個出頭鳥，都想讓別人先上，自己儲存實力。臧洪眼睜睜看著一個盛大的會盟就此熄火，唯有一聲長嘆。

他不甘心自己的心血付諸東流，他很清楚，要想建立這樣一個龐大的反董聯盟，僅靠這幾個人是遠遠不夠的，必須有一個具備強大號召力的人來領導。

誰有資格來當這個帶頭大哥？

臧洪的腦海中第一個跳出了漢室宗親——大司馬劉虞。

臧洪和張超開了個會議，兩人達成一致意見，決定去幽州找劉虞。走到河間時，由於道路受阻，過不去了。

臧洪又和張超交換意見，既然劉虞一時半會兒聯繫不上，不如去找袁紹。他家世雄厚，又有一定的號召力，他來當這個聯盟領袖，再合適不過。

當袁紹看到風塵僕僕趕來的臧洪和張超後，他知道自己的機會來了，他早就聽說了酸棗會盟之事，對五位大哥的勇氣和魄力敬佩不已，可是佩服之餘，他也料到這個聯盟難成大事。眾人各懷心思，臧洪缺乏足夠的威望和資歷，扛不動反董聯盟這桿大旗。

誰有這個資格當聯盟領袖？

在袁紹看來：「普天之下，捨我其誰？」

一番交談，袁紹對臧洪刮目相看，當即答應做這個聯盟領袖。

與其說是臧洪說服了袁紹，不如說是袁紹一直在等這個機會。討伐董卓，袁紹其實是不二人選，這不僅因為他的家世地位，還因為他有誅滅宦官之功和不與董卓合作的舉動。

袁紹想起兵，可他面前還有個障礙：冀州牧韓馥。

群雄並起

當初董卓為了安撫袁紹，以朝廷名義任命他為勃海太守，同時又密令冀州牧韓馥密切監視袁紹的一舉一動。韓馥對袁紹也頗為忌憚，經常派人在袁紹的門口把守，限制袁紹的行動。

東郡太守橋瑁偽造檔案發給州郡，冀州牧韓馥也收到了。他的任務雖然是監控袁紹，但是韓馥並非董卓心腹，當關東討伐董卓的呼聲四起時，他開始考慮站隊一事。

韓馥把幾個心腹召集過來開會，徵求大家的意見：「眼下的形勢大家都看到了，諸位都來說說，我們應當助袁氏呢，還是助董氏呢？」

從事劉子惠說道：「興兵是為國家，如何說什麼袁氏、董氏！」

這番話，讓韓馥有些難堪。

劉子惠接著說道：「起兵這件事風險很大，我們不要強出頭，應該先派人到各州郡了解情況，若是其他州起兵了，我們就跟著。冀州的軍事力量不比其他州弱，到時建立的功業肯定也不會小。」

劉子惠的折中之策打動了韓馥，迫於形勢，韓馥不敢再阻攔袁紹，他寫了一封信給袁紹，在信中大罵董卓一番，全力支持他起兵造反。

關東各州郡也紛紛起兵對抗董卓，主要起事者有如下幾人：勃海太守袁紹、南陽太守袁術、冀州牧韓馥、豫州刺史孔伷、河內太守王匡、兗州刺史劉岱、陳留太守張邈、廣陵太守張超、東郡太守橋瑁、山陽太守袁遺、濟北相鮑信，此外還有從洛陽逃出來的曹操。這些義軍隊伍有的數千人，有的數萬人。

這些人中，袁紹名氣最大，因而被諸豪傑推選為盟主。袁紹自己也不客氣，自封車騎將軍，領導東方群雄。

不過有一個人並不看好袁紹，正是濟北相鮑信。

想必你還記得，董卓入京時，鮑信就力勸袁紹先下手為強，除掉董卓。

第十一章　群雄討董

可惜袁紹沒聽他的意見，讓董卓得以坐大。在鮑信看來，袁紹這個人做事不夠果斷，也缺乏魄力，他之所以能坐上盟主寶座，靠的主要還是其家族顯赫的聲望。

既然如此，那麼鮑信看好誰呢？

十一路諸侯中，他看好當時還是小角色的曹操。

此時的曹操剛剛在陳留喘了口氣，拉起了一支隊伍，跟這些地方大佬相比，曹操只能算個配角。然而，鮑信卻一眼就看中了他，這個人有魄力，有決斷力，遇事冷靜果斷，將來必成大事。

鮑信有一次找到曹操，對他說：「若論才華謀略蓋世無雙、能總攬天下英雄、撥亂反正者，我只看好你。如果不是那個天命之人，即便表面上看上去很強大，也終歸要失敗的。你莫非就是上天派來要做大事的那個人？」

鮑信似乎一眼看穿了曹操埋藏在內心深處的雄心。

曹操沒有說話，他的臉色似乎很平靜，然而心底已是熱血激盪。

大丈夫身處亂世，當帶三尺劍，立不世之功。對曹操而言，他所恐懼的便是活在一個注定平庸而無名的時代。感謝上天，讓他生得不算太早，也不算太晚，剛好趕上了這個千載難逢的歷史機遇。

可是眼下，他的實力太弱了，在大哥雲集的聯盟裡根本排不上號。但是他並不著急，他知道，屬於自己的春天還未來到，自己只能靜靜等待。

關東盟軍順利會盟，聲勢浩大，那麼此時的董卓在做什麼呢？

董卓很憂慮，反董聯盟讓他寢食難安，也讓他很惱火。那十一路諸侯中，有很多都是門閥士族的代表人物，還有不少是他進京後一手任命，委任為一方諸侯的，結果到任後卻掉轉槍頭對準了自己，真是豈有此理！

更讓他擔心的是袁紹，他是反董聯盟的領袖，董卓太清楚這個人的能力了，憑藉著他的背景和聲望，還會吸引更多的大哥加入，到時候自己必

將處於更加不利的境地。

董卓怕他們以迎廢帝劉辯復位為名討伐自己，對劉辯動了殺機。

此時的劉辯才十五歲，自從被廢後，他似乎一夜之間長大了許多，原先的輕佻不見了，取而代之的是沉鬱。從龍椅上被人攆下來後，劉辯被廢為弘農王，成為東漢唯一被廢黜的皇帝。

唯一能給他安慰的，只有身邊的唐姬。

正月的一天，郎中令李儒來見劉辯，對他噓寒問暖，問他身體近來如何，末了，從懷中掏出一包藥，摻進水中，說道：「服此藥，可以辟惡。」

劉辯瞬間就明白了，他大聲道：「我沒病，你這是想殺我！」

劉辯死活不肯喝，李儒步步緊逼，看著面露猙獰的李儒，劉辯知道自己無論如何也逃不過今天這一劫了，含淚上演了一出「弘農別姬」。

下人擺了一桌酒宴，劉辯連飲數杯，起身悲歌道：「天道易兮我何艱！棄萬乘兮退守蕃。逆臣見迫兮命不延，逝將去汝兮適幽玄！」

歌聲清越激昂，這是劉辯的絕命詩，他嘆天道不公，罵董卓步步緊逼。

歌罷，令唐姬起舞。

唐姬強忍著淚水，走到大殿中央，舉袖而舞，邊舞邊歌：「皇天將崩兮后土頹，身為帝姬兮命不隨。生死異路兮從此畢，奈何煢速兮心中悲！」

劉辯望著唐姬，作最後的訣別：「妳是我的王妃，以後不能再嫁人，希望妳能珍重自愛，我們就此別過！」

說罷，端起毒藥一飲而盡。

這一幕，像極了四百年前垓下那一夜。

可憐的劉辯死後竟然都沒有自己的墓穴，只能葬在已故中常侍趙忠的墓穴中，諡曰懷王。

第十一章　群雄討董

劉辯死後，唐姬返回了故鄉，父親因她年紀還小，想找個人再嫁過去，但是唐姬誓死不嫁。

此後軍閥李傕劫掠了唐姬，他見色起意，想娶她為妾。唐姬誓死不從，李傕倒也沒繼續逼迫。尚書賈詡得知此事後，把唐姬的遭遇告訴了獻帝，獻帝得知嫂子唐姬尚在人世，不由得一陣感傷，下詔迎唐姬入京，封她為弘農王妃，將她安置在丈夫劉辯的墓園中。

除掉了廢帝劉辯，總算去了董卓的一塊心病，面對氣勢洶洶的關東聯軍，董卓也是摩拳擦掌，準備與他們較量一番。他組織朝中百官召開軍事會議，討論出兵一事，一開始沒有人提反對意見，眼看即將形成決議，尚書鄭泰站了出來，表示反對。

面對雄心勃勃的董卓，他說了一句話：「治理國家靠的是德政，而不是依靠軍隊。」

董卓很不爽：「照你的說法，軍隊就無用了？」

群臣臉色大變，鄭泰則從容答道：「不是說沒用，我只是覺得關東不值得相國出動大軍征討。」

對抗關東

董卓見鄭泰胸有成竹，表示願聞其詳。

鄭泰於是為董卓陳述了不值得出兵的十大理由：

一、自光武帝以來，中原百餘年無戰事，百姓富足安逸，他們已經忘記戰爭多年了。現在關東聯軍人數雖多，卻不能造成什麼禍害。

二、明公您出自涼州，年輕時就是武將，熟習軍事，屢經戰場，名震

當世，天下民眾對您懾服。

三、袁紹是公卿子弟，長期在洛陽；張邈是東平的老先生，坐不窺堂；孔伷只能清談高論，隨意吹噓。這些人都沒有統軍的才能，在戰場上交鋒對決，都不是您的對手。

四、關東部隊素來無精悍之稱，既乏勇捷，又少智謀，無論是戰是守，皆不足為道。明公只出一支偏師，便可成功。

五、關東聯盟即便有出色之人，然尊卑無序，王爵不加，表面上人多勢眾，實則是一盤散沙。戰事若起，各人勢必各保實力，坐觀成敗，絕不肯同心共膽，共同進退。

六、關西諸郡頗習兵事，近年來多次與胡人交戰，婦女都能拿戟持矛，何況勇悍的男子。用這樣的部隊對付多年忘戰的關東軍，必勝。

七、如今作戰英勇且至今尚存的部隊，僅有并、涼之人，以及匈奴、屠各、湟中義從胡等，都在明公手下，以之為爪牙，猶如驅虎趕羊，有何懼哉？

八、明公之將帥都是自己的腹心親信，隨軍日久，忠誠和謀略都經過考驗，讓他們對付關東臨時拼湊的部隊，猶如秋風掃落葉。

九、凡交戰有三種敗亡：以亂攻治者亡，以邪攻正者亡，以逆攻順者亡。現在明公秉國公正，剷除了宦官勢力，確立了忠義之道。以此三德對付關東聯軍之三亡，奉詔討伐，誰敢抵禦？

十、關東有學者鄭玄，學通古今，為儒生所敬仰；北海邴原清高正直，是群士的楷模。關東將領如果向他們請教，必然會參考歷史上的案例：戰國時燕、趙、齊、魏也很強盛，但是終究被秦國所滅；西漢時吳、楚七國人數頗多，但是不敢越過滎陽。何況現在朝廷德政顯赫，禮待名士，股肱大臣都是國家賢良，他們豈會贊成關東聯軍的反叛，禍亂天下？

第十一章　群雄討董

鄭泰在陳述完十條理由後，繼續對董卓說道：「明公若覺得我所說的這些有道理，可以酌情採納，何必非要徵調軍隊驚擾天下？」

鄭泰的這一番宏論，成功說動了董卓，打消了他的徵兵計畫，也讓董卓對他刮目相看。

兵雖然不徵了，但是關東聯軍卻不能坐視不理，必須派出一支大軍打痛他們。那麼問題來了，誰來當這個統帥？

按理說，董卓久經戰陣，他是最合適的人選，可朝中形勢太複雜，人心叵測，他不能離開洛陽。鄭泰有遠見卓識，又有一定的膽略，他是眼下最合適的人選。

董卓當即宣布了一項決定：以鄭泰為將軍，統領三軍討伐關東聯軍。

經過緊急籌備，大軍迅速集結，鄭泰檢閱三軍，準備出征。

就在出征前夕，董卓的心腹告訴他：「鄭公智略過人，暗中結謀外寇。今若將部隊託付給他，如果他與關東聯軍勾結在一起，明公可就危險了！」

董卓悚然一驚，當即找藉口收回了兵權。

不僅如此，董卓還剝奪了鄭泰的尚書之職，給了他個議郎的虛職。

鄭泰被撤，討伐之事自然也得終止了，接下來怎麼辦？董卓思量了很久，最終做出一個艱難決定：遷都，把首都從洛陽遷往長安。

遷都有兩個好處：第一，長安離涼州近，那裡可是董卓的大本營；第二，從策略上考慮，洛陽無險可守，而長安則有山川之利，易守難攻。

就在董卓思量遷都之際，陳紀前來拜訪，他是來辭行的。

董卓將自己遷都的想法拋了出來，想聽聽陳紀的意見：「三輔地勢平坦，四面險固，土地肥美，號為陸海。如今關東聯軍起兵，洛陽不可久居，長安宮室尚存，我想遷都，你怎麼看？」

陳紀答道：「天下有道，四方靜守。宜修德政，以感懷異己，遷都是

下策。我認為，明公應該將政事交給朝中百官，自己專門負責軍事。如有違命者，則出威武之師征伐。今關東兵起，民不堪命，明公若放手朝政，率師討伐，則塗炭之民多少可以保全。若帶著天子退往長安以求自安，反將有累卵之危、崢嶸之險。」

陳紀明確反對遷都，希望董卓能放權，將內政委託給公卿，自己全權負責軍事，可是董卓哪裡肯聽？在他看來，朝中大權不能放，這些公卿百官一個都靠不住。

在陳紀這裡碰了釘子後，董卓又向百官放出遷都的風聲，可大夥兒裝聾作啞，就是不肯表態。

董卓又上表奏請河南尹朱儁為太僕，做自己的副手，爭取朱儁的支持。可是朱儁卻不上當，對使者說道：「國家西遷，必孤天下之望，以成山東之釁，我不看好此事。」

使者問他：「召您受任，您堅決拒絕；沒問您遷都的事，您卻說了半天，這是為何？」

朱儁道：「副相國我不能勝任，遷都也不是急事。辭卻不能勝任的職務，說點無關緊要的話，是我們做臣子的本分。」

使者又問：「遷都一事，我從沒聽到過。就算朝廷有此打算，也還沒有透露出來，您是怎麼知道的？」

朱儁煞有其事地說道：「這可是董相國告訴我的，否則我怎能知道？」

使者沒辦法，只好回去覆命，此事只得作罷。

轉了一圈，沒人支持遷都，董卓也不徵詢意見了，直接召集百官開會，討論遷都一事。

會議開始，董卓即以不容置疑的口吻說道：「高祖在長安建都，一共有十一世，光武帝在洛陽建都，於今亦十世矣。按照《石包讖》的預言，

第十一章　群雄討董

如今也該遷都長安，以應天人之意。」

和上次廢立皇帝一樣，朝堂上百官一片沉默。

不過總還是有人會站出來的，上次廢立皇帝時站出來的是尚書盧植，這次站出來的是司徒楊彪。他辯駁道：「移都改制是天下大事，商朝時盤庚五次遷都，百姓怨聲載道。之前長安因為王莽變亂殘破不堪，光武帝才把都城遷到洛陽來。如今天下無虞，百姓在洛陽安居樂業，明公扶立聖主，光隆漢祚。如今卻無故拋棄宗廟，廢棄園陵，如此傷及國家根本，恐怕會讓百姓驚動，進而引起糜沸之亂。再說《石包讖》不過是一本妖邪之書，豈能當真？」

楊彪不愧出自四世太尉之家，確實在為大漢著想，遷都放在哪個朝代都是大事，豈能說遷就遷？

看到對方是楊彪，這一次董卓沒有直接拔劍，而是和楊彪說理：「正是因為關中富足肥沃，秦才能夠併吞六國一統天下。而且隴右出產木材，杜陵有武帝時建的窯灶，重建宮室很方便。再說這關百姓什麼事？如果他們敢反抗，我用大軍把他們都趕到海裡去。」

楊彪見董卓主意已定，仍不肯放棄，繼續辯駁道：「這些事做起來很容易，但是一旦做了再求安定，就比登天還難了，希望明公慎重考慮。」

此時的楊彪語氣有所緩和，可不耐煩的董卓早已作了決定，翻臉威脅道：「你想怎麼樣？難道想阻撓我的提議嗎？」

太尉黃琬見勢不妙，趕緊站出來幫著楊彪解釋：「遷都是國家大事，剛才楊公所說的話也可以考慮一下的！明公何必動怒呢？」

董卓默不作聲，但是內心已燃起了殺機。

司空荀爽一看形勢不對，害怕董卓真被惹急了，加害楊彪和黃琬，趕緊打圓場：「相國難道樂意遷都嗎？如今崤山以東兵起，看樣子不是一兩

天能夠鎮壓下去的。如今這局勢最好遷都，然後再作打算，這也是秦漢之勢。」

聽了這番話，董卓的怒氣才稍解，大家不歡而散。

出了殿門，荀爽悄悄對楊彪說：「你們幾位要跟董卓硬碰硬，只能是自取其禍，何必呢？我不贊同這種做法。」

黃琬回家後，覺得自己還沒把話說透，接著寫了一封信給董卓：「昔日周公營建雒邑使姬氏安定，光武帝占卜東都以興隆漢室，此乃天之所啟、神之所安。大業未定，怎能隨便遷都，有虧四海之望？」

身邊人怕這封信會惹惱董卓，都勸他不要這麼做。黃琬昂然答道：「昔日白公勝在楚國作亂，屈廬迎刃向前；崔杼在齊國弒君，晏嬰拒絕與他盟誓。我雖無德，但是也欽佩古人之節。」

董卓一看，你們都來反對，乾脆全免了算了，隨後找了個理由撤了黃琬和楊彪的官職，然後任命光祿勳趙謙為太尉，太僕王允為司徒。

正當董卓殺一儆百時，一直被他看重的城門校尉伍瓊、督軍校尉周毖站了出來，力勸董卓不要遷都。

一見這兩人，董卓很生氣，這兩人明著是為自己著想，暗中卻一直為自己添亂，關東聯軍將領至少有一半是他們推薦給董卓的，董卓嚴重懷疑這倆人是袁紹安排在自己身邊的臥底。

想到這裡，董卓對二人冷冷道：「我初入朝時，就是你們二人勸我選用良善之士，我聽從了，可這些人到任後都起兵反對我，你們兩個人一起出賣我，我董卓哪裡對不住你們了？」

說完，也不容他們分辯，直接將二人推出去斬首。

聽聞伍瓊、周毖被殺，楊彪、黃琬頓時就慌了，怕被董卓一併收拾了，趕緊去向董卓請罪：「我們不想遷都，只是因為戀舊，絕不是想阻撓

第十一章　群雄討董

國家大事，是我們不識大體，還請相國恕罪！」

董卓見這兩個士人翹楚向自己求情，於是網開一面，封他們為光祿大夫。

清除了一切障礙後，董卓也不想裝模作樣開會討論了，直接宣布了遷都長安的決定。

接下來，董卓為順利遷都又作了兩項人事安排：徵召京兆尹蓋勳和左將軍皇甫嵩。

為什麼呢？因為他們手上有兵。

此時，皇甫嵩統領三萬精兵，駐紮在扶風郡，蓋勳是京兆地區最高行政長官。這兩人控制著關中地區，雖然目前沒有與聯盟呼應，但是跟自己一向不合。

蓋勳前不久剛發來斥責信，皇甫嵩更是難辦，他是名將，在剿滅黃巾起義中立下了大功，而且又以德著稱，很得民心，手上還有一支勁旅。

當初在隴西剿匪時，董卓與皇甫嵩就有很多扯不清的矛盾，一旦蓋勳和皇甫嵩祕密聯繫，聯合起來對付自己，自己將東西受阻，陷入極為不利的境地。

董卓當即派人去聯繫二人，說動皇甫嵩入京任城門校尉，督促蓋勳回京任議郎。

使者到了長安後，當即去見蓋勳，傳達了董卓的慰問之意，希望蓋勳能到洛陽赴任。

蓋勳顧左右而言他，沒有明確答覆。他之所以不想去洛陽，是因為早已有了自己的打算：「聯繫皇甫嵩，共同討伐董卓！」

蓋勳老早就派人去聯繫皇甫嵩了，但是皇甫嵩的態度始終不明朗。他與董卓早有矛盾，可是真要起兵，皇甫嵩卻始終下不了這個決心。

就在皇甫嵩猶豫不決時，董卓的使者也到了，請他赴洛陽任城門校尉。

皇甫嵩滿口答應，待使者退下後，長史梁衍當即表態反對，並向皇甫嵩提供了一個方案：

「漢室微弱，閹豎亂朝，董卓雖然誅殺了宦官，卻不能盡忠於國，在洛陽大肆搶掠，由著自己的喜好廢立皇帝。如今徵召將軍，恐怕有詐，大則有性命之憂，小則會受到羞辱。現在趁董卓還在洛陽，天子即將來到長安，以將軍之眾，精兵三萬，迎接天子，然後奉令討逆。袁紹他們從東邊進攻，將軍從西邊夾擊，生擒董卓，易如反掌！」

此時的董卓雖然一手遮天，但是羽翼未豐，根基不穩，倘若皇甫嵩真能與袁紹等反董力量聯手，扳倒董卓並非難事。

然而，皇甫嵩拒絕了梁衍的計策，通知使者即日出發。

各懷鬼胎

蓋勳得知消息，長嘆一聲，如果沒有皇甫嵩的支持，自己孤掌難鳴，難成大事。既然如此，只能先到洛陽，相機行事。

果不其然，皇甫嵩一到洛陽，就被董卓扔進大獄裡，準備誅殺。

皇甫嵩的兒子皇甫堅壽跟董卓關係不錯，聽聞父親被關進了監獄，連夜從長安跑到洛陽來見董卓。董卓正擺設酒宴，大會賓朋，皇甫堅壽搶步向前，與他辯理，且責以大義，叩頭落淚。

在座的賓客深受感動，紛紛替皇甫嵩求情。董卓這才離席而起，拉皇甫堅壽和自己同坐，派人釋放皇甫嵩，任命他為議郎，後又升任御史中丞。

皇甫嵩化險為夷，蓋勳卻有另一番境遇。

盛大的朝會上，董卓趾高氣揚，公卿百官一個個跪伏在地，唯獨蓋勳

第十一章 群雄討董

雙手作揖,在場眾人無不大驚失色。

董卓卻對這個硬漢生出了幾分敬意,事後問司徒王允:「我想選個合適的人擔任司隸校尉,你覺得誰可以勝任?」

王允答道:「只有蓋勳了。」

董卓卻搖搖頭,道:「此人明智有餘,但是不能擔此重任。」

對於蓋勳,董卓一直很矛盾,既想讓他為自己所用,又怕他不受控制。左思右想,最後讓蓋勳出任了越騎校尉,典領禁軍。隨後,董卓又覺得不妥,改為潁川太守,最後還是不放心,又將他叫了回來。

回來時,正碰上河南尹朱儁與董卓吵得不可開交。朱儁向董卓當面提出對付關東聯軍的建議,董卓竟然冷嘲熱諷道:「我百戰百勝,心中自有決勝之道,你不要亂說話,以免你的血汙了我的劍。」

一旁的蓋勳見狀,駁斥道:「昔日殷商時武丁算是英明,還希望臣子能夠直諫,如今相國卻想讓人閉口不言!」

董卓只得悻悻道:「我不過開個無傷大雅的玩笑嘛!」

蓋勳不依不饒:「我從沒聽說過怒話可以當成戲言!」

董卓無奈,只好向朱儁道歉。

董卓雖然對他頗為敬重,但是蓋勳仍覺得英雄無用武之地,對董卓很是不滿,後來病重去世,時年五十一歲。臨終前,蓋勳囑咐家人不得接受董卓的褒獎饋贈,但是董卓為了做給天下人看,還是讓皇帝賜了最高的葬儀——東園祕器。

蓋勳一死,朝中再無人敢向董卓進真言了。

反對遷都的一個個被撤了職,朝中再無人吭聲,董卓開始忙活遷都一事。

遷都不是一件小事,涉及的事很多,自從光武帝定都洛陽,至今已經過了一百七十年。洛陽城背靠邙山,面對洛河,東西六里十一步,南北九

里一百步,有十二個城門,南北二宮。北宮位於北部中央偏西,南宮位於南部中央偏東,兩宮相距七里,有複道相通。從洛陽城上空俯視,金市、馬市和南市鼎足而立,街道寬暢筆直,居民區井然有序,雖然面積較小,但是布局整齊、宏偉壯觀,不亞於長安城。

作為首都,它見證了光武中興所開創的輝煌盛世,也見證了宮廷內外一幕幕的血雨腥風。

而如今,為了避開關東聯軍的鋒芒,董卓不得不離開這裡,去往長安。

此時的長安城早已不復往昔的繁華,當初綠林軍攻入長安城後,火燒未央宮,隨後赤眉軍打敗綠林軍,又將長安城燒了一遍。長安城中人相食,死者達數十萬,徹底淪為一片廢墟。

即便如此,董卓還是下定決心要遷都。

遷都,其實是一次人口大遷徙。皇帝和公卿百官在董卓的壓力下,沒人敢說不,一個個收拾家當,踏上了西向之路。在李儒的獻計下,李傕、郭汜等悍將帶著西涼鐵騎捉拿洛陽城裡面的富豪,之後隨便尋了一個藉口將這些富豪斬首示眾,掠奪他們的財富。

除了洛陽城的達官貴人和土豪,城中的百姓更慘,這裡是他們的家鄉,他們祖祖輩輩生活在這裡,這裡就是他們的根,他們生於斯,長於斯,也將死於斯。

然而,面對凶神惡煞般的涼州兵,民眾根本說不上理,幾句辯駁換來的只有鞭笞和打罵。百姓只得拋棄田園廬舍,扶老攜幼倉皇上路。這一路上前推後擠,踩踏事件時有發生,再加上顛沛流離、飢苦凍餒,不斷有人倒下,再也起不來。剩下的人只能跨過屍體,繼續往前走,途中死傷無數,餓殍載道,枯骨盈途。

最後一批民眾離開後,洛陽城已成了一座死城。望著西去的人潮,董

第十一章　群雄討董

卓帶著精銳部隊留在洛陽郊區的皇家花苑，為了不讓關東聯軍得到這座城，董卓交代了一個任務給李儒：焚城！

各處待命的士卒手持火把，點燃了建築物，火勢迅速蔓延，濃煙沖天而起，洛陽城陷入一片火海中。

當李儒坐上馬車離開時，洛陽城各處早已燃起了熊熊烈火，火勢沖天。

大火燒了幾天幾夜，洛陽城附近二百里範圍內，幾乎被董卓燒成了無人區，雞犬不留。

除此之外，董卓還讓呂布率領其麾下的并州軍發掘漢朝歷代帝王陵墓，盜竊其中的金銀財寶。

遷都、焚城、盜墓，讓董卓大失人心。

為了洩憤，也為了懲罰袁紹，董卓將太傅袁隗、太僕袁基以及袁氏家族老少五十餘口人全部斬首。為了防止被人盜走屍體，他下令將這些人的屍體全部運往長安。

消息傳來，袁紹兄弟痛徹心腑，他們咬牙切齒發誓與董賊勢不兩立！

各地豪傑聽聞袁氏滿門被滅，也激起了悲憫之情，一批又一批反董力量在各地豎起反旗，響應袁紹。

洛陽被焚，董卓遷都長安，袁氏滿門被滅，關東聯軍準備好與董卓硬碰硬了嗎？

並沒有。

關東聯軍的總部在酸棗，表面上看，十幾股義軍會師聲勢頗盛，旌旗獵獵，戰鼓隆隆，可是光打雷不下雨，大家只會吃喝，誰也不向前衝。大夥兒眼睜睜看著董卓禍亂洛陽，卻是無動於衷，軍中瀰漫著一股畏敵情緒，誰也不願意打頭陣。

大夥兒都有各自的算盤，都說出頭的椽子先爛，第一個出戰的要冒著

巨大的風險，很有可能就當了炮灰。

　　這種等待讓聯軍失去了很多戰機，也在逐漸消磨將士們的士氣，各路大佬們則整日尋歡作樂。

　　終於，曹操看不下去了，他挺身而出，慷慨陳詞：「我們興義兵就是為了討董賊，如今聯軍已經集結，還有什麼可猶豫的？如果董卓聞山東兵起，固守洛陽，發兵與我們交鋒，那還能占點便宜，可如今他焚燒宮室，劫遷天子，鬧得沸沸揚揚，不知所歸，此天亡之時也。只要大家合力，必定可以一戰而定天下！」

　　可惜，這一番慷慨激昂的演講沒有人聽得進去，沒人理會他。

　　望著諸侯們冷漠的神情，曹操的心也冷了，他獨自帶人，向成皋出發。

　　張邈猜想是內心有愧，派了部將衛茲前往協助，袁紹也從河內派了一支部隊支援曹操。（袁紹雖為盟主，但是並未帶兵駐紮酸棗。）

　　在滎陽的汴水畔，曹操遇上了董卓派來的大將徐榮。

　　兩軍遭遇，爆發了一場激戰，結果曹操被殺得大敗，戰馬中箭而亡，自己也被敵軍追擊。堂弟曹洪見狀，殺出一條血路，將自己的戰馬讓給了曹操。

　　曹操死活不肯要，眼見敵兵越追越近，曹洪大聲說道：「天下可以沒有我曹洪，但是不能沒有你曹操！」

　　曹洪說完，將曹操扶上戰馬，手中的馬鞭對著馬屁股就是一鞭。戰馬馱著曹操逃去，曹洪則邁開雙腿緊跟其後。

　　兩人一路逃到河邊，但是見河水湍急，水很深，曹洪氣還沒喘勻又沿著河岸搜尋，終於尋到一隻渡船，兩人過了河，返回酸棗。

　　一身血汗的曹操回來後，看到的情形依舊，各路諸侯依舊置酒高歌，沒有任何備戰的跡象。

第十一章　群雄討董

曹操怒了:「將士們在前線流血流汗,你們在後方吃肉喝酒,你們忘了來這裡的目的了嗎?」

諸侯們看在曹操損失慘重的分上,倒也沒跟他計較。

曹操怒火稍減,接著說道:「諸位若能聽我的計策,袁紹領兵到孟津,駐紮酸棗的軍隊進駐成皋、占據敖倉,在轘轅、太谷建營塞,控制險要之地,袁術西出武關,遙脅關中。各路諸侯縮小包圍圈,圍而不打,守而不戰,在各地廣布疑兵,製造出可立殲董卓的氣勢,討董便能成功。」

曹操的這個策略構想是他多日來的思考所得,如果關東聯軍能夠照此執行,必定可以造成董卓極大的壓力,但是各路諸侯依然態度消極,拒絕接受。

曹操徹底失望了,他帶著夏侯惇離開了烏煙瘴氣的酸棗,去揚州招兵買馬,準備東山再起。

揚州刺史陳溫、丹楊太守周昕對曹操很慷慨,撥了四千人給他,曹操帶著這些人北上。這些士兵不願意離開故土,走到半路發生譁變,跑了一大半,曹操只得帶著五百多人繼續趕路。

一路上,曹操陸續招募了一批士兵,酸棗的那些諸侯是指望不上了,這一次,曹操去河內投奔了袁紹。

得知昔日的玩伴來了,袁紹立即出門相迎,入座後,兩人有過一次談心,這次談心很能說明曹操的策略眼光和高度。

袁紹問他:「如果舉事不成,占據何地才能做到進可攻,退可守?」

曹操反問道:「你的意思呢?」

袁紹說:「我南據黃河,北靠燕、代,兼有戎狄之眾,南向以爭取天下,大事應該可成吧?」

曹操搖搖頭,說了一句話:「我任天下之智力,以道御之,無所不可。」

緊接著，曹操又說：「商湯、周武之王，豈是出於同一土地？若以險固之地為資，則不能應機而變化。」

什麼是「任天下之智力」呢？說白了就是人才。

這句話，道出了曹操不世出的政治謀略──把人才看作競爭中最根本的策略問題。

後來的事例證明，曹操是這樣說的，也是這樣做的，他始終把網羅人才看作比攻城略地更重要的根本之圖。也正因為這樣，在曹操麾下聚集了漢魏間最龐大最優秀的一支人才隊伍，文有華歆、王朗、王粲、阮瑀、陳琳等，謀有荀彧、郭嘉、毛玠、荀攸、賈詡、許攸、程昱等，武有徐晃、張郃、諸夏、諸曹等，而曹操正是靠這樣一支菁英團隊縱橫天下，奠定了曹魏政權。

另一邊，正當曹操損兵折將時，從長沙殺出了一支生力軍，這支部隊的首領正是孫堅。

當初在關中戰場上，孫堅就知道董卓絕不是善類，他曾建議當時的主帥張溫除掉董卓，可惜未被接受。後來董卓入京，廢立天子，將洛陽城鬧得雞飛狗跳，孫堅長嘆道：「如果當年張溫聽了我的話，朝廷哪會有這場浩劫！」

遺憾歸遺憾，孫堅更相信行動，他決定起兵，和關東聯軍遙相呼應，討伐董卓。

獨夫民賊

孫堅起兵，兵到荊州，逼死了荊州刺史王睿；兵到南陽，殺南陽太守張諮。緊接著，孫堅繼續率兵前進，在魯陽與袁術相見。袁術有意招攬

第十一章　群雄討董

他，表奏他為破虜將軍，兼領豫州刺史。孫堅就在魯陽休整部隊，厲兵秣馬，準備討伐董卓。

再說洛陽城中的董卓，面對關東各地的起義浪潮，也是憂心不已，他派出了大鴻臚韓融、少府陰循、執金吾胡母班、將作大匠吳循、越騎校尉王瑰五人，前往關東聯軍駐地，遊說諸侯放棄抵抗，解散聯盟。

五人分作兩隊，胡母班、吳循、王瑰三人到河內去見袁紹，韓融、陰循二人去南陽見袁術，結果除了韓融，其餘四人都掉了腦袋。

和談失敗，董卓只能丟掉幻想準備戰鬥。面對王匡的攻勢，董卓正面派兵挑釁，暗中悄悄渡河，從側面襲擊王匡。王匡慘敗，部隊全軍覆沒。

王匡戰敗讓袁紹很是懊惱，他有了一個新的想法：既然董卓可以擁立天子，自己為何不能效仿，扶立一個新皇帝，與董卓分庭抗禮呢？

袁紹的想法很快得到了韓馥的肯定，他們選中的新天子正是幽州牧劉虞。

但是他沒想到，他的提議首先遭到了弟弟袁術的反對，袁紹又去徵詢曹操的意見，曹操也強烈反對：「董卓的罪惡四海皆知，我們這些人聚眾興義兵，天下莫不響應，是因為我們的行動是正義的。現在幼主微弱，被奸臣所控制，沒有像昌邑王那樣亡國的過失，一旦改立新君，天下誰能接受？你們去向北面的劉虞稱臣吧，我自尊奉西邊的皇帝。」

袁紹更沒想到，他派張岐去找劉虞討論稱帝事宜，結果劉虞一聽就把眼睛瞪得溜圓，接著就是一頓臭罵：「如今天下大亂，奸賊當道，主上蒙塵，我世受國恩，未能為國雪恥，已是萬分慚愧。各位手握重兵，理應同心協力，報效王室，怎麼能造反，讓我蒙受天下的罵名？」

剛拒絕了袁紹的提議，聯盟又派使者來了，說：「您老人家既然不想當皇帝，那就領個尚書事吧，劉虞乾脆殺了使者。」

劉虞的立場很堅定，即便皇帝被奸人控制，他也要做大漢的忠臣良臣。不為別的，因為他是東海恭王劉彊之後，是漢室宗親，身上延續著光武帝劉秀的血脈。

為了表明自己的立場，劉虞還派了田疇、鮮於銀作為使者，長途跋涉去長安朝見皇帝劉協。

這一年，劉協才十歲，卻早早嘗到了做傀儡的滋味。見到風塵僕僕趕來的田疇和鮮於銀時，劉協哭了，他沒想到，遙遠的幽州還有一個忠於漢室的臣子，一直在為自己的遭遇抱不平。

劉協想東歸，想重整舊山河，但是他身邊全是董卓的人，根本出不了長安城，要想脫身，只能依靠劉虞。恰好此時劉虞的兒子劉和就在長安當侍中，劉協於是密令他悄悄出武關，聯繫劉虞派兵來迎。

從長安到幽州，中間要穿過董卓和韓馥的地盤，劉和轉道南陽，準備從南邊兜個圈子。

南陽是袁術的地盤，為了爭取他的支持，劉和將此行的任務告訴了袁術。袁術假意答應，隨後卻強行扣下了劉和，另派人去幽州，讓劉虞先發兵至南陽，再與劉和一起去長安。

劉虞接到消息後很興奮，他沒有懷疑，當即派了數千精兵去南陽，隨劉和一起迎接皇帝。

然而，部隊一到南陽，就被袁術據為己有。至於劉和，繼續扣著吧！

劉協東歸的計畫就此破產，遠在幽州的劉虞得知情況，也是無可奈何。

轉眼就到了初平二年（西元191年）。

這年二月，孫堅帶著豫州兵向梁東出發，準備攻打洛陽，不料卻被徐榮包圍，豫州兵全軍潰敗，孫堅和十幾個騎兵突圍逃出。

孫堅平日喜歡戴紅頭巾，突圍時被董軍認了出來，認準紅頭巾猛追。

第十一章 群雄討董

孫堅只好脫下紅頭巾，讓親信部將祖茂戴上，吸引敵人。董軍以為戴紅頭巾的是孫堅，緊追不捨，祖茂被追兵搞得狼狽不堪，幾乎無路可走，他心生一計，跳下馬來，把紅頭巾掛在墳墓前的一根柱子上，自己則伏在草叢中不動。董軍走到跟前，才發現只是根柱子而已，這才撤兵離去。

逃出生天的孫堅收拾殘兵，向陽人出發。

董卓派胡軫為大督護，呂布為騎督，率五千人去迎戰孫堅。不料這個胡軫是個混帳，還沒出兵就得罪其他將領了：「為了整肅軍紀，要殺個高官來儆猴！」

眾人聽了這話，對胡軫頓時心生厭惡。當部隊抵達離陽人城還有幾十里的廣成時，胡軫下令部隊稍作休息，然後連夜出發，準備次日一早攻城。不料，此時的軍中開始傳起了謠言：「孫堅的軍隊逃了，我們應該馬上追擊。」

胡軫聽到謠言，也不辨真假，立即下令出兵，沒想到孫堅不但沒逃跑，還做好了迎擊的準備。胡軫見占不到便宜，只好下令停止進攻，就地休息。

軍士們下馬卸甲，剛躺在地上，突然聽到呂布大喊：「有人偷襲！」

全軍頓時大亂，步兵顧不上穿上鎧甲，騎兵來不及套上馬鞍，紛紛奪路而逃。

一口氣逃了十多里地，才發現後面根本沒有追兵。

當時正好天亮，胡軫又下令回去攻城，但是孫堅早有準備，胡軫別無他法，只得下令強攻。未等城外的大軍集結完畢，孫堅開啟城門，下令全軍出城追擊。

這一仗，孫堅大獲全勝，還斬了董卓手下大將華雄。《三國演義》中，羅貫中繪聲繪色描寫了關羽溫酒斬華雄的經過，但是其實那只是虛構的，

歷史上的華雄死於孫堅之手。

接到戰報，董卓內心也有些忐忑，他可以藐視關東群雄，可以不把袁紹放在眼裡，卻不敢對孫堅掉以輕心。為了拉攏孫堅，董卓派出了部將李傕去見孫堅，想與孫堅結為兒女親家。董卓還承諾，如果孫堅改弦易轍，他的宗族子弟可以出任刺史、郡守。

利誘面前，孫堅一身正氣，義正詞嚴道：「董卓大逆不道，蕩覆王室，如不誅其三族，示眾全國，我死不瞑目，豈能與他和親？」

孫堅當即下令向大谷關進軍。

大谷關距離洛陽只有四十五公里，是洛陽南邊最後的屏障，一旦突破此關，洛陽城便將門戶大開。

事到如今，董卓也沒轍了，只得親自出馬迎戰孫堅，結果遭到孫堅重創，他留下呂布掩護，自己退守澠池和陝縣。孫堅揮兵繼續前行，與呂布交戰，呂布抵擋一陣後敗走，孫堅大軍進入洛陽。

此時的洛陽城早已淪為一片廢墟，城中空無一人，房屋倒塌，瓦礫遍地，滿眼都是焦土。

見此慘狀，猛人孫堅也是無限惆悵，潸然淚下，他命部隊清掃漢室宗廟，以太牢之禮祭祀。

孫堅一路所向披靡，造成董卓極大的心理壓力，他對自己的親信劉艾說：「關東叛軍數敗我手，他們對我怕得要命，料想也無所作為。只有孫堅這小子有點能耐，頗能用人，你去告訴諸位將領，務必謹慎對待。」

為了防禦關東聯軍，更為了防禦孫堅，董卓在澠池一帶做了一系列布防，隨後帶著文武百官去了長安。

另一邊，關東聯軍內部開始出現內訌，乃至自相殘殺。兗州刺史劉岱與東郡太守橋瑁不和，兩人勢同水火，劉岱索性先下手為強，殺了橋瑁。

第十一章　群雄討董

袁紹雖然是名義上的盟主，但是他無力約束各路諸侯，只能眼睜睜看著聯盟分崩離析，各自散去。

初平二年（西元 191 年）四月，劉協到長安一年後，董卓才帶著大部隊撤到了長安。

車駕進入長安城時，公卿百官夾道相迎，就連小皇帝劉協也出來親自迎接。董卓很享受這一切，他有意羞辱皇甫嵩，在未央宮前作了個暗示，讓御史中丞以下官吏行跪拜禮，皇甫嵩也只得當眾向董卓屈身下拜。

拜畢，董卓拉著皇甫嵩的手問他：「義真（皇甫嵩字義真）服不服？」

皇甫嵩：「誰能知道明公今日能如此。」

董卓諷刺道：「鴻鵠固有遠志，只是燕雀不知道罷了。」

皇甫嵩：「昔日我與明公皆為鴻鵠，如今明公變為鳳凰了。」

董卓笑道：「你要是早服了我，今天就不必拜的。」

收起笑容，董卓又板著臉問：「義真怕不怕？」

皇甫嵩：「明公以德輔佐朝廷，祥慶將至，嵩何懼之有？若明公濫施酷刑，天下人皆怕，又豈止是我一人？」

董卓聽完，內心有所觸動，從此不再為難皇甫嵩。

關東軍閥們在權力面前很快變質，相互傾軋、兵戎相見，最後作鳥獸散，董卓不禁笑了，在長安城過起了奢靡生活。他控制著小皇帝，控制著朝廷，相國的頭銜已經滿足不了他了，他要再升一級，升為太師！

黨羽們心領神會，讓小皇帝下發了正式的委任狀。即便如此，黨羽們覺得老大當個太師還不夠，攛掇他效仿呂尚，做尚父！

董卓有點拿不準，去問他一向敬重的蔡邕。

蔡邕當即反對，說道：「昔日武王受命，太公為師，輔佐周室，以伐

無道，所以天下人才尊稱他為尚父。如今明公雖然也有功德，但是還遠遠不夠，我認為稱尚父不妥。不如等平定關東，朝廷東歸後再議此事。」

一席話打消了董卓的念頭。

尚父雖然沒當成，但是董卓並沒有就此止步，他讓人製作了和皇帝類似的服飾和車駕，供自己使用。

最招眼的是他的車駕，金華青蓋，爪畫兩轓，大夥兒為這輛專車起了個名字叫竿摩車。董卓每次出門都坐這輛車。

巧的是，沒過多久，長安城就發生了地震。

董卓有點慌了，又請教蔡邕，蔡邕對董卓說道：「地動為陰盛侵陽之象，是大臣逾制造成的。您坐的青蓋車不符合制度，大家都認為不妥。」

董卓還真虛心接受了蔡邕的批評，改乘皂色傘蓋的車子。

與此同時，董卓在人事安排上也大力提拔自家人，以弟弟董旻為左將軍，封鄠侯，以哥哥的兒子董璜為侍中、中軍校尉。其餘人也是雞犬升天，男的封侯，女的封邑君。

緊接著，董卓開始為所欲為，他將宮中的銅人和懸掛鐘磬熔毀，釋出新貨幣五分小錢。這種小錢簡陋到連文字都沒有，品質極差，又小又薄，根本流通不開。此行為導致的嚴重後果就是錢幣貶值，物價猛漲，當時穀價漲到一斛可以賣幾十萬錢。

董卓擾亂了市場，可他毫不在意。為了保障自身安全，他不敢住在長安城中，在離長安一百多公里的地方建了一個城堡，稱為郿塢，塢牆厚七丈，高七丈，真正的固若金湯。他在裡面儲藏了夠吃三十年的糧食，還起了個霸氣的名字：萬歲塢。

萬歲塢建成之後，董卓望著這項偉大工程，不無得意地說：「若大事可成，當雄踞天下，不成則守此終老。」

第十一章 群雄討董

　　進可攻，退可守，董卓還有什麼可擔心的？

　　當然有，他擔心自己被刺殺。

　　多行不義必自斃，董卓殺了那麼多人，死在他刀下的人不計其數，其中就包括張溫。董卓與孫堅都曾在張溫帳下效力，董卓屢次違抗軍令，孫堅曾勸張溫殺董卓，張溫沒有聽從，後來入朝當了三公。

　　正好太史夜觀天象，說了一個預言：「將有大臣被殺。」董卓左看右看，覺得張溫最不順眼，於是處死他。

　　以張溫三公兼車騎將軍的地位，尚且被董卓隨意誅殺，朝中其他人更是人人自危。誰能保證自己不是下一個張溫？

第十二章
日落長河

第十二章　日落長河

董卓之死

除非把這個董卓除掉，否則大家都得死。

很快，司徒王允和司隸校尉黃琬成立了一個反董的祕密團體。只是，要殺董卓可不容易，這傢伙身邊有重重護衛，還有一個貼身高手呂布。

自從殺了老東家丁原，投靠董卓後，呂布混得風生水起，他先是當了騎都尉，後來又被董卓提拔為中郎將，封都亭侯。他武藝高強，深受董卓信任，經常作為董卓的貼身護衛隨侍左右，甚至以父子相稱。

然而，董卓性情暴戾，喜怒無常，即便是呂布也常受他的責罵。有一次，董卓一怒之下，抄起一支手戟朝呂布扔了過去，幸虧呂布反應快，側身閃過。

事情雖然過去了，但是呂布內心也留下了陰影。終於，隨後發生的一件事導致了兩人決裂。

呂布看上了太師府裡的一個侍女，這個女子在史書上沒有留下名字，但是羅貫中在《三國演義》中為她起了一個響亮的名字：貂蟬。

兩人你情我願，很快就好上了，可是問題在於，這裡是太師府，是董卓的地盤。

呂布很苦惱，他來找王允喝酒，順帶吐露了自己的心事。王允當然不肯放過拉攏呂布的機會，順水推舟說：「董卓倒行逆施，人神共憤，何不聯手除掉董卓？」

呂布內心一動，又遲疑道：「董卓與我有父子之情。」

王允冷笑道：「你姓呂，他姓董，你們的父子關係只是名義上的，並非骨肉親情。何況董卓現在已是眾叛親離，你難道還認賊作父嗎？當初他

董卓之死

操手戟要殺你時，念及父子之情了嗎？」

被王允這麼一激，呂布內心不淡定了，他重重扔下酒杯：「就這麼做！」

初平三年（西元192年）四月，時機來了。

小皇帝劉協大病初癒，在未央殿接見大臣，董卓雖然不把小皇帝放在眼裡，但是面子上還得過得去，他身著太師服，乘著馬車，在身邊護衛的防護下步入了皇宮。

呂布派李肅等人帶著十幾個親兵，打扮成宮中衛士的模樣，守在皇宮大門口。

董卓按時赴約，車子到了皇宮大門前，董卓下車，衛隊留在了門口。正當董卓邁向宮門口時，李肅持一把長戟奮力一擊，刺向董卓！

但是董卓早有準備，他在朝服內還穿了一件鎧甲，所以未傷及要害，只劃破了手臂，鮮血直流。

「有刺客！」

董卓大聲疾呼：「呂布何在？」

呂布大步流星走上前來，不慌不忙地掏出準備好的詔書，喝道：「天子有詔，誅殺逆賊！」

董卓瞬間就明白了，原來呂布跟刺客是一夥的！他大罵道：「你一個奴才，膽敢如此？」

呂布不答，抄起手中的矛，奮力戳進董卓的前胸。

鮮血四濺，董卓身上的鐵甲頓時被戳穿，當場氣絕身亡。

董卓死了，死在了他最信任的呂布手中，士兵們沉默了一會兒，緊接著高呼萬歲，百姓聽說董卓死了，紛紛走上街頭，載歌載舞，喜氣洋洋。長安城萬人空巷，家家戶戶買酒買肉瘋狂慶賀，比過年還要熱鬧。

第十二章　日落長河

董卓死後，被誅三族，王允下令查抄董卓的家產時，眼前的一切讓眾人驚呆了：黃金多達二三萬斤，白銀則有八九萬斤，其他珍寶錦綺積如丘山！

一個曾經的豪俠，一個曾經的帝國名將，如今卻變成了禍國殃民的奸賊，死後被萬人唾棄，這中間到底發生了什麼？

董卓登上歷史舞臺時，正是桓靈之際，東漢這架馬車在歷經一百五十餘年的高速奔馳後，早已不堪重負。

這是黑暗時代，官位是可以用錢買的，皇帝親自下場，公千萬，卿五百萬，國家的威嚴和信用蕩然無存；這是混亂時代，官場腐敗，邊境不寧，天災連著人禍，民不聊生，激出黃巾黃旗黃海洋；這是墮落時代，黨人名士人頭滾滾，頭顱擲處血跡斑斑，廟堂之上宦官專權，滿眼豺狼當道，狐狸竄蹦，釀就千古奇冤的黨錮之禍！

身處這樣的時代，放眼望去，看到的官員不是蠅營狗苟，就是無能顢頇。董卓靠軍功上位，本來就不太重視禮法，一場黃巾之亂讓董卓看透了朝廷的底子，他對朝廷那點小小的忠心早已蕩然無存。

既然如此，自己何不也加入這場亂局中，放手一搏？

董卓能憑藉武力征服天下，但是沒有道德感召力的他，即使控制住了朝廷，也難免遭受身邊人的暗箭。

董卓死了，司徒王允自然成了朝廷一號人物，除了仍保持三公地位外，還得到錄尚書事的特權。當然，他沒有忘記呂布的功勞，先是授奮威將軍的頭銜，又封為溫侯，儀比三司，待遇與三公相同。呂布與司徒王允共同處理朝政，成為中央的「兩駕馬車」。

經過這次政變，士族重新掌握了國家政權。但是這一切不是結束，而是開端，更大的禍亂還在後面。

董卓之死

　　董卓死了，天下人拍手稱快，唯獨有一個人先是驚愕了一下，繼而發出了一聲低低的嘆息。

　　發出這聲嘆息的人是東漢末年第一號大才子：史學家、文學家、書法家蔡邕。

　　無論別人怎麼看董卓，在蔡邕看來，董卓為當年受迫害的清流黨人平反，提拔重用知識分子，對待自己也十分客氣敬重，這讓蔡邕感念不已。

　　很遺憾，他的這聲嘆息犯了嚴重的政治立場問題，王允勃然大怒，斥責道：「董卓是國賊，差點顛覆漢室，你身為朝廷大臣，理應同仇敵愾才對，豈料你居然對老賊之死感到痛心，你就是董賊同黨！」

　　因為一聲嘆息，蔡邕被抓進了監獄，判處死刑。

　　這一年，蔡邕已經六十歲了，他早已看淡生死，尚有一事未了，還沒有寫完漢史。

　　他向王允低頭認罪，願意接受黥首斷足的刑罰，繼續寫完漢史。朝中百官同情蔡邕的遭遇，設法營救蔡邕，可是毫無結果，太尉馬日磾專程前往王允住處，替蔡邕說情：「蔡邕是曠世逸才，對漢家史事十分熟悉，應當給他一個機會，讓他繼續完成史書。再說了，蔡邕以忠孝聞名，現在以莫須有的罪名殺他，恐怕會大失眾望吧？」

　　不料，王允當即駁斥道：「昔日武帝不殺司馬遷，讓他寫成謗書流傳後世。如今國事衰敗，要是讓蔡邕像司馬遷那樣譏謗和誣衊天子，我等豈不是又要受他嘲笑誹謗嗎？」

　　王允一口咬定蔡邕就是董卓的同黨，怎能輕饒？

　　一句話：蔡邕必須死！

　　因為一聲嘆息，蔡邕死在了獄中。

　　眾所周知，涼州兵是董卓的核心力量，對董卓忠心耿耿，王允除掉董

第十二章　日落長河

卓後，開始考慮如何處置涼州兵。殺肯定是不能殺的，他自己又不敢留著，思慮再三，王允打算解散涼州兵。

消息傳出後，涼州兵人心惶惶，靠山已倒，大柱已傾，甚至有人傳言王允要除掉所有的涼州兵。

王允沒想過處決涼州兵，但是有一個人，他是絕不會放過的，那就是董卓的女婿牛輔。

關中戰火再起，牛輔被殺，部將李傕和郭汜將所有的涼州兵集合起來，攻入長安。長安雖然有呂布這位名將坐鎮，卻因兵力有限，且部下譁變，無法守住長安。

大難臨頭之際，呂布招呼王允一同逃跑，王允拒絕，準備和劉協共存亡。最終，呂布逃出長安，王允被叛軍所殺。

長安城又是一場大清洗，一萬餘人被屠殺，只殺得人頭滾滾。

此時距董卓之死，還不到兩個月。

叛軍攻入長安城時，小皇帝劉協曾嚴厲斥責李傕：「天子腳下，你們竟然縱兵劫掠，濫殺無辜，到底想做什麼？」

李傕對小皇帝還算客氣，答道：「董相國公忠體國，效忠陛下，卻無故被呂布所殺，我等是來為董相國報仇的，別無他念！」

雖然明知李傕說的都是藉口，但是現在人家手握重兵，劉協也是無可奈何。

世道越發混亂，李傕、郭汜這些不入流的小混混，就這樣踩著王允的屍體，踏上了東漢的政壇，玩起了權力的遊戲。他們威逼劉協替他們拜將封侯，從默默無聞的校尉一下子躍為堂堂的大漢將軍。

天下又開始大洗牌，各地諸侯趁機開始了自己新一輪的征程，一個更加混亂的時期開啟了。

逃亡之路

　　放眼關東，由於利益衝突，各路諸侯的群毆在所難免。公孫瓚崛起於幽燕大地，袁紹無法容忍兩強並立，開始了另一場龍爭虎鬥。

　　這是一場拳頭和智力的比拚，雙方在燕趙大地上撕破了臉皮，打得不亦樂乎。公孫瓚不敵，退還幽州，此後陷入了僵持狀態。

　　遠在長安的朝廷都看不下去了，派調解員過來調解，做雙方的說服。袁紹和公孫瓚順水推舟，給朝廷一個面子，暫時和解，結為兒女親家，各自退兵三舍。

　　沒多久，公孫瓚又與自己的上司、幽州牧劉虞產生了矛盾，劉虞拒絕向公孫瓚提供糧草，公孫瓚惱羞成怒，縱容士兵對老百姓橫徵暴斂，劉虞氣得沒辦法，只能把公孫瓚的惡行告到長安的小皇帝那兒。

　　劉協接到奏報，兩手一攤：「我能怎麼辦？我也很無奈啊！」

　　山河破碎風飄絮，帝國飄搖雨打萍。

　　接下來，我們將視線集中在劉協身上，陪這位漢家末代皇帝走完最後的人生路。

　　各地軍閥林立，帝國已經處於風雨飄搖之中，這個內心敏感的少年皇帝看著千瘡百孔的國家，內心只感到陣陣悲涼。

　　長安城被李傕、郭汜等人把持，他們橫行無忌，甚至大打出手，上演了一場場長安街頭大械鬥。

　　郭汜動了一個心眼，他想劫持劉協到自己營中，結果計畫洩漏，李傕先下手為強，派姪子李暹包圍皇宮，想把小皇帝劫持到自己營中。

　　太尉楊彪斥責道：「自古帝王沒有在人臣家裡的，諸位做事，怎能如

第十二章　日落長河

此？」

李暹答：「不關我事，是叔父叫我這麼做的。」

李傕搶先下手劫持了皇帝，楊彪只得率領群臣到郭汜那裡勸和。不料郭汜更不要臉，竟將群臣關了起來，扣為人質。

郭汜又大會公卿，準備聲討李傕，楊彪道：「群臣共鬥，一人劫天子，一人質公卿，此可行乎？」

郭汜：「李傕劫天子，我為何劫不得公卿？」

面對咄咄逼人的楊彪，郭汜起了殺機，楊彪渾然不懼：「你陛下尚且不侍奉，我又怎麼能獨自求生？」

好在旁邊的中郎將楊密力勸，郭汜才沒有殺楊彪。

後世常說曹操「挾天子以令諸侯」，但是其實，最早「挾天子以令諸侯」的，是董卓，然後是李傕、郭汜。

皇帝和群臣被軟禁，左右侍臣們個個餓得頭昏眼花，人人面有飢色。劉協看不下去了，他求李傕供應五斗稻米、五具牛骨，改善一下身邊人的生活。不料李傕竟朝劉協發了火，說：「你們剛吃完免費的午餐，又想要米做什麼？」

李傕拒絕提供稻米，至於牛骨嘛，倒是送去了，只是全都爬滿了蛆蟲，臭不可食。

劉協拍案而起，逆賊如此相欺，他要去找李傕問個清楚！

侍中楊琦趕緊攔住劉協：「李傕性情殘暴，事已至此，陛下還是忍忍吧！」

看著發臭的牛骨，劉協只得強行將心中的怒火壓下去。一個帝國的皇帝，竟然成為臣子的人質，隨時都有被撕票的危險，當皇帝當到這種地步，真不如一頭撞死算了。

逃亡之路

但是這個只有十幾歲的聰慧少年知道，他現在還不能死，他要忍辱負重地活著。

興平元年（西元194年），三輔大旱，穀價飛漲，一斛谷的價錢竟然飆升到了五十萬錢。樹皮啃光了，草根也挖完了，百姓無以為食，最後只能人吃人。

劉協得知消息，憂心不已，馬上命侍御史侯汶出太倉米豆，煮粥救濟百姓，但是仍有很多人餓死。劉協懷疑其中有陰謀，為了求證，他讓人取米、豆各五升，在自己面前熬成粥，最後可以煮出兩盆。

果不其然，侯汶作弊了，劉協當場將侯汶杖責五十。之後，長安城中的死人現象才開始減少。

然而，隨著第二年（西元195年）李傕、郭汜重新開打，劉協被折磨個半死，直到楊奉叛變李傕，事情才有了轉機。李傕實力衰落，張濟這時候又出來當和事佬，各方勢力經過協商，好不容易達成一致，護送劉協前往弘農。

劉協的逃亡之路，正式開始！

郭汜表面上同意，暗中卻還想挾持皇帝。劉協剛出城，就被一群亂兵攔住。身邊人幫忙驗證天子身分，劉協也從車駕中探出頭來，喝斥道：「爾等還不後退，想做什麼？」

皇帝親自出面，攔路的亂兵只得讓出道，劉協一行人成功出逃。

郭汜仍不死心，抵達霸陵時，他要求讓皇帝去高陵，張濟與百官繼續去弘農。

劉協急得一夜未眠，天亮後派人對郭汜說道：「弘農離洛陽不遠，不必懷疑。」

郭汜仍不答應，劉協索性絕食抗議，郭汜這才妥協。

第十二章　日落長河

在郭汜及其黨羽的威脅下，劉協帶著文武大臣一路東逃，向著洛陽的方向逃命。這一路上，小皇帝劉協如同《西遊記》裡的唐僧，一路上歷經艱難坎坷，關中各路諸侯猶如取經路上的妖魔鬼怪，誰都想半路打個劫，吃一口唐僧肉。

隨後車駕到達華陰，段煨送衣服給皇帝，還提供了住所。剛在華陰沒待多久，李傕、郭汜又追來了，更糟糕的是，這回還多了一個張濟。

劉協趕緊指揮部隊迎戰，戰況慘烈，官軍慘敗，不少忠臣在戰亂中殉國。射聲校尉沮俊在激戰中墜馬，李傕想活捉沮俊，結果沮俊仰頭痛罵李傕是反賊，最後英勇就義。

董承、楊奉在此戰中慘敗，劉協一行人損失慘重，婦女、輜重、御用物品、典籍等全丟了，李傕、郭汜搶了個盆滿缽滿。

到了曹陽，好不容易喘了口氣，董承、楊奉又請來了原來的白波起義軍將領和匈奴右賢王前來勤王。

有了充足的兵力，官軍與李傕、郭汜又戰了一場，擊退了叛軍。隨後，這支外來軍隊護送皇帝一行繼續前進。

剛上路，李傕追兵又來了，這一次董承大敗，死傷慘重，少府田芬、大司農張義等高官死於亂軍之中，普通官員和士兵、宮人死亡更是不計其數。

危急之中，有將士勸說劉協，說：「陛下快快上馬，我們掩護你殺出重圍。」然而劉協堅持要與百官患難與共：「百官民眾一路追隨，我又怎能捨棄他們獨自逃生？」

眾人連夜渡河，秩序極其混亂，船不夠用，先上船的大喊著快開船，未上船的緊緊抓著船舷不放。董承約束不了，乾脆讓人提刀亂剁，船中手指堆積如山。

由於渡河時匆忙，很多宮女來不及渡河就被李傕劫走，而渡河時被凍

死、淹死者不計其數，屍體漂浮在水面上，密密麻麻，看得人心慌。

堂堂漢家天子，逃亡之時如喪家之犬，不免令人唏噓！

提心吊膽地過了河，河內太守張楊使數千人負米貢餉。抵達安邑後，河東太守王邑又送來絹帛等物，一行人總算長舒了一口氣。

張楊、王邑主動迎駕，說明他們心裡是有漢室的，而其他大部分諸侯呢？他們在做什麼？

各路諸侯擁兵自重，根本不管皇帝死活，袁術在得知皇帝蒙塵後，更是打起稱帝的主意：「今劉氏微弱，海內鼎沸。我家乃是四世三公，眾望所歸，欲應天順民，大夥兒以為如何？」

結果沒人回應他，袁術討了個沒趣。

袁紹也對皇帝表現出了極大的興趣，他問謀士沮授：「如今奸臣作亂，陛下四處漂泊。我家歷代蒙受漢室恩寵，立志儘自己的力量和生命來振興恢復漢家天下。齊桓公沒有管仲不可能成就霸業，勾踐沒有范蠡不可能儲存越國，我想與您同心合力，共安社稷，您有什麼計策可以幫我？」

沮授：「將軍弱冠登朝，播名海內。值廢立之際，忠義奮發，單騎出奔，使董卓懷懼；濟河而北，勃海稽服。擁一郡之卒，撮冀州之眾，威陵河朔，名重天下。若舉軍東向，則黃巾可掃；還討黑山，則張燕可滅；回師北首，則公孫必擒；震脅戎狄，則匈奴必從。橫大河之北，合四州之地，收英雄之才，擁百萬之眾，迎大駕於西京，覆宗廟於雒邑，號令天下，誅討未服。以此爭鋒，誰能御之？」

袁紹聽完大喜，立刻封沮授為監軍、奮威將軍。

然而，郭圖、淳於瓊等人強烈反對，他們認為：「漢室衰微已久，想要中興可謂難矣。況且天下英雄並起，各據州郡，聚集兵眾動輒萬計。正所謂秦失其鹿，先得為王，若迎天子到身邊，動輒要上表奏請，若聽命皇

第十二章　日落長河

帝則權力輕，若不聽命又有抗旨之名，此計不妥。」

沮授仍堅持己見：「現在奉迎天子，乃是千載難逢之機，倘若不及早決斷，勢必會被別人搶得先機。機不可失時不再來，願將軍早作決斷！」

袁紹一聽，皇帝早沒了權威，自己接他過來，豈不是給自己找不痛快？郭圖、淳於瓊說得也挺有道理，迎接皇帝的事情就此擱置。

袁術思量了半天決定放棄，袁紹也不想找個傀儡約束自己，這倒是便宜了一個人。誰？接著往下看，我待會兒告訴你。

繼續說劉協的漫漫東遷路，初步安定下來後，諸將開始爭權，其餘眾人也要求升官加爵。劉協為了籠絡眾人，一一滿足了要求，結果弄得官位濫授，大夫、走卒也混了個校尉，御史來不及刻印，只能在竹簡上刻上一行字，以為憑據。

張楊索性把好人做到底，派人幫著修繕宮殿。直至當年七月，劉協一行才抵達洛陽。

此時的洛陽城仍是一座廢墟，到處都是燒得焦黑的殘垣斷壁，手握重兵的各路諸侯根本沒有人來慰問，百官只能在廢墟中靠著牆休息，餓了去郊外弄點野菜充飢，有些人餓斃在路上，有些人則被亂兵所殺。

張楊絲毫沒有挾天子令天下的企圖，做完這一切，他對諸將說道：「天子當與天下共之，幸有公卿大臣，臣當捍外難，何必留在京師？」

他帶著部隊搬到洛陽附近的野王，在外保護皇帝。

進入洛陽後，董承被任命為衛將軍，韓暹被拜為大將軍、司隸校尉，假節鉞，一時權傾朝野，為所欲為。眼見韓暹即將成為第二個董卓，董承想到了一個幫手：

兗州刺史曹操。

絕地反擊

不得不說,曹操的政治眼光遠比袁紹、袁術高明。皇帝在外流浪了一年,各路大佬們都認為這是個燙手的山芋,沒有一個人意識到皇帝的價值。

曹操不一樣,他覺得小皇帝是個有利可圖的超級寶藏,可是身邊所有人都持反對意見,除了荀彧。

荀彧力排眾議,支持曹操:「昔日晉文公奉迎周襄王,諸侯無不跟從;漢高祖為義帝縞素,天下無不歸心。自天子蒙塵,將軍首倡義兵,只是因為山東局勢混亂,未能遠行。如今聖駕還京,京城一片荒蕪,忠義之士無不想著繼絕存亡,萬千子民無不感懷哀傷。藉此時機,正好奉迎主上以順從民意,這叫大順;秉持大公無私以服天下之人,這叫大略;匡扶正義以招攬天下豪傑,這叫大德。若能做到這三點,就算逆臣叛將再多,也不能有什麼作為了。楊奉、韓暹之流不足掛齒。若不及早決斷,讓其他豪傑捷足先登,即便以後想做,也為時晚矣。」

這一番慷慨陳詞讓曹操心動了,在董承的極力邀請下,曹操帶兵直奔洛陽。

只有曹操才懂十六歲的劉協最需要什麼,當別人建議覲見皇帝,應該獻上美女,或者是黃金珠寶作為見面禮時,曹操卻帶上了糧食。

亂世飢乏,一碗米飯或麵條的魅力,已遠遠超過了美色和黃金。

曹操一到洛陽,便穩住了董承等人的內鬥,旋即被封為司隸校尉,錄尚書事,假節鉞,輕而易舉就取得了最高權力。

曹操趁機直接砍了皇帝身邊的侍中、尚書,把皇帝置於自己的掌控之內。

此時的洛陽城到處都是瓦礫廢墟,百官甚至連上朝的地方都沒有,只

第十二章　日落長河

能露天議事。曹操對此也很煩惱，畢竟讓皇帝住在這麼一個破爛地方，無法展現自己身為輔臣的政治優勢。

就在此時，董昭又為曹操送來了一次助攻。

曹操問他有何辦法，董昭先猛拍曹操的馬屁，然後說：「洛陽現在的情況太複雜，不確定因素多，不如遷都許縣。大夥兒肯定不願意，但是只有行非常之事，才能成非常之功。」

曹操從許縣來，董昭這麼說，明擺著是要討好曹操。曹操大喜，可是還有一點顧慮：「楊奉駐軍於梁縣，遷都許縣必經梁縣，聽說他手下都是精銳，會不會成為絆腳石？」

董昭拍著胸脯說：「楊奉黨羽少，所以他才想與您聯合。朝廷封您為鎮東將軍、費亭侯，都是楊奉的主意，送點禮就能穩住他。如果別人問起，就說京城糧食不足，故而讓皇帝暫時移駕魯陽，魯陽離許縣近，運輸糧食比較容易，不用擔心糧食不夠吃。楊奉勇而無謀，一定不會懷疑。」

騙過了楊奉，曹操帶著小皇帝一路飛奔許縣，等楊奉反應過來攔截時，曹操早就進了城，緊閉大門。

那麼劉協呢？他對此有何反應？

劉協沒有選擇，他半被騙、半自願地到了曹操的大本營許縣，他只有一個願望：填飽肚子。

這一年是建安元年（西元 196 年），劉協剛出虎穴，再入狼窩，從此成了曹操的傀儡。

對於曹操，劉協的感情比較複雜，即位前，他就聽說過曹操，那時的他只知道曹操是大宦官曹騰的孫子。這樣的出身很容易被人看不起，貴為陳留王的劉協也不例外。之後，劉協莫名其妙地被董卓扶持為皇帝，開始了傀儡生涯。

關中大亂時，曹操在關東地區大展拳腳，鎮壓了青州三十萬黃巾起義，後擊敗呂布，被朝廷封為刺史、鎮東將軍。

自從挾持劉協到了許縣，曹操以許縣為中心，不斷擴大勢力範圍，以一己之力幾乎再造了一個漢朝。他擊垮了北方占據冀、青、并、幽四州的袁紹，取下了盤踞在淮南的袁術和割據東邊擁有徐州的呂布的頭顱，安撫了西邊割據關中的韓遂、馬騰集團，招降了割據西南的張繡集團。遼東的公孫度、幽北的烏桓、河套長城沿線的匈奴紛紛向曹操低頭，向劉協稱臣。

朝廷已不復是劉氏的朝廷，江山已不再是劉氏的江山。

毫不誇張地說，曹操幾乎打遍了中原大地的各路諸侯，穩定了北方大地。晚年的曹操曾說過一句話：「設使天下無孤，不知幾人稱王，幾人稱帝？」

的確，如果沒有曹操，不知道會有多少人南向稱帝，又有多少人會稱王一方。若非曹氏集團多年來的東征西討，恐怕大漢的招牌根本支撐不到建安二十五年。

這樣說來，劉協應該感激曹操才對。可是實際上，對於曹操，劉協有感激，但是更多的是屈辱和憤恨。

曹操是給了劉協足夠安穩安定的生活，維護了他作為大漢皇帝的尊嚴，可是這一切是劉協想要的嗎？

沒有人生來想當傀儡，劉協也不例外。

作為大漢王朝的最後一任皇帝，劉協在很多人的印象中都是一個毫無權力、任人擺布的傀儡。但是事實上，劉協本人並不是如劉禪一般混吃等死，他也有過反抗，有過抗爭。

被曹操挾持到許縣時，劉協已經十六歲，早已有了成熟的心智和判斷。他沒有忘記自己身上肩負的使命，他繼續努力讀書，不斷邀請荀悅、荀彧

第十二章　日落長河

等名士到宮中為他講解文學，甚至與這些大學子秉燭夜談，以求學習治國之道。

然而，劉協的身邊全都是曹操的耳目親信，他的一舉一動都逃不過曹操的眼睛。當時，有個議郎叫趙彥，曾經向劉協陳述時政和對策，這讓曹操很是反感，找了個藉口將其殺掉。所有勇於親近劉協的臣子，大部分也被曹操所殺。

那麼劉協有沒有試過反擊？

當然有，而且不止一次。

建安二年（西元197年），曹操準備去討伐張繡，部隊集結完畢後，曹操一個人進宮朝見劉協。

一進宮門，曹操就發現氣氛不對，兩排衛兵整整齊齊立在兩側，手裡都拿著明晃晃的武器。曹操剛要往前走，馬上有一群衛兵將他圍住，拿長戟叉在他的脖子上，挾持著曹操走到了大殿之上。

驚魂稍定之後，曹操問劉協怎麼回事，劉協淡淡答道：「自從董卓作亂以來，朝廷綱常禮儀廢弛，從今往後，朝廷要恢復大漢舊禮。」

還有一次，劉協和曹操談話，對他說：「曹司空為國征戰，很是辛苦，但是這份辛苦到底是不是為我效力，為大漢效忠呢？如果你有心輔佐我，那就拿出點誠意。否則，我們好聚好散，行嗎？」

平時驕橫跋扈的曹操沒想到這個傀儡皇帝竟然大發天威，嚇得直冒冷汗，此後很長一段時間都不敢見皇帝。

照這麼來看，劉協其實是有機會殺掉曹操的，可他為什麼沒有動手？

這個答案既簡單也複雜。

殺曹操一人不難，問題的關鍵在於，殺掉曹操的後果太嚴重！

當年董卓亂政，火燒洛陽，暴虐長安，雖然後來被王允和呂布聯手除

去，結果卻使西北軍閥徹底失去了約束，東漢王朝陷入了更大的動盪和內亂中。

西涼軍出身的李傕和郭汜在長安城大打出手，爭搶皇帝，連劉協本人都顛沛流離，差點墳頭長草。如果不是他們腦子不靈光，又有張濟臨時插手，劉協這輩子可能就要在西北喝風了。

這一次，如果他貿然殺了曹操，曹操的屬下哪個會聽他的？

畢竟，從董卓之亂以來，天下分崩離析，漢朝的四百年天下已經行將滅亡，這已經成為絕大多數人的共識，東吳的重臣魯肅就曾說過：「漢室不可復興。許都的朝堂班底幾乎都是曹操一手建立的，中原幾十萬難民也都是曹操一手安置的。從朝堂到民間，基本都是曹家的人，哪還有大漢天子真正的臣民？殺掉曹操，根本就是董卓之亂的重演！」

劉協很清楚這一點，而不久之後，就發生了歷史上著名的「衣帶詔」事件。

將時間撥到建安四年（西元199年），這一年局勢其實頗為複雜，袁紹坐擁四州，統一河北；曹操占據豫、徐、兗南地區，官渡之戰即將打響。

曹操雖然掌握著軍政大權，可朝中還隱藏著另外一支勢力：以車騎將軍、國舅董承為代表的反曹陣營。官渡之戰前夕，董承開始了自己的密謀。

董承出身靈帝生母董太后家族，在兩宮權鬥（董太后、何皇后）中落敗，歸附了董卓，後來陪著劉協逃歸洛陽，一路到了許縣。

董承也有政治野心，他的計畫是殺掉曹操，掌控兗州兵，之後帶著天子返回洛陽。他對外宣稱自己有劉協的血書，號召義士共誅曹操。

當然，這血書到底是不是劉協寫的，抑或是董承等人的私下炮製，沒有人知道，陳壽自己也拿不準。

這個藉口原本是準備去糊弄劉備的，結果劉備覺得董承這人不太可

第十二章　日落長河

靠，就沒答應。沒多久，曹操邀請劉備喝酒，上演了一齣青梅煮酒論英雄的經典歷史橋段。

這可把劉備嚇得不輕，回去後就去找董承結盟，然而劉備腦子活抽身快，隨後找了個藉口提前跑路。

董承糊弄完劉備，又糊弄了其他幾個人，首先找的就是王子服。

董承說：「當年郭汜和李傕在長安城硬碰硬時，郭汜只有幾百號人，但正是這幾百人擊敗了李傕麾下幾萬兵馬。你若是與我勠力同心，我們未嘗不能誅殺曹賊、興復漢室。」

王子服趕緊推諉說：「不敢當，我們人少，你還是另請高明吧。」

董承說：「你放心，殺掉曹操之後，我們接管曹操的部隊，不就擁有足夠的兵馬了？」

隨後，董承又說服了另外兩人——長水校尉种輯、議郎吳碩。

行刺曹操的人手，董承選的是曹操的護衛徐他，一切準備就緒，徐他瞅準機會踏入曹操的大帳，結果卻遇上了另一個猛人許褚。徐他行刺失敗被誅，曹操當機立斷，把董承一干人等殺了個乾淨，**轟轟**烈烈的衣帶詔事件至此草草收場。

參與這次行動的人中，除了伸進去半隻腳的劉皇叔，其他人真可謂是烏合之眾，而董承不僅自己掉了腦袋，還連累了女兒董貴人以及董貴人肚子裡的龍種。

我們不知道衣帶詔是不是劉協發出的，但是這起事件絕對帶給劉協巨大的心理陰影，眼睜睜地看著自己的骨血至親死於非命，劉協內心的痛苦可想而知。

劉協會就此妥協嗎？

不！

建安十九年（西元 214 年），劉協又與伏皇后試圖利用朝外力量刺殺曹操，結果還是以失敗告終。

伏皇后名叫伏壽，是西漢大司徒伏湛八世孫，父親是學者伏完，嫡母為陽安長公主劉華，她比丈夫劉協大一歲。

董卓亂國，挾持劉協逃到長安，伏壽一直陪在劉協左右，此後被立為皇后。當時董卓已死，本以為從此可以過上安穩生活，然而此後長安大亂，伏皇后只能跟隨劉協繼續東逃。亂世之中，伏壽作為劉協的妻子，又扮演著大姐角色，對劉協不離不棄，安撫鼓勵，陪伴他度過了最艱難的歲月。

而這一次，伏皇后的密謀暴露，曹操大怒，逼著劉協廢了伏皇后，並假為策書：「皇后伏壽，由卑賤而得入宮，以至登上皇后尊位，自處顯位，至今二十四年。既無任、姒徽音之美，又乏謹身養己之福，卻陰懷妒害，包藏禍心，不可以承天命，奉祖宗。現派御史大夫郗慮持符節策書詔令，收皇后璽綬，退去中宮，遷往其他館舍！」

尚書令華歆入宮逮捕伏皇后，伏皇后赤腳躲在夾牆內，仍被華韻當著劉協的面硬生生拖了出來。伏皇后披頭散髮，含淚向劉協哭喊道：「陛下救我！」

劉協木然道：「我都不知道自己何時會死。」然後他轉頭，對郗慮喃喃道：「天下還有比這更悲慘的事嗎？」

伏皇后及劉協的兩個兒子被殺，盡忠漢朝皇室的伏氏家族一百多人慘遭屠戮。

建安二十年（西元 215 年）正月，就在伏皇后被殺後兩個月，在曹操的安排下，曹操的女兒曹節被指定為劉協的皇后。

建安二十三年（西元 218 年）正月，少府耿紀與太醫令吉本、司直韋晃、金禕等起兵誅曹操，結果兵敗被殺，耿紀和韋晃被夷三族。

第十二章　日落長河

至此，從十六歲時就被曹操挾持控制，到三十八歲時多次反擊失敗，劉協終於死了心，放下了心中光復大漢的夢想。

劉協明白，大漢氣數已盡，他所能做的只是找一個合適的時機體面地退出歷史舞臺。

尾聲

一晃又是兩年後。

建安二十五年（西元220年），魏王曹操去世，世子曹丕繼位。

其時，雖然有孫權、劉備不斷犯邊，但是基本不成氣候，中原腹地的和平已成定局。除舊布新，建立新朝已經是人心所向，各種力量都在推動曹丕採取行動。

劉協知道，自己苦心等待的退場時機終於來臨。

這一天，他最後一次召集群臣開會，用平淡的語氣道，魏王眾望所歸，自己當按堯舜禪讓的方式讓位，把天子之冠讓給曹丕。

會後，劉協去了劉邦的高廟，對列祖列宗作了一番交代，然後讓御史大夫張音奉皇帝璽綬，向曹丕禪位。

曹丕即位，改延康元年為黃初元年，國號為魏，封劉協為山陽公，食邑萬戶，準行漢正朔，可用天子之禮祭祀天地，上書不稱臣，受詔不拜，四個皇子降為列侯。

坦白說，曹丕對劉協還是挺不錯的，他還留了句客氣話給劉協：「天下的好東西，我跟你可以一起享受。」

至此，歷經四百多年的漢帝國終於退出了歷史舞臺。

尾聲

結束了嗎？

其實還沒有。

曹操死了，漢室亡了，可是放眼望去，依然是三國紛爭世，九州盡豪雄，劉備還沒開始伐吳，諸葛亮還沒六出祁山，姜維還沒九伐中原，孫權還沒稱帝，陸遜還沒火燒連營，司馬懿還在蟄伏。是的，三國的故事還在繼續，大幕還未落下，但是這些，我已經不想再講了。

有人問我，用如此之多的篇幅，講述一個王朝四百年的興起和衰落，你到底想說什麼？

我不想講什麼歷史興衰規律，不想講什麼金戈鐵馬、權謀與愛情，我要講的是另一個人的故事。

一個關於逆天改命的故事。

在漢末三國的亂世中，幾乎每一個登上歷史舞臺的都有一定的背景，袁紹張口就是我家乃四世三公，曹操的老爹是太尉，其他如公孫瓚、孫堅、劉表、馬騰等，祖上三代也都是當過大官的，至少也是地方豪強。

只有他是個例外。

對比其他一流人物，他的家庭可謂一貧如洗，父親早死，只能和母親相依為命。窮人的孩子早當家，為了生存，年幼的他早早學會了幫襯母親，每日在街上賣草鞋，補貼家用。

他讀不起書，十五歲那年，叔父湊了點錢，將他送入了大儒盧植門下學習，將他和自己的兒子同等對待。在那裡，他結識了一大群同學，開闊了自己的眼界。

二十四歲那年，黃巾起義爆發，他敏銳察覺到這是個機會，帶著自己的兩個好兄弟上了戰場。大家都是貧寒子弟，想要出人頭地必須拿命去拼。一番浴血奮戰，他活了下來，還得到了安喜縣尉的職位。還沒來得及

第十二章　日落長河

慶賀一下，朝廷就下了一道命令：「凡是憑軍功當官的，一律免除。」

沒辦法，只得重新尋找出路。

帶著兩個好兄弟，他半路加入了一支剿匪的隊伍，又是一番血戰，他得到了下密縣丞的官職。可就是這個小官，他也沒做多久，很快就被當地土豪攆走了。

此後幾年，他一直奔波在路上，當官又辭官。

三十歲那年，他當上了平原縣縣令，他埋頭苦幹，全心全意為人民服務。在他的治理下，平原縣不僅擺脫了貧困，倉庫裡還堆滿了糧食，百姓安居樂業。

然而，有個叫劉平的人看他不爽，唆使刺客前去暗殺。他毫不知情，還對刺客十分禮遇，刺客頓時就被感動哭了，坦露了實情。他聽完，沒有為難刺客，只說了一句：「你走吧！」

三十三歲那年，他跟隨青州刺史田楷救援徐州。一見面，徐州刺史陶謙就覺得這個年輕人很特別，做事穩重有頭腦，願意埋頭苦幹。去世前，陶謙留下遺囑，將自己的地盤託付給了他。

三十五歲那年，他收留的呂布恩將仇報，劫持了自己的家人。軍事上也是屢戰屢敗，他只得向呂布求和，但是這麼多年辛苦打拚的事業全沒了。

三十七歲那年，他做好一切準備再次挑戰猛人呂布，雖然中途有曹操幫忙，結果還是被揍得鼻青臉腫，不光丟了地盤，妻子也再次被擄，只有他獨自逃出。

三十八歲那年，已升任司空的曹操邀請他煮酒論英雄，席間曹操冷不丁地感嘆：「今天下英雄，唯使君與操耳，袁紹之徒，不足數也。」這番話著實把他嚇得半死，事後找了個藉口趕緊跑路。

創業數十年，每當有所成就的時候，總會遭受更大的失敗，如果是其

尾聲

他人，也許就認命了，可他沒有。部隊打散了，再招就是；兄弟打散了，找回來就是。只要不死就接著做。

四十六歲那年，在荊州混了八年的他聽說有個人叫諸葛亮，大夥兒都誇他有王佐之才，他心動了，親自帶著兩個好兄弟登門拜訪，一連去了兩次，都吃了閉門羹。就在別人嘲笑他時，他第三次登門拜訪，把自己的姿態放得極低，終於打動了二十六歲的諸葛亮。

在諸葛亮的指點下，奔波了大半輩子的他總算對未來有了明確的目標。

每一次都輸得底兒朝天，每一次都輸得乾脆俐落，這就是他顛沛流離的前半生的最直白寫照。如果是一般人，早放棄了，唯獨他都熬過來了。

連續的失敗沒有消磨掉他的雄心，多年的安逸也沒有消磨掉他的銳氣。

四十七歲那年，他迎來了人生中最大的機遇，曹操率領大軍南下，想要一統江山，他和江東的孫權聯手擊敗了曹操大軍，拿下了天府之國益州，奠定了三足鼎立的局面。

他從一個毫無背景的寒門子弟，最終成為名垂青史的昭烈皇帝，三分天下有其一。

寫到這裡，想必你已經知道了，他就是我們熟悉的劉備。

寫了那麼多漢朝人物，寫到最後，我的腦海中一直徘徊著劉備的身影。在那麼多的挫折和失敗面前，他從來不覺得時間太晚，從來不曾失去自信。

很多人總是在感慨人生艱難，看不到希望和出路，但是與劉備所遇到的挫折和屈辱比起來，你遇到的那點事又算得了什麼？

他用自己的經歷告訴我們：奮鬥是生命的常態。

只要活著，我們都是他鄉之人，努力過，奮鬥過，掙扎過，這就是人生的全部意義。

如此足矣。

第十二章　日落長河

後記

　　2018年的夏天，我接到了一個邀約：用七本書、一百四十萬字的篇幅，講述一個完整的漢朝。

　　難嗎？當然難，除了歷史累積外，最大的問題是時間。

　　那時的我在金融業上班，看似光鮮體面，但是其中的忙碌只有同行懂。此前自己雖然已經寫了幾本書，但是這種超級系列還是第一次遇到。

　　要不要接？

　　我猶豫了三天，簽下了這份合約。

　　不為別的，只想為自己的青春畫個句號。

　　有人說，對於文學創作的渴望也許正是內心需要傾訴的渴望，我對此頗有感觸。我從小就喜歡歷史，三年級時就抱著《隋唐演義》啃，看了一大堆評書演義小說。從那時起，我便與歷史結下了不解之緣，讀得多了，自然就有了自己的感悟。

　　寫作之初，有朋友問我：「在你之前，市面上已經有那麼多講述漢朝的通俗讀物了，為什麼你還要寫漢朝？」

　　我的回答很簡單：「那些書都是別人的，我想寫一套屬於自己的漢朝。」

　　古人寫史，最喜歡褒貶人物，所謂春秋，微言大義，有點像今天的小學生考試，無論多麼牽強，一定要總結出一個中心思想，司馬光最喜歡做這事。可是在兩千年後的今天，看問題的角度越發多元化，不再是簡單粗暴的非黑即白的二分法，這就需要我們重新解讀歷史，認識人物。

　　比如王莽。

後記

因白居易膾炙人口的一首詩，王莽成了反派、野心家。在很多人眼裡，王莽所有的恭謹節儉都是裝的，都是為了樹立政治形象而做的政治表演。從此，提及王莽就是偽君子形象。

但是我不這麼看。

在我眼裡，王莽不是野心家，而是一個失敗的改革家。

如果王莽是裝的，則需要長期壓抑自己的感情，以達到自己的政治目的。這種暫時對自己欲望的妥協會非常難受，一旦目的達到，欲望將會爆發出來，空前強烈。

如果王莽是偽君子，在當上皇帝以後，完全可以暴露自己的本性，沒有必要再裝樣子。可縱觀王莽的一生，就算是王莽建立新朝，作為皇帝富有四海，已經沒有人能阻止王莽，但是王莽仍然沒有注重個人享樂，仍然在做社會改革。

如果他是為了篡位，篡來的位則一定要傳給子孫，他還會用苛嚴禮教和律法將晚輩們逼上絕路嗎？

為了造出一個全新的世界，他將全國各縣的地名、山川幾乎全部改了名，有的不止改一遍。他把錢幣、官制全都換了，甚至連鄰近的匈奴、高句麗都叫他們改國號。

這種改革幾乎是瘋狂的、災難性的。

迷信與偏執會讓一個聰明人瞬間腦殘，王莽就是如此，他是以一個標準儒家的身分，背負著儒家所賦予的強烈使命走上權力祭壇的，他太想透過自己的努力來迅速改良社會，使百姓家給戶足。可是結果呢？

大家都看到了，這個百分百的書呆子終於在食古不化中將自己送上了絕路。

我一直相信，寫作是需要有野心的，如果沒有野心，那只是單純的翻

譯，前四史都記載了漢代的歷史，如果只是為了完成任務，我完全可以照搬史書，拼湊出一個大致的故事，然後交稿了事。

可是我不願意，我要對自己筆下的文字負責。

我要用自己的筆，重現那個朝氣蓬勃、令人熱血沸騰的時代！

我一直堅信，文字是有情感的，有溫度的，枯燥的文字只會讓人望而卻步，我願傾注自己全部的精力與熱血，將自己完全代入進去，與他們同呼吸共命運，感受劉邦的孤獨，靠近劉徹的夢想。

這是我的寫法，與其他的冷冰冰的漢史都不一樣。

那麼問題來了，既然是寫史，如何才能保證自己筆下的歷史沒有失真？

抱歉，我無法保證。

隔著數千年的風霜雨雪路，雖然有典籍源遠流長的確鑿記錄，有文字藏之名山的永恆保留，但是我們誰能保證當初的史家筆下沒有失真？貌似客觀的歷史，本身就因時代或寫作者的局限而存在著成見與片面性，這一點注定無法避免。當下的快節奏生活又讓大眾沒有精力細細咀嚼其中的春秋筆法、其中的微言大義，只能拾人牙慧，人云亦云。即便有心人鑽研歷史，也只能無限接近真相，而不可能真正了解真相。

既然如此，為什麼還要寫歷史？

寫這套漢史，不僅僅是為了講一個漢朝的故事，更是為了挖掘那個時代披荊斬棘的開拓精神、勇往直前的冒險意識、迎難而上的進取雄心。

英雄會老去，王朝會衰亡，但是一個時代的精神不會消亡，它會代代相傳，融入我們的基因與血液，成為我們這個民族的力量之泉、進取之源。

在長達三年的寫作時間裡，我像是一個在歷史中漫步的旅遊者，白天奮戰在金融行業，夜晚在故紙堆中思考歷史。我不是專家學者，只是一個歷史迷，骨灰級的那種，我不敢保證自己的作品一定比別人的出色，但是

後 記

對於這套書,我是真的盡力了。

今年是我寫作十週年,十年間寫了十本書,也算是對自己青春的一個總結。感慨很多,站在三十歲的轉折點上,回首過去,歲月不饒人,我亦未曾饒過歲月。

此為後記。

龍種悲歌，東漢帝國最後百年的風雨飄搖：

皇帝昏庸 × 外戚弄權 × 宦官亂舞，大漢如何一步步走向崩潰，四百年枯榮落下帷幕

作　　　者：	朱耀輝
責 任 編 輯：	高惠娟
發 行 人：	黃振庭
出 版 者：	複刻文化事業有限公司
發 行 者：	崧燁文化事業有限公司
E - m a i l：	sonbookservice@gmail.com
粉 絲 頁：	https://www.facebook.com/sonbookss/
網　　　址：	https://sonbook.net/
地　　　址：	台北市中正區重慶南路一段 61 號 8 樓

8F., No.61, Sec. 1, Chongqing S. Rd., Zhongzheng Dist., Taipei City 100, Taiwan

電　　　話：	(02)2370-3310
傳　　　真：	(02)2388-1990
印　　　刷：	京峯數位服務有限公司
律師顧問：	廣華律師事務所 張珮琦律師

─版權聲明───────

本書版權為樂律文化所有授權複刻文化事業有限公司獨家發行電子書及紙本書。若有其他相關權利及授權需求請與本公司聯繫。
未經書面許可，不得複製、發行。

定　　　價：499 元
發行日期：2025 年 02 月第一版
◎本書以 POD 印製
Design Assets from Freepik.com

國家圖書館出版品預行編目資料

龍種悲歌，東漢帝國最後百年的風雨飄搖：皇帝昏庸 × 外戚弄權 × 宦官亂舞，大漢如何一步步走向崩潰，四百年枯榮落下帷幕 / 朱耀輝著 . -- 第一版 . -- 臺北市：複刻文化事業有限公司 , 2025.02
面；　公分
POD 版
ISBN 978-626-7671-17-7(平裝)
1.CST: 東漢史
622.2　　114000520

電子書購買

爽讀 APP　　　臉書